テオドール・W・アドルノ

# 模範像なしに

美学小論集

竹峰義和訳

みすず書房

# OHNE LEITBILD

Parva Aesthetica

by

Theodor W. Adorno

First published by Suhrkamp, Frankfurt am Main, 1968

# 模範像なしに　目次

## 凡例

* 本書は、Theodor W. Adorno, *Ohne Leitbild. Parva Aesthetica,* Suhrkamp 1968 の全訳である。ただし、底本としては Adorno, *Gesammelte Schriften,* hg. von Rolf Tiedemann, Bd. 10-1, Suhrkamp 1977, S. 289-453 所収のテクストをもちいた。
* 原文中のイタリックは、強調については傍点を付し、書名、詩、映画の題名の場合は『　』、楽曲、絵画、展覧会の題名の場合は《　》とする。英語やラテン語などの単語が斜体字で表記されている場合は、ルビや〈　〉など、文脈と読みやすさを考慮して柔軟に表示する。
* 原文中の» «は「　」、› ‹は《　》とする。（　）はそのまま合わせる。ダッシュやハイフンは基本的に原文に準拠するが、訳者の判断で省略・付加した個所もある。
* 文意を明確にするために〔　〕で訳者による補足や原語を挿入し、語句を際立たせるために〈　〉をもちいる。
* 引用は原則として私訳によるが、邦訳が存在する場合には訳註で文献情報を示したうえで適宜参照・活用する。
* 原註は（1）、（2）…で示し、各章のあとに掲げる。
* 訳註は（一）、（二）…で示し、各章の原註のあとに掲げる。

# 模範像なしに——美学小論集

# 模範像なしに――まえがきにかえて

かつてリアス放送局（一）から、現代の美学的な規範や模範像について話をするよう要請されたとき、模範像のような概念を借りてきて、肯定的に使用するといったことは自分には向いていないと述べた。どんな性質のものであれ、つねに変わらぬ普遍的で規範的な性質をもつものとして今日の美学を定式化することは、わたしには不可能であるように思われる。自分がこうした議題を扱うことができるとすれば、そのような立場を表明することができるという前提のもとでのみである、と。だが、寛大にもラジオ放送大学の指導部はそうすることを認めてくれた。したがって、ここで早描きの画家として、魔法のような早業でもって模範像を壁に描きだしてみせたり、あるいはこのところなおも流行している存在論的な流儀にならって、多少なりとも美辞麗句を弄して芸術上の永遠の価値について駄弁を弄したりするつもりはないし、そのような能力もない。わたしにできるのは、きわめて断片的なかたちで、模範像や規範をひとえに問題として検証することのみである。自分が置かれている立場には、哲学史上で有名なあるテクストで述べられている立場と似たところがある。すなわち、「ある特定の所与の時点でなされるべきこと、直接的になされるべきことは、言うまでもなく、行動がなされる所与の歴史的状況に全面的に依存しています。しかしながら、例の問いが提起されているのは霧の国のなかであり、それゆえ実際には空想の問題であって、それにたいする答えとなるのはただひとつ——問いそのものの批判でなくてはならないのです[三]」。

いささか軍隊的な響きをもつ「模範像」という言葉がドイツにおいて普通に使われるようになったのは、第二次世界大戦後になってからのことであろう。この言葉は、西ドイツと東ドイツの双方において、ドイツの初期ロマン主義のモティーフの数々——とりわけノヴァーリスとフリードリヒ・シュレーゲルに由来するモティーフ——を食い物にしているような、保守的で復古的な文化批判の領域でよくお目にかかるものである。大抵の場合、その根底には同時代の芸術にたいする否定的な反応ある。同時代の芸術は乱雑で、主観的な恣意によって完全に支配されており、おぞましく、理解しがたく、象牙の塔に閉じこもっている、というのだ。現代芸術は、おのれの内実に即して展開していった帰結として、さまざまなかたちで自己表明するのだが、その際にとる形姿が、秘教的で、民衆とは縁もゆかりもない、根無し草であるかもしれないような考え方の持ち主であるという罪を芸術家たちに負わせ、ときに彼らが悲惨な運命をたどろうとも自業自得とされる。その場合でも、こうした見解と、〔西側と東側の〕二種類の全体主義システムにおいて一般的であるような見解との親和性は——たとえ西側ではヒューマンな語句が使用されることもしばしばだとしても——聞き逃してはならないだろう。彼らがもちいるのは俗流社会学である。すなわち、封建社会のようなかつての社会や、たとえば初期市民—絶対主義社会はひとつにまとまっていたのにたいして、現代の開かれた社会には義務的な規則が欠けている、というのである。その場合、まとまりとは、意味を付与するもの、肯定的なものと同一視される。彼らの主張によれば、あらゆる芸術作品は、かつては固有の場、固有の機能、固有の正当性を保持していたのにたいして、今日の芸術作品は恣意的であることを運命づけられており、それゆえに何の価値もない。曰く、そもそも芸術が客観的に妥当するものとして可能であるためには、正しいものと虚偽のものに関する規準を芸術に授けるような、ひとつの確固とした構造を必要とする。しかしながら、いまや社会はもはやそうした構造を提供することがないために、それを単刀直入に全体主義的に布告することができない以上、少なくとも精神的な秩序を打ち立てるべきだ、といった要求がなされるのである。この精神的な秩序なるものについて、それは〔人為的に〕打ち立てられるべきものではなく、存在自体のなかに発見されるべきであると好んで主張されることは言うまでもない。この秩序が、かつて至福の素朴さという状態のなかで社会と精神の性状を保証してくれていたものをもたらしてくれるというのだ。美学的な規範や模範像をめぐる問いが生じるのは、許可や禁止がもはやかなりの程度に疑わしくなったところにおいてであるが、しかしながら、その一方で、そのような規範や模範像があらかじめ与えられているという前提なしに——あるいは、アメリカでよく言われるところでは、参照枠《フレーム・オブ・リファレンス》なしに——すませることはもはやできないのであろう。

このようなタイプの思考過程を単純化して述べたが、それは問題を先鋭化するためである。とはいえ、実際のところ、模範像という概念を扱うような文化批判の構造は、そうした見解の素朴さからそれほどかけ離れているわけではない。それはきわめて単純なものの素朴さ、すなわちそのように思考する人々が何となく鼻にかけている古き真なるものの素朴さであるというわけではなく、恐ろしく単純化する人《テリブル・サンプリフィカトゥーア》という、いつのまにか過剰なまでに引っ張りだこになった人物が抱えている素朴さである。こうした命題がもっともらしく響く場合、それはいっそう確かな効果とともに、現代芸術から自分が締め出されているように感じている人々にたいして訴えかける。そうした人々は、現代芸術によって表現されていないながらも、自分からは告白したくないことにたいして怒りを覚えるのであり、それほどまでにすべてが虚偽なのである。社会的なまとまりの喪失が芸術のために悼まれているが、そのようなまとまりは他律的なものであり、人々にかなりの程度強制されるものであった。社会的なまとまりが崩壊したのは、歴史的な堕落においてでもなければ、いわゆる中心が運命的に失われてしまったことによるわけでもない。むしろそれは、今日かくも多くの人々が渇望している強制力が耐えがたいものになったからである。というのも、精神的な内実という、かつて強制力がおのれを正当化する際に依拠していたものであり、その拘束性ゆえに賛美されるものが、進歩した認識にたいしては、真なるものでもなければ拘束力ももちあわせていないことを、みずから明らかにしてしまったからである。一五〇〇年まえの〔ロマン主義の時代の〕ように中世について夢中になって話すことがすでに憚られるのは、そのような感激が無力なものであり、人類を市民社会《ブルジョワ》以前の段階へと逆戻りさせることなど不可能であると自分でも意識しているからである。だとすれば、中世の時代のような社会構造を欠いていたり、あるいは現実的な基盤を欠いた手工業《ツンフト》時代の社会構造であったりするような――すなわち、真に根無し草であるような――精神的な状態を褒め称えることはますますできないのだ。

市民《ブルジョワ》社会以前の時代の作品の美学的な質は、まるみ、単一性、直接的な明白さをもっているがゆえに、より新しい芸術を凌駕しているといった議論は、永遠の価値をもったものを蒸し返すように誘惑する。しかしながら、意味に満たされていたとされる時代の芸術作品が質的に優越しているかどうかは疑わしい。それぞれの時代の秩序を打ち砕いたものは、時代の趨勢や「思考様式」の抽象的な変化に起因しているわけではなく、かかる変化には批判的な要求が本質的に関与している。バッハをその先行者であるシュッツ[三]やヨーハン・カスパー・フィッシャー[四]から分け隔てているのは、生じつつある主観的な気分性〔Gestimmtheit〕という時代精神だけではなく、それと同様に、おのれの先行者たちの不十分さにたいする厳格な意識でもある。ともあれバッハのフーガは、十七世紀の未発達な作品よりもフーガとしてより優れており、構成がしっかりしており、それ自体において徹底的に造形されており、一貫性がある。絵画は苦労を重ねながら空間遠近法を習得しなくてはならなかった。評判のよくない十九世紀においてさえも、芸術においてより素朴なもの、自己意識がより乏しいものにいっそう高い芸術上の地位を授けるなどということを当然視するかわりに、いま述べたような事柄について語るという思い切りのよさがあった。時代錯誤的な叙事詩人のイェレミアス・ゴットヘルフにたいするゴットフリート・ケラーの論駁は、(五)そうした精神的な公正さと自己の信念を主張する勇気を示す偉大な記録である。しかしながら今日、素朴さとはほど遠い教養であるはずの歴史主義から生じているのは、愚鈍で不自由な産物にたいしてもはや誰もその技量不足を咎めようとはしないといったたぐいのテロリズムである。技量不足とは、時代の古さによってあっさりと埋め合わせられるものではない。過去の時代の作品が神聖さを漂わせていたとしても、それは創世の日の息吹を宿しているためではなく、創作力の状態がいまよりも低かったためであることも稀ではない。美学的な意識が素朴でなくなればなくなるほど、素朴さの相場がますます上昇するのだ。

その際、作品が属する様式の単一性、すなわち伝統的な方法のなかで作品に道をつけられていることが、作品そのものの質としばしば同一視されている。見過ごされているのは、美学的な質とは、個々の作品の特殊な要求と、作品が属している様式がもつ支配的な統一性の和であるという点である。様式によってつけられた道はすでに踏みならされており、それほど大きな努力を払わなくても辿ることができるのだが、それが作品の特殊な客観性が現実化したものである内実そのものと取り違えられてしまう。かつての偉大な芸術が個々の作品とその様式の一致という点に汲みつくされることはほとんどなかった。様式が個々の作品によって生み出されるものであるのと同じく、個々の作品は様式に接するなかでおのれを構築する。その根拠となっているのは、過去においても、きわめて重要な作品とは、主体とその表現がまさに全体との揺るぎのない一体性――それは様式的に従順であることを示唆している――を示すことがない作品だという想定である。過去の偉大な芸術作品がひとつにまとまっており、おのれの言語とともかく同一であるように見えるにしても、それは表面上のことにすぎない。実際、偉大な芸術作品は、強く推奨された規範と、みずからのなかで声を探しているものとのあいだの葛藤が繰り広げられるような力の場をなしている。作品の水準が高ければ高いほど、ますます作品は精力的にこのような葛藤を闘い抜くのであり、人が是認して褒めそやす成功を断念していることもしばしばである。過去の偉大な芸術作品が様式なしにはありえなかったということが真実であるとしても、同時にそうした作品はつねに様式に逆らってもいた。様式とは生産力に糧を与えると同時に生産力を束縛するものだった。現代音楽において不協和音が決定的なかたちで現れ、最終的に協和音を撤廃することによって不協和音という概念それ自体を撤廃しているとすれば、そこで示されているのは、何百年ものあいだ作曲家たちが、抑圧された主観性や、不自由を強いられた状態の苦悩、支配的な悪行にまつわる真理を表現する可能性をもつものとして不協和音に魅せられてきたという点である。〔かつての作曲家たちにとって〕最高の瞬間とは、不協和音的な契機がおのれを貫徹しつつも、全体の均衡のなかで解消される瞬間だった。すなわち、それは否定性を内的に歴史記述することであり、有和のイメージを先取りするものだったのだ。――現代絵画が対象との最後の類似性を放棄しているとすれば、過去のすぐれた絵画や彫刻もまた、ひとえに慣習によって、依頼主および市場の強制によって、事物世界と無条件に類似したものをつくるようアプリオリに強いられていたにすぎない。音楽家たちが物事を美化するような心地よい音色を超え出るという衝動に駆られていたように、これらの絵画や彫刻は、作品に内在する力によって、類似したものをつくることを超え出るように駆り立てられていた。あまりにも有名な話を繰り返すという危険を承知のうえで、神学的な領域を出自としていたほかならぬグリューネヴァルトとグレコという二人の画家の名前を挙げておこう。芸術における新しい試みにおいて、その最良のものはつねに古い要求に従っている、というヴァレリーの命題は、測り知れない射程をもっている。新しいものをつくろうとする試みは実験として中傷されるのだが、このヴァレリーの命題は、そのような風当りの強い試みを、解決されていない問題にたいする必要不可欠な解答をなすものとして説明しているだけではない。かつての苦悩を現在の世界が抱えている苦悩をあらわす暗号文として直接的に読解することはもはや不可能なのであり、幸福に庇護されているというイデオロギー的な仮象を過去のものが帯びることもしばしばなのはただそのためなのであるが、この命題はそのような仮象を同時に破壊しているのである。

過去の規範は、その前提となるものが消滅してしまったために、ふたたび打ち立てられることはない。かつての規範を指針にすることは、文化保守主義があまりにも躊躇なくアナーキーであると非難するような状態に劣らず恣意的だろう。規範がかつて保持していた正当性そのものがいまや問題視されているのだが、規範が有意義であったのは、おそらくはヘーゲルが実体性〔Substantialität〕と呼んでいるものに基づいていた。つまり、そこにあったのは、生や意識にたいして規範が端的に外部から措定されたものとして対峙しているのではなく、どれほど疑わしいにせよ、生と精神のあいだのある種の統一性を示しているという考えだった。そのような実体性がなければ、すなわち規範に従って行動する精神が規範のなかにおのれを再発見するということがなければ、規範や模範像を追い求めても無駄である。その際に過去のものへと手が伸ばされるのは偶然ではない。〔現代において〕実体的な規範が欠けており、規範を告示しても恣意的な行為から発せられたものにならざるをえず、怪しげなものにとどまるであろうということに、すでに人は気づいている。だが、過去のものには実体性が備わっていると信じられている。ただ見誤られているのは、実体性を抹消した過程を逆戻りすることは不可能だという点である。ヘーゲルが述べているように、精神が芸術のために過去の世界観にふたたび固着し、それを実体的に我がものとすることはできない。唯名論の批判的な運動全体が、概念のもとに捉えられた個別のものにたいして概念が抽象的なかたちで上位に置かれるという事態を打ち砕いたわけだが、そのような運動は、形而上学や認識論におけるのと同じく、美学的領域においても、スローガンひとつで抹消されるものではない。規範や模範像に向けられた憧憬は、姿勢や規定からしてきわめて疑わしいものであって、みずからが目指している対象の真理や客観性を保証するものではない。八十年まえと同じく今日においてもニーチェの洞察が妥当する。すなわち、所有したいという欲求からある内実を正当化することは、当の内実に賛成するというよりも、むしろそれに反対する論拠をなしているのである。

こうした欲求が増加したことは否定できない。少なくとも、みずからをポジティヴな人間だと自称している人々は、この欲求を人々の脳裏に叩き込もうと絶えず努めている。しかしながら、批判をつうじて、かかる欲求の正体が、それが生じた——そして、この欲求が一見したところ反対しているように見える——状況と同様に見抜かれなくてはならないだろう。両者はそもそも同一のものであり、物象化された意識である。歴史的運動は、自己目的としての支配的理性と、それが向かう先である、かかる理性の純然たる質料のあいだを引き裂いた。それによって同時に、理性がようやく定式化するにいたった客観性や真理という理念が空洞化されてしまった。その結果として、客観性と真理が瓦解してしまったことが、省察の苦しみの種となった。しかしながら、主体と客体の凍りついたアンチテーゼは、規範について、抽象的で、分離され、対象化されたものとしてイメージするような態度のなかになおも存続している。つまり規範は、いわば腹を空かした人々が食いつくようにして天井からそうしたニシンをぶら下げているのだ。規範はみずからの意識ときわめて外的で疎外されたかたちで対照をなしており、現状という圧倒的な事物世界——そこで強要されたことにたいして人々は異議を唱えることなく、あたかも無力な存在であるかのように従う——と同じく、意識が規範を自分自身に関わる事柄として経験することはほとんどないのである。価値という言葉は、ニーチェ以降、非実体的で人々から分離された規範をあらわす言葉として人口に膾炙するにいたった。この言葉が事物的なものの領域の最たるもの、すなわち経済的な交換関係の領域から借用されたのも理由があってのことだが、それは模範像を求めることがどのような意味をもつのかを、いかなる批判よりもよく言いあらわしている。模範像を声高に要求するならば、模

# 読者カード

みすず書房の本をご愛読いただき，まことにありがとうございます．

---

お求めいただいた書籍タイトル

ご購入書店は

---

・新刊をご案内する「パブリッシャーズ・レビュー　みすず書房の本棚」（年 4 回 3 月・6 月・9 月・12 月刊，無料）をご希望の方にお送りいたします．

（希望する／希望しない）

**★ご希望の方は下の「ご住所」欄も必ず記入してください．**

・「みすず書房図書目録」最新版をご希望の方にお送りいたします．

（希望する／希望しない）

**★ご希望の方は下の「ご住所」欄も必ず記入してください．**

・新刊・イベントなどをご案内する「みすず書房ニュースレター」（E メール配信・月 2 回）をご希望の方にお送りいたします．

（配信を希望する／希望しない）

**★ご希望の方は下の「Eメール」欄も必ず記入してください．**

・よろしければご関心のジャンルをお知らせください．
（哲学・思想／宗教／心理／社会科学／社会ノンフィクション／
教育／歴史／文学／芸術／自然科学／医学）

| | |
|---|---|
| （ふりがな）<br>お名前　　　　　　　　様 | 〒 |
| ご住所　　都・道・府・県　　　市・区・郡 | |
| 電話　　（　　　　） | |
| E メール | |

ご記入いただいた個人情報は正当な目的のためにのみ使用いたします．

---

ありがとうございました．みすず書房ウェブサイト http://www.msz.co.jp では刊行書の詳細な書誌とともに，新刊，近刊，復刊，イベントなどさまざまなご案内を掲載しています．ご注文・問い合わせにもぜひご利用ください．

郵便はがき

料金受取人払郵便

本郷局承認

2074

差出有効期間
2019年10月
9日まで

113-8790

東京都文京区
本郷2丁目20番7号

みすず書房営業部
行

通信欄

（ご意見・ご感想などお寄せください．小社ウェブサイトでご紹介させていただく場合がございます．あらかじめご了承ください．）

範像はもはやすでに不可能なのである。絶望的な願望から告知された模範像は、無力さをさらに強化するにすぎないような盲目で他律的なな力へと姿を変えられてしまうのであり、その意味において全体主義的な性向と一致している。規範や模範像は、固定的で不動のものとして、人々が精神的な生産活動——そのもっとも内的な原理とは自由なのだが——をおこなう際の指針として役に立ってくれると見なされる。だが、規範や模範像のなかに反映されているのは、それをまえにした人々が何もできないと思い込んでいる諸関係にたいする、さらにはともかく存在しているものがもつ盲目的な権力にたいする自我の弱さにすぎない。いわゆる今日の混沌状態にたいして、諸々の価値からなる秩序世界《コスモス》を魔法で呼び出すようにして呈示する人々が表明しているのは、かかる混沌状態がいかに彼ら自身の行為とイメージを規定している法になってしまっているかということにすぎない。彼らが見誤っているのは、芸術的な規範や規準は、実際にそれらが指示どおりの思想信条をあらわす目印以上のものであるとすれば、完成されたもの、生きた経験の領域とは無縁のところで妥当するものとして実体化されることがまさに不可能だという事実である。芸術にとって、自分自身の運動の論理のなかで形成されていくもの以外の規範はもはや存在しない。かかる規範を尊重し、つくりだすとともに、ふたたび変更しもするような意識こそが、この規範を満たすことができるのである。しかしながら、あらゆる既存の表現言語の崩壊という事態をまえに、そのようなことを遂行することが桁外れに困難になってしまったことは言うまでもなく、そのための能力と意志を備えている芸術家はごく少数にすぎない。彼らに向かって模範像や規範について得々と語ってみせるような、まとまった多数派は気楽である。なぜなら、こうした連中は、〔規範にたいして〕ほとんど抵抗を示さないような路線を、より高次の倫理感《エートス》や、何かに根ざした結束性、あるいは実存的な尊厳をあらわすものとして、いともたやすく喧伝できるからである。

義務を負わせる規範は、たとえ規範が服従されていたとしても、今日ではたんに指示されているだけであり、それゆえに義務的なものではないように思われる。規範に従っているものとは他人の言いなりになるものにほかならず、行きつく先にあるのはパスティーシュかコピーだろう。だが、多くの人々にとって、たとえ変化のない抽象的な規範を無条件に断念したとしても、芸術生産が相対性に陥ってしまうことはない、という洞察を得ることは困難なのだ。とはいえ、そのような洞察に固執することは好ましくない。なぜなら、そうすることによって、たんに自分が嫌われないようにするためだけに批判の言葉を口にしたあとに、つづけて「そもそも、そんなに悪い意味で言ったつもりじゃない」と懸命に誓ってみせることで、正面玄関から追い出したものを裏口からふたたびこっそりと迎え入れるような人々の同類になってしまうからである。また、そうした慣習にたいして覚めた不信感を抱いている人であっても、模範像のようなもののなかで示されている力が、いかなる誤った留保もなく純粋に事象そのもののなかで正誤や真偽を区別するという行為のうちにすら存在しているという事実から逃れることは許されない。かかる力を放棄することは、美学的な真剣さを犠牲にすることであるとともに、模範像のようなものをも密かに動機づけている恣意の手に方法をゆだねていると白状している。だが、そのような立場が貧弱なものにすぎないのは、芸術のなかで権威に結びついた思想信条を掲げる逆の立場とまったく同様である。芸術作品がもつ普遍的な規則から解放された具体的な法則性にたいする洞察のみが、許可されたものと禁止されたものが記載された目録へとふたたび硬直化しないでいられるのである。あるときわたしは、芸術生産とそれに相応しい認識による方法を、明りなしに作業をおこなうことで悪評を呼んだ鉱山労働者と比較したことがあった。この人物は、自分がどこに向かって導かれているのか確かに見えてはいないものの、みずからの触覚によって、坑道のつくりや、障害物の硬さ、滑りやすい個所、危険な角を感知し、けっして偶然にまかせることなく歩を進めていくのである。もっとも、同時代の芸術において何が正しく、何が虚偽であるかという問題について、より包括的な洞察をおこなうことはすべて禁じられており、それぞれの構想の連関に——文字どおり盲目的に——ただひたすら服従しなくてはならない、といった結論をそこから引き出そうとするならば、それはあまりにも性急に、美学的形姿という暗闇をまえに思考を断念してしまうことになるだろう。芸術家の感覚にたいしては、まず実現されるべき事象の性質が告げられるのだが、そもそも人間に相応しいものをつくりだすためには、省察をつうじてかかる性質を自己批判的な意識へと高めなくてはならない。それによって創作は、たとえ特殊な対象のなかに具体的に内在しているものを扱っている場合でも、にもかかわらず概念へと向かうように指示されてもいるのである。芸術作品は、外部から持ち出されたいかなる図式とも相容れないごく個人的な衝動を抱えているのだが、そこにはなおも客観的な法則性が、かつてそれが明白で客観的な芸術の形式言語を形成していたように残存しているのであって、そこに概念を密かに正当化するものがあるのかもしれない。規範への欲求がたんなる弱さであるばかりでなく、弱さとして苦境を示すものでもあるかぎりにおいて、芸術創作とは、外部をもの欲しげに見ることなどまったくないままに、おのれの〈いま・ここ〉の強制力に身をゆだねるものなのだという見解が唯一可能な回答であろう。そこで希望されているのは、そのような剝き出しの個体化から帰結されるものをつうじて、この個体化がみずからを客観性をもつものとして立証することであり、芸術作品が純粋なかたちで応じている特殊なものとは普遍的なものであるという事実が明らかにされることなのである。

あらゆる留保があるとはいえ、もう少し一般的に語ることができるだろう。今日のすべての芸術作品は、完全かつ徹底的に造形されていなくてはならず、いかなる死斑も、すなわち他律的だと受け取られかねないようないかなる形式も含んでいてはならないように思われる。それが狙いであるかどうか、あるいは作品が絶対的なものという要求——作品はたんに存在していることによって、すでにそのような要求を掲げているのだが——を、自己評価に従ってもはやまったく尊重していないのかどうかという問いが、作品の形式水準を決定するのである。たとえかつてはそうだったにせよ、もはやいかなる形式言語も中流の作品を高めることがないのであり、そのような状況のなかでそもそも存在する権利をもっているのは、おそらく最高次の形式水準を備えた作品のみである。細部にいたるまで努力を払うということを避けるような中流の作品は、そのまま悪しきものになってしまった。しかしながら、そのような厳格な基準を満たすために芸術作品がどのように振る舞わないといけないのかという問題は、たんに自分で設定したあとに従うような偶発的な規則に左右されるものではない。〔ヴァーグナーの《ニュルンベルクのマイスタージンガー》において〕ハンス・ザックスがヴァルター・シュトルツィングに与えた助言[六]は、今日規範や模範像として吹聴されているものの衰退を正確に指摘している。ただしザックスは、主観的な方法がもつ客観的な内実についてほとんど説明していない。人々が無駄なこじつけによって世界観から引っ張り出してくる拘束力はむしろ、まずは芸術家たちが作業しなくてはならない素材のなかに潜んでいる。即物主義《ザッハリッヒカイト》や目的形式という名前のもとで知られるようになった流派がその点を認識したことは、いかに高く評価してもしすぎることのない功績である。だが、素材のうちには歴史が沈殿している。素材そのもののなかで、歴史的に期限が過ぎたものと、取り戻しえないほどに古びたものとを区別することができる者のみが、素材に公正なかたちで創作することができるだろう。たとえ自然の素材としては確かに可能であるかもしれないが、歴史的な連想によって素材の特殊な意味と対立するようになった色彩や形式や響きを芸術家たちが回避しているような場合はいつでも、彼らにとって現前しているのは、その場において成し遂げられるべきものなのである。もうひとつだけ別の言い方をすれば、素材は、それ自体がまったく志向を欠いており、芸術家のさまざまな志向によって意のままにできるような抽象的でアトム的な原素材から成り立っているわけではなく、素材自体がすでに、さまざまな志向を作品へと近づけているのである。素材が志向をおのれ自体の連関のなかへと組み入れることができるのは、ひとえに素材が志向を理解し、志向に順応することをつうじて志向を修正することによってのみである。絵画が色によって描かれるのでもなければ、音楽が音によって作曲されるわけでもなく、むしろ色や音の関係によって創作されるのである。芸術素材という概念は、それが空白状態《タブラ・ラサ》をつくりだし、おのれを確認する際によりどころにしているものの規定性を無視するならば、貧困化してみずからの客観性を喪失してしまうに違いないだろう。

しかしながら、何が正しくて何が虚偽であるかという決定を、強制的にではあるものの、欺瞞的な模範像を引き合いに出すことなくおこなう領域とは、技術的な領域である。ヴァレリーの美学的な著作のなかで他に類がないほど見事に定式化されたこの洞察は、現代芸術が実際に悪しき偶然へと迷い込もうとしないかぎり、あらゆる現代芸術の心に刻みつづけられるべきものであろう。芸術の授業で教えられるような技術的な指図は、なおも外的な規範や方法に方向づけられているとはいえ、その規準に従って〔何が正しくて何が虚偽であるかを〕きわめて厳密に弁別することができるわけだが、そのような技術的な指図から脱して、それとは別の技術の概念へと高まっていかなくてはならない。すなわち、そうした一見確実であるように思われるイメージとはまったく無縁のところで、純粋に事象の様相から出発して、それがどうあるべきであり、どうあってはならないかについて教えるような技術の概念である。それにたいして「技術とはたんなる手段にすぎず、内実のみが目的である」と返答するならば、それはあらゆる陳腐な意見のように、生半可な事実でしかない。というのも、芸術においては、現象のなかで媒介されていないような内実など存在しないからであり、技術とはそのような媒介の総体だからである。ある芸術作品に意味があるか否かについて判断できるのは、ひとえに技術的な合法則性を遂行することにおいて以外にはない。作品の意味が——たんに作品によって意図されているものや表現されているものとしてではなく——把握されるべきは、作品の様相の中心においてのみなのである。

もっとも上位にある問いとは、当然のことながら、そのような意味自体が真理をもっているかという問いであり、内実が真理であるかという問いであり、要するに、意味のある構成という伝統的な概念が、はたして今日の芸術によって要求されているものになおも太刀打ちできるのかという問いであろう。それによって最終的に、美的判断のうえに相対性の陰がさすことになるのだが、それは人間によってつくられたすべてのものに付着する被制約性の影にほかならない。しかしながら、そうしたラディカルな問いや、技術の媒介とは無縁の解放された芸術哲学に短絡的に飛びついてしまうことは、抽象的な屁理屈を捏ねくりまわして芸術の方法にまつわる特殊な決定を妨害するという結果を招くだけだろう。死すべき運命の意識の産物としての芸術の不確かさを悪用して、明確に認識しうる質的な差異を否定し、つるつるしたキッチュと偉大な作品——その偉大さは、作品自体の脆さなくしては考えられない——とを同一視するための口実にすることは許されない。結局のところ、美学的な意味にたいする問いが調停されることなく未解決のままにとどまっていることこそが、美学的な意味の疑わしい作品が今日現れることを許しているとすれば、模範像を掲げる者が金切り声をあげてそうした作品を追い払う権利はない。この人物が隠されていると見なしているものは、そもそものはじめから、彼が失われてしまったと感じているものよりも失われているのだ。大勢順応主義が実験的であるとして弾劾する領域のうちにのみ、芸術的に真なるものの可能性がなおもおのれの避難所を見いだすのである。

（一）一九四六年に開設された西ベルリン・アメリカ占領地区ラジオ放送局（Rundfunk im amerikanischen Sektor：通称RIAS）。

（二）Karl Marx an F. Domela-Nieuwenhuis, 22.2.1881, in: Marx/Friedrich Engels, Werke, Bd. 35, Berlin 1960, S. 160.〔『マルクス／エンゲルス全集』第三五巻（書簡集1881-1883）大内兵衛／細川嘉六監訳、大月書店、一九七四年、一三〇

頁〕

〔三〕　ハインリヒ・シュッツ（Heinrich Schütz: 1585–1672）ドイツの作曲家。バッハへといたるドイツ・バロック音楽の基礎を築いた。

〔四〕　ヨハン・カスパール・フェルディナント・フィッシャー（Johann Caspar Ferdinand Fischer: 1656–1746）盛期バロック時代のドイツの作曲家。バッハの《平均律クラヴィーア曲集》の先駆となる鍵盤曲で知られる。

〔五〕　ケラーは写実主義とリベラリズムの立場から、ゴットヘルフの作品に見られる宗教性や保守主義を批判した。

〔六〕　《マイスタージンガー》第三幕第二場で、自分の感情にまかせて自由に歌おうとする貴族の青年のヴァルターにたいして、年配のマイスターであるザックスが「マイスターの規則を早く習ってください。／規則はあなたを導き、／あなたが若いときに、／青春や愛の／やさしい衝動が／知らぬうちに心のなかに植えつけたものを、／失わぬように守っておいてくれるのです」（渡辺護訳）と忠告する。

# アモールバッハ

ヴォルクマン――まさに〔雲男《ヴォルクマン》という〕イメージどおりの名前をもつ山、親しげに居残っている巨人。ようやく長い休息に入ったこの巨人は、小さな街のうえに長々と身を伸ばして、雲間から挨拶する。

ゴットハルト――周囲でもっとも低い頂が、まるで子どもを山岳地帯との付き合いにやさしく慣れさせたいかのように、中央アルプス最大の連峰の名前を冠している。聖ゴットハルト僧院の廃墟のなかにある洞窟から一本の秘密の地下道が延びていて、アモールバッハ修道院の建物へと通じているのではないかという空想を、子どもは何としても諦めなかったことだろう。

その建物は、ナポレオンによって国有化されるまで、ベネディクト会の大修道院であり、丈が低く、横幅が異様に広く、鎧戸が緑色で、付属教会につながっていた。正面玄関は別として、そこには力強い構成というものが完全に欠けていた。とはいえ、わたしが建築とは何かということを初めて経験したのは、この建物によってだった。そのような印象が、たんに修道院の建物に接するなかで様式の本質に開眼したことに起因していたのか、それともあらゆる栄光を断念したそのあり方のうちにその後の建築物が失った何かが表現されていたからなのかは、いまでも分からない。湖畔庭園の一角からは、おそらくこの建物の狙いだった眺望が広がっていた。鯉が群れをなして泳いでいる心地よい匂いの池のほとりに、わざと樹木の陰に隠されたその場所からは、修道院の一部が小さく見渡せるようになっている。なぜこの場所はつねになおも美を湛えているのだろうかと、風景全体をまえにわたしは虚しく問いかける。

目抜き通りの、われわれのお気に入りの旅館「ポスト」(一)の角のところに鍛冶屋が一軒あり、開けっぱなしの店構えからは、めらめらと激しく燃えあがる炎が見えた。毎朝、まだとても早い時間に、規則正しくカンカンと鳴り響く金槌の音がわたしの目を覚ました。だからといって、この音を恨んだことは一度もなかった。その音は、はるか昔に過ぎ去ったものの残響をわたしにもたらしてくれた。少なくとも一九二〇年代に入るまで、すでにガソリンスタンドが存在するようになってからも、この鍛冶屋は存在していた。ジークフリートは、ある言い伝えによれば、森林におおわれた谷の奥深くにあるツェッテンフェルダーの泉のそばで刺殺されたとされるが、アモールバッハでは、太古のジークフリートの世界が、幼年期のイメージの世界のなかへと突き出している。マインブラウの南方にある「ホイネゾイレ」という名の巨大な岩の数々は、少なくとも子供のころにわたしが聞かされたところでは、民族大移動の時代にさかのぼるものであり、フン族にちなんで名づけられたという。それより以前の名もなき時代のものであるというよりも、そのほうが素晴らしいといえるだろう。

エンゲルベルク修道院まで行くときにはマイン河の渡し船を利用する必要があるのだが、それがとりわけ趣深いのは、この原始的な乗り物に、民俗協会や歴史保護団体によってあえて保存されたものといった気配がないからである。向こう岸に渡るためには、渡し船を使うよりも簡単で現実的な選択肢は存在しなかったのであり、〔『ニーベルンゲンの歌』のなかで〕ハーゲンは司祭を渡し船からドナウ河へと突き落としたのだが、この人物がニーベルンゲン族のなかで命が救われた唯一の人物となった。目的にかなっていることがもたらす美は、遠い昔を思い起こさせる力を有している。渡し船が水面を進むとき、無言で耳をすませると聞こえてくる音が雄弁なのは、その音が何千年もまえからずっと変わらないからである。

実際、わたしがリヒャルト・ヴァーグナーの世界に触れたのは、アモールバッハにおいてだった。そこでは、修道院を増築した家屋に、画家のマックス・ロスマンがアトリエを構えていた。われわれはよく、彼のアトリエのテラスで午後のコーヒーを楽しんだ。ロスマンはバイロイトのための書割を制作していた。まさにアモールバッハの再発見者だった彼は、音楽祭に出演する歌手たちをそこに連れてきた。キャヴィアやシャンパンに彩られた贅沢な生活様式の幾分かが「ポスト」には伝わっていて、そこで供される料理とワインは田舎旅館に期待される水準を上回っていた。ある男性歌手のことを、いまでもはっきり覚えている。そのころわたしは十歳足らずだったはずだが、音楽と舞台にたいするわたしの情熱を見てとった彼は、喜んでわたしの話し相手になってくれた。ちびすけをまえに彼は、自分がおさめた成功の数々について、とりわけ〔《パルジファル》で〕アムフォルタスを演じたときのことについて倦むことなく語った。最初の音節を独特なかたちで伸ばす話し方をしていたので、おそらく彼はオランダ人だったに違いない。わたしは大人の世界と夢の世界に一挙に入れてもらったような気がしたが、この二つの世界がどれほど相容れないものであるか、そのころはまだ予感していなかった。《マイスタージンガー》の「そこで歌った鳥は、美しい口ばしをもつ鳥だった」というロスマンのお気に入りだった一節を聞くとアモールバッハの存在を感じるのは、そのころの日々にさかのぼる。この小さな街はフランクフルトから八〇キロしか離れていなかったものの、フランケン地方にあった。――《コンフルトの水車》と題されたロスマンの筆による一枚の絵は、未完であるうえに、意味ありげなタッチの乱れ方をしていたが、わたしを魅了した。ドイツを離れるまえに、母がこの絵をわたしに贈ってくれた。アメリカに行くときも、戻ってくるときも、この絵はずっとわたしのそばにあった。ロスマンの息子には、アモールバッハで再会した。

まだ少年だったころのわたしが、夕方も遅い時間に一人でこの街をさまよっていると、石で舗装された道路に自分の足音が反響するのが聞こえた。何か聞き覚えがあるような気がしてこの音のことをようやく思い出したのは、一九四九年にわたしがアメリカ亡命から帰国したとき、深夜二時の夜中にパリのヴォルテール河岸から自分のホテルに帰る途中のことだった。アモールバッハとパリの違いは、パリとニューヨークの違いほどには大きくはない。しかしながら、わたしが幼い子供だったころ、ヴォルクマン山の中腹にあるベンチから、ちょうど導入されたばかりの電灯がすべての家で同時に点灯したのを見たように思った、あのときのアモールバッハの夕暮れは、そのあと祖国から追放された自分がアメリカで経験したショックのすべてを先取りするものだった。わたしの小さな街は、この場所とはまったく正反対のものにたいしても心構えをさせてくれるほど、わたしのことを手厚く庇護してくれていたのである。

アメリカに来ると、すべての場所が同じように見える。テクノロジーと独占企業の産物としての標準化《スタンダード》が人を不安にさせるのである。質的な差異の数々は、合理的方法の進展によって駆逐されるのと同じく、実生活からも一掃されると人々は言う。そのあとにヨーロッパに戻ると、そこでもまた、子どものころはそれぞれ比較にならないほど違って見えた村落どうしが、突如として似たようなものになる。おのれのもとにある多様なものすべてをローラーにかけて平板にしてしまうアメリカとの対照からであれ、それとも、かつて様式だったものが、何の疑いもなく産業に――とりわけ文化産業に――第一の原因があるとされる規格化の強制力から何らかの影響をすでに被ってしまっているからであれ、おしなべてそう見えてしまうのである。アモールバッハ、ミルテンベルク、ヴェルトハイムも例外ではなく、この地方特有の岩層である赤い砂石によってつくられた家々によって織りなされる基調色だけでも、たがいに似かよっているように見えることだろう。それでもなお、交換不可能なものである幸福の経験がつくられるのは、ある特定の場所においてのみである――たとえ、あとになってから、その場所だけではなかったことが判明したとしても。わたしにとってアモールバッハは、不当であるか正しいかはともかくとして、すべての街の原型でありつづけており、他の街はその模造品にほかならないのである。

オットルフスツェルとエルンストタールのあいだに、バイエルン州とバーデン州の境界があった。州境を示す印として、街道には何本もの標柱が立てられていたが、それらは立派な紋章で飾られており、州旗の色――ひとつは白と青、もうひとつは、わたしの記憶が確かならば、赤と黄だった――によって渦巻き状に塗られていた。そのあいだには十分な幅の中間地帯があった。わたしはその場所にいるのが好きだったが、なぜかと問われると、「この空間はどっちの州にも属してなくて、独立しているから、僕はそこを思いのままに支配できるんだ」という、自分でもまったく信じていなかった口実を挙げたものだった。支配といったことを真面目に考えていたわけではなかったものの、だからといって喜びが減ることはなかった。実際のところ、わたしが喜んでいたのは州旗の色だったのだろうが、同時にまた、何かを制限するという旗の色の性質から逃れたようにも感じていた。同じような感覚を受けたのは、たとえば「国際航空宇宙ショー」のような展示会で、無数の三角旗が一様に並んではためいている光景を目にしたときだった。インターナショナルという感情は、親の代からわたしにとって近しいものであり、両親の来客仲間のなかにフィリーノやシドニー・クリフトン・ホールといった名前の人物がいたことからもそのような感情が育まれていた。この場合のインターナショナルは統一国家ではなかった。そこで平和を約束していたのは、相異なるもの、すなわち、等しく色とりどりに彩られた旗の数々と、州境をあらわす無邪気な標柱が織りなす祝祭的なアンサンブルだったわけだが、わたしが驚きとともに発見したように、標柱によって風景が変化することはまったくなかった。しかしながら、旗と標柱に囲われており、わたしが自分自身と戯れながら占領した土地は、無人地帯だった。このあと戦争になると、この「無人地帯」という言葉が、相対する両陣営のまえに広がる荒廃した空間をあらわすものとして使われるようになった。だが、それは、〈ユートピア〉というギリシア語の——アリストパネス流の——忠実な翻訳なのであり、それについて当時のわたしは、無知であれば無知であるほどいっそうよく理解していたのである。

　小さな鉄道に乗ってミルテンベルクに行くことにもそれなりの利点はあったものの、それよりはアモールバッハから広い山道を歩いてそこに行くほうがよかった。その山道は、ゴットハルトから離れたところにある谷あいの平和な村で、ナイトハルト(二)の故郷とされるロイエンタール村を抜け、つねに寂しいモンブルン村を超えると、どんどん濃密になっていくような森のなかの湾曲した道へと通じている。森の奥深いところにはあちこちに外壁が隠れており、最終的に森林地帯の寒さにちなんで「ブルブル穴《シュナッターロッホ》」と呼ばれている門にたどりつく。この門をくぐると、夢のなかでいきなり場面が転換するように、突如としてきわめて美しい中世の広場にいたる。

一九二六年の春、ヘルマン・グラープとわたしは、クライン・ホイバッハのレーヴェンシュタイン庭園に座っていた。わたしの友人は、その当時、マックス・シェーラーの影響を受けていて、城と庭園とをこのようなかたちで調和させることができた封建時代について熱狂的に語った。まさにその瞬間、管理人が現れて、不躾にわれわれを追い払った。「ベンチは王侯貴族の方々のためにとってあるんでね」。

小学生だったころ、わたしは「道徳的な《ジットリッヒ》」や「けがれない《コイシュ》」といった言葉にたいして妙にいかがわしいイメージをもっていたが、おそらくそれは、褒め言葉として使われるよりも、誰かがいけない振る舞いをしてしまったときに、大抵は性犯罪をたしなめるような場合にもちいられたからであろう。いずれにせよ、これらの言葉は、それとは正反対のものとしてではあるが、禁じられた領域のようなものと関連していた。アモールバッハでは、ある強烈な連想がそのような誤解を助長していた。コイシュという名前の口髭をたくわえた堂々たる宮廷園丁長がいた。彼には娘が一人いたが、わたしにはひどく醜いように思えた。しかし、この園丁長が自分の娘を手ごめにしたという噂が広がった。オペラにあるように、そのようなスキャンダルをもみ消すためには、善良な貴族の介入が必要であった。「けがれない《コイシュ》」や「道徳的な《ジットリッヒ》」とはいかがわしい概念であるというわたしの誤解がもっていた真理に気づいたとき、わたしはすでに一人前の大人になっていた。

旅館「ポスト」の客間には、モーツァルトの肖像の浮き彫りがついた小型ピアノの隣に一本のギターが掛っていた。そのギターには弦が一、二本欠けており、他の弦も音がひどく狂っていた。わたしはギターが弾けなかったが、すべての弦を一度に同時にかき鳴らして振動させ、暗い不協和音にうっとり耳をすませた。わたしがシェーンベルクの音譜を知るようになるまえの歳月に偶然耳にした音のなかで、これほど多声的なものを聞いたのはおそらくはじめてだっただろう。わたしは、作曲はこのギターの響きのようにあるべきだ、という願望を抱いた。のちにトラークルの詩〔『午後へ囁いて』〕の「哀しげなギターが流れる」という一節を読んだとき、まさにそこで聞こえてきたのが、アモールバッハの傷ついたギターの音色だった。

午前十一時になると、旅館「ポスト」に、半分農民で半分商人といった格好の一人の男がハンブルン村からしばしばやって来た。ハンブルンは、傾斜のゆるやかな高地に建てられた、オーデンヴァルト地方の隣村のひとつだった。すでに一杯やっているかのような顔で、髭面にだらしない服装のヘルケルトは、農民戦争から逃げてきた人物のように見えた。農民戦争についてのわたしの知識は、ミルテンベルク駅にあった本の自動販売機で買ったレクラム文庫のゴットフリート・フォン・ベルリヒンゲンの伝記によるものであった。「ミルテンベルクが燃えている」。この地方の人々や事物のすべてにおいて、十六世紀の名残をなおもとどめていたものであっても、それがどれくらい以前にさかのぼるものなのかということを、わたしはまったく考えなかった。空間的な近さが時間的な近さになっていたのである。だがヘルケルトは、肩に背負った袋のなかに、緑色の殻につつまれた新鮮な木の実をもっていた。それを買うと、わたしのために剝いてくれた。あたかも一五二五年の農民反乱軍の指導者が、好感を抱いたからか、あるいは危険なご時世にたいする不安を和らげるために、わたしに恵んでくれたものであるかのように、その味は生涯にわたって忘れられないものになった。

とある午後、ロスマンの家のテラスに座っているとき、城の水車小屋のまえの広場から、ガアガアとわめきたてるような歌声が聞こえてきた。わたしが目にしたのは、三〜四人のまだきわめて若い学生で、絵になるというつもりだろう、むさくるしい恰好をしていた。これはヴァンダーフォーゲルだと説明されたが、そう聞いても適切なものを何ひとつイメージできなかった。下手糞であるうえに、伴奏のギターの音も間違っている民謡よりもわたしを驚愕させたのは、その外見だった。フランクフルトのマイン河沿いの公園のベンチで寝泊まりしているような貧民ではなく、子どもが使う言い回しによれば「いいところの人たち」であるということが、わたしの頭からまったく離れなかった。貧乏だからではなく、僕には分からない考えがあって、あの人たちはあんな身なりをしているんだ。彼らのいでたちによって、自分もまた同じように、いつの日にか、無防備に騒々しく森のなかを踏み歩かなくてはならないのではないかという不安でいっぱいになった。それは、零落したブルジョワたちが青年運動のなかでたがいに団結し、長いハイキングに出かけるようになるはるか以前に感じられた、そうした運動のなかで零落した存在がもたらす脅威であった。

小説のなかでこの話を読んだとしても、朽ちることのないユーモアと称して面白話を焼き直すような作家たちのように耐えがたかっただろう。だが、わたしはこの出来事をじかに聞いたのである。それは、わたしがアモールバッハから受け取った時代錯誤的な持参金の一部であるといえよう。ある経理課の役人が仲間と飲みに行くとき、確実に嫌々ながらではあるが、彼の妻が同行するのが習慣だった。この男はしばしば飲み過ぎて、妻の趣味からするとあまりに元気にしゃべりすぎるので、彼女は次のように警告した。「ジーベンリスト、いいかげんにしなさい！」——一九一〇年ごろの風刺雑誌に載せるのにより相応しいものではあるが、これに劣らぬ正真正銘の実話として、ラインニンゲン家の領地だったエルンストタールでの出来事がある。そこに地元の名士である鉄道会社社長の妻のシュタップ夫人が、真っ赤なサマードレスを着て現れた。エルンストタールでは家畜としてイノシシが飼われていたが、このイノシシは人に従順であることを忘れて、大声で叫ぶこの婦人を背中に乗せて一目散に駆けだした。わたしにとっての模範像があるとすれば、この動物がそうであろう。

ブライテンブッフ村のイノシシ飼育場は、オーデンヴァルト山地でもっとも標高があるきわめて寂しいところに位置していたが、そこから程遠くないところにある森小屋には、中世の秘密裁判《フェーメ》で椅子として使われた岩が並んでいた。本に出てくる登場人物で、幼いわたしのお気に入りの一人だったアーデルハイト・フォン・ヴァイスリンゲン(三)がこの同じ場所で裁かれたということに、わたしは何の疑いも抱いていなかった。数年まえにはなおも、そこで何百頭ものイノシシがみずから望んで飼育されていたのだと思いこんでいた。また、子ども時代のわたしは、アモールバッハの森のなかで獲物を待ち伏せするための場所を教えてもらうと、それが野生動物を助けるためのものであると想像した。そこで野性動物は、激しく追い立てられたり寒さで凍えそうになったりしたとき、梯子を駆け上って安全な隠れ家を見出すのだと。だが、それは野生動物に立ち向かうための場所だった。わたしが学ばなくてはならなかったのは、その風通しのいい小屋が野生動物を待ち伏せして撃つ猟師たちのためのものであるという事実だったわけだが、それと同じく、とある事情通の人物から、ブライテンブッフの飼育場は大人しいイノシシたちを保護するためにあるのではなく、ましてや畑が荒らされると称される事態を防止するためですらなく、猟師たちがライフル銃で仕留めるまでのあいだ獲物を生かしておくためだと説明された。だが、そのような恐ろしい理性をもってしても力の強い雄のイノシシを惑わすことはまったくできず、シダの茂みから身を起こした雄がわれわれの近くにまで現れることがあった。かつてプロインシェンやメルシェンハルトの山林でイノシシの臭いがしたときのように、われわれは不穏な気持ちになったが、しかしながらそれは、それまで餌をみんなで分け合ってきた雄イノシシが、広大な周辺地域をさまよった末にここに到着したのは、われわれから自分だけの餌が貰えるのではないかと期待してのことだと気づくまでのことだった。この動物は前もってみずから感謝のポーズをするものの、われわれが彼のための餌をもっていないと知ると、がっかりしてノソノソと立ち去るのであった――飼育場の柵には「清潔と整理整頓を心がけるようお願いします」というプレートが掲げてあったが、誰が誰にお願いするというのだろう。

（一）「ポスト」は一七四二年よりシュペーラー家が経営する老舗旅館。アドルノの父親でワイン輸入業を営んでいたオスカー・ヴィーゼングルントは「ポスト」にワインを卸していた。

（二）ナイトハルト・フォン・ロイエンタール（Neidhart von Reuenthal：ca.1180-ca.1250）十三世紀を代表するミンネゼンガーの一人。「宮廷農村詩」の名手としてウィーンの宮廷などで活躍した。

（三）おそらく、ゲーテの戯曲『ゲッツ・フォン・ベルリヒンゲン』（一七七三年）の登場人物の一人であるアデルバート・フォン・ヴァイスリンゲンを指す。

# 伝統について

## 1

伝統〔Tradition〕という言葉は»tradere«、すなわち手渡すことに由来する。そこで念頭に置かれているのは世代間の繋がりであり、ある世代から別の世代へと受け継がれていくものであって、おそらくは手仕事の伝承という意味合いも含まれている。手渡すことというイメージのなかで表現されているのは、ある人の手から別の人の手へと受け取られるべきだという肉体的な近さ、無媒介性である。そのような無媒介性とは、どこか家族的な種類の、多少なりとも自然発生的な関係である。伝統というカテゴリーは、〔ヴェルナー・〕ゾンバルトが封建的経済を伝統主義的なものと呼んだように（一）、本質的に封建的である。伝統のなかで合理性が形成されていくわけだが、にもかかわらず伝統は合理性と矛盾する。伝統の媒体となるのは意識ではなく、社会的な諸形式がもつ所与の非反省的な拘束力であって、過ぎ去ったものの現前である。つまり、過ぎ去ったものが知らず知らずのうちに精神的なものに感染したのが伝統なのだ。厳密な意味における伝統は市民《ブルジョワ》社会とは相いれない。等価交換の原理とは成果の原理であるが、それによって家族の原理が廃棄されることがなかったことは確かである。だが、等価交換の原理は家族をみずからのもとに従属させた。短い間隔で繰り返されるインフレーションは、いかに遺産という理念が明らかに時代錯誤的なものになったかを証明しており、精神的な遺産は危機に耐えうるものではなかった。伝統をあらわすさまざまな言語表現のなかで、手から手へと受け渡されていくという先に触れた無媒介性が表現されているのだが、それは普遍的媒介をおこなう社会機構のなかの残滓にすぎず、この機構において支配的なのは諸事物の商品的性格なのである。技術とは人の手がつくりだしたものであり、人の手の延長であるものの、この技術こそがずっと以前から人の手の存在を忘却させてきた。技術的な生産様式に鑑みると、手仕事はもはや実質的なものではなくなっているのであり、それはたとえば、手仕事にまつわる教えという、ほかならぬ伝統——そこにはまさに美学的伝統も含まれる——をもたらした概念がわずかな効力しかもたないのと同様である。アメリカのようにラディカルなまでに市民的《ブルジョワ》な国では、そこからあらゆるところで結論が導きだされた。伝統とは疑わしいものであるか、あるいは希少価値をもつとされる輸入品だというのだ。アメリカでは、伝統的な諸契機や、それらと結びついているさまざまな経験が存在しないことが、時間的な連続性という意識を阻んでいる。今日ここで市場において社会的に役に立つものであることをみずから証明できないものは無価値であり、忘れ去られるのである。そのうえ、誰かが死んだ場合、それはあたかもこの人物が一度として存在していなかったことに等しいのであり、機能的なもののすべてがそうであるように、他の人物によって完璧に代替可能なのである。代替不可能なのは、機能を欠いたものだけである。だからこそ絶望的にして太古的な死体防腐処理の儀式がおこなわれるのだ。それによって時間意識の喪失を魔術的に呪縛しようとしているのだが、しかしながらこの喪失は社会関係それ自体に基づいている。アメリカはヨーロッパで伝統を学ぶことができるように思っているわけだが、あらゆる点においてヨーロッパがアメリカにまさっているわけではなく、むしろヨーロッパはアメリカに追随しているのであり、そのためにわざわざアメリカを模倣する必要はまったくない。ドイツでは、あらゆる歴史意識が危機に瀕していることが何度も指摘されており、それほど大昔のことではない過去ついてすらまったく無知であるという状態にまでいたっているが、それはひとえに基本的な事象内実を示す徴候にほかならない。人々にとって時間関係が崩壊していることは明白である。時間が哲学によってかくも好んで論じられるようになったことは、生きている人々の精神から時間が揮発していることの証左である。イタリアの哲学者エンリコ・カステッリ(二)がある著作でこの問題を扱った。現代芸術は総じて、伝統の喪失にたいして反応している。現代芸術は、対象にたいする、すなわち素材にたいするみずからの関係という伝統によって保証されたものの自明性や、おのれの方法の自明性を喪失してしまったために、いまやそれらをみずからのうちで省察しなくてはならない。伝統的な諸契機の空疎さや虚構性が感じられるようになると、すぐれた芸術家たちはそれを金槌でギブスを砕くようにして打ち捨てるのである。即物性《ザッハリッヒカイト》の志向と称されるものは何であろうとも、伝統に敵対的な衝動を抱えている。そのことを嘆いて伝統を有益なものとして推奨しようとも無力であり、おのれ自身の本質と矛盾する。名目上あるいは実際に脱形式化された世界のなかで伝統をもつことは素晴らしいと考えるような目的合理性が、目的合理性によって無効にされたものを処方することはできないのだ。

## 2

現実的に失われた伝統の代わりとなるものを美学的につくりだすことはできない。だが、まさにそれをおこなっているのが市民社会《ブルジョワ》である。その理由もまた現実的である。市民社会《ブルジョワ》の原理がおのれと等しくないものをますます許容しなくなればなるほど、この原理はいっそう躍起になって伝統にしがみつき、さらには外目には「価値がある」ように見えるものを引き合いに出すのだ。市民社会《ブルジョワ》はそうするように強いられている。というのも、市民社会《ブルジョワ》において、生産と再生産の過程を支配しているのは理性であり、たんに生じたものや現存しているもののすべてが理性の法廷のまえに呼びだされるものの、この当の理性が完全なものではないからである。本人は徹頭徹尾市民的《ブルジョワ》だったマックス・ヴェーバーは、目的そのものにおいてではなく、目的と手段の関係のなかで理性を定義づけていた。それによってヴェーバーは理性を主観的で非合理的な決定にゆだねたのである。少数の人間が生産手段を意のままに使用し、そこからさまざまな抗争が容赦なく生じてくるなかで、全体は、古くからそうであったように、非理性的で、運命的で、脅威をもたらすものでありつづける。全体がたがいに合理的に接合しあい、おのれを閉ざしていけばいくほど、人々にたいする全体の暴力は、そのような事態を変えることができないという彼らの無能力とともに、ますます恐ろしいかたちで増加していく。だが、そのような非合理性のなかで存在しているものが合理的に自己を正当化しようとするならば、それはまさにみずからが根絶する非合理的なもの、すなわち伝統に助けを求めなくてはならない。しかしながら伝統は、おのれの意志には従わないものとして、そうした介入から逃れるとともに、かかる訴えによって虚偽となる。社会は伝統を接合剤として計画的にもちいるのであり、芸術のなかで伝統は、処方された慰めとして、時間のなかでも進行している自身のアトム化について人々が感じている不安を取り除くという役割に甘んじることになる。市民《ブルジョワ》時代が始まって以降、第三身分に属している人々は、みずからの進歩や、生あるものの潜在的な質的差異のすべてを消去している自身の理性には何かが欠けていると感じてきた。主流に迎合した彼らの詩人たちは、モリエールの喜劇『町人貴族』から、ゴットフリート・ケラーの作品に登場してくる造り物の祖先の肖像画を調達したリトゥムライ家〔三〕にいたるまで、進歩の代価《プリ・ドゥ・プログレス》を嘲弄してきた。スノビズムとは形式的な平等が内容的な不平等や支配に奉仕するような社会形式に内在するものであるが、このスノビズムを弾劾するような文学はすべて、みずからが塩を塗っている傷を隠蔽している。市民的《ブルジョワ》な原理によって押し殺されたり操作されたりするような伝統は、最終的に毒物へと変容する。過去のすぐれた芸術作品のような真に伝統的な諸契機もまた、意識がそれらを聖遺物として崇拝する瞬間、イデオロギーの構成要素へと退化する。このイデオロギーは、束縛や硬化が強まらないかぎりは現在のものは何も変わらないと主張するために、過ぎ去ったものから活力を得るのである。過去のものを愛好し、心が貧しくならないようにそうした愛情をお払い箱にするまいと努める者は、「この人はそんなに悪意があるわけではなく、現在についても話し合いに応じる余地があるのだ」という、卑劣な熱狂をともなう誤解にたちまち身を晒すことになるのである。

## 3

市民《ブルジョワ》社会の確立とほぼ同時期に登場した偽りの伝統は、偽りの富のなかをほじくり回している。それは古いロマン主義の目に誘惑的に浮かんでいたものだが、新ロマン主義となるとますますその傾向が顕著になった。世界文学という概念もまた、国民文学の狭隘さから解放されたものであったことは確かなものの、それは最初から偽りの富へと向かうように誘っていた。この富が偽りであるのは、それが所有物を意のままに処理するという市民《ブルジョワ》的な精神のもとで利用されたからであり、それはあたかも、かつて芸術的な素材や形式という点で高く尊まれたものであっても、ひとたび歴史が芸術家の取り分を確保したあとは、そのすべてが芸術家の意のままになるとでもいうかのようだ。まさに芸術家にとってはいかなる伝統ももはや実質的で拘束力があるものではなく、それゆえにあらゆる伝統が闘わずして略奪品となり、芸術家の手に落ちるというのである。ヘーゲルはみずからがロマン主義的と呼んだ近年の芸術をそのような意味で規定した。そうした事態にたいしてゲーテが拒絶的な態度を取ることはなく、伝統へのアレルギー的な拒絶反応とは今日においてはじめて生じたものなのだ。自律的な存在となった芸術家にとってはすべてが等しく開かれているように見えるのだが、その一方で、文学においてはたとえば後期ジッドやコクトーのように新古典主義的な方向をとる芸術が最後になおも

――すでに屈折したかたちで――約束していたように、掘り出された財宝が芸術家によい効果をもたらすことはけっしてないのである。芸術家が過去の財宝を利用する場合、作品の制作にあたって、みずからの立場とは矛盾する空疎な形式を教養から借り受けるのだが、この形式が満たされることはない。というのも、いかなる真正な芸術も、おのれの形式を満たしたことなどないからである。伝統が崩壊したあとの芸術家が伝統を経験するのはむしろ、伝統的なものが芸術家にたいしておこなう抵抗に接することによってであり、そこで芸術家はつねに自分自身を捉えようとする。実にさまざまな芸術媒体において今日〈還元〔Reduktion：削減、簡略化〕〉と呼ばれているものが従っているのは、〈いま・ここ〉という形姿によって要求されているもの以外にはもはや何ももちいることができないという経験である。美学的な綱領や方向性の交替における加速化を、俗物は悪しき流行の所業としてほくそ笑んでいるが、それは拒絶への強制力が絶えず高まっているという、ヴァレリーが最初に記述した事態に由来している。伝統にたいする関係は、禁じられたものという正典《カノン》へと変化する。自己批判的な意識の高まりとともに、この正典《カノン》はおのれのうちに、永遠であるようにも見えるものをますます取り込んでいく。すなわち、直接的ないし間接的に古典古代から借用され、市民《ブルジョワ》時代において伝統的な諸契機の解体に反対するべく動員された諸々の規範を。

## 4

だが、伝統が主観的に破壊されていたり、イデオロギー的に堕落していたりする一方、客観的には、いま存在しているものや、伝統が浸透したすべてのものにたいして、歴史はなおも力をもちつづけている。世界とは、生成したものがもつ深い次元など欠いたままに、たんなる所与のものを合計しただけにすぎない、という実証主義的なドグマは、美学的な即物主義《ザッハリッヒカイト》と区別することが困難なこともしばしばであるが、それは権威を盲信して伝統を引き合いに出すことと同じくらい幻想にすぎない。自分は歴史を欠いた純粋な始まりであると思い込んでいるものは、ますます歴史の餌食となるのであり、意識していないだけにいっそう命取りになる。いまやそのことは、擬古的な存在論を志向する哲学の流派において明らかになった。伝統に付着している仮象的な契機から身を守り、自分がいかなる伝統のうちにも属していないと感じている作家であっても、まずは言語をつうじて伝統の頸木に繋がれている。作家の言語とは賭博のチップの集積ではなく、それぞれの言葉やそれぞれの言葉の結びつきがもつ色価《ヴァルール》が客観的にみずからの表現を授かるのはその歴史からであって、そこには歴史的過程の総体が潜んでいるのである。かつてブレヒトが救いとなるものをみずからに約束した忘却は、いまでは機械的な空疎さへと移行してしまった。純粋な〈いま・ここ〉の貧しさとは、偽りの富をたんに抽象的に否定したものであることが判明したのだが、それはしばしばブルジョワ的な清教徒主義の神格化というかたちをとる。あらゆる記憶の痕跡を断念するような瞬間は、社会的に媒介されたものを自然な形式ないし自然素材であると見なしてしまうような妄想のなかでは、きわめて脆弱である。歴史的にひとたび獲得されたものを方法のなかで犠牲にするものは、償還請求をおこなう。断念が真理内実をもつのは絶望的なものとしておのれの姿を表現する場合のみであり、頑として勝ち誇る場合ではない。反動的な人々が讃美するような伝統の幸福とはイデオロギーであるが、たんにそうであるというだけではない。ただ存在しているものの全能さに苦しんでいる者や、まだ一度も存在していなかったものへの憧憬を抱いている者は、ダムよりも南ドイツの中央広場に親和性を感じることだろう。とはいえこの人物も、いかに木組みの家屋が黴――それは技術化された災禍の相補物である――を保存するという役回りを演じるかという点については承知しているのである。おのれに専心する伝統と同じく、絶対的に伝統がないものは素朴である。すなわち、そこに欠けているのは、過ぎ去ったものにあって、諸々の事象と取り結ばれる、純粋であると考えられた、滅亡したものの埃によって曇らされていない関係のなかに潜んでいるものにたいする予感なのである。だが、忘却は非人間的である。なぜなら、蓄積された苦しみが忘れ去られてしまうからだ。というのも、諸事物、言葉、色彩、音における歴史的痕跡とは、つねに過去の苦しみだからである。だからこそ今日の伝統は解消不可能な矛盾のまえに立っている。いかなる伝統も現前してはおらず、召喚することもできない。だが、あらゆる伝統が消去されてしまうと、非人間性への入場行進が始まるのである。

## 5

このようなアンチノミーは、伝統にたいして意識がとりうる姿勢を指示している。「批判的な道のみがなおも開かれている」というカントの命題[四]は、当該の個所で言わんとしている内容とは比較にならないほど大きな真理内実をもつ、このうえなく確かな命題のひとつである。この命題が当てはまるのは、たんにカントが絶縁した合理主義的な学派の伝統という特殊なものだけではなく、伝統全般にたいしてである。伝統を忘却することなく、しかし伝統に迎合しないということが意味するのは、伝統を意識がひとたび到達した状態、すなわちもっとも進んだ意識の状態と直面させ、何がもちこたえており、何がそうではないかと問うことである。永遠のストックなど存在せず、さらには観念のなかでのみなおも可能であるようなドイツ語読本も存在しない[五]。だが、保存されているわけではないが、何事にも左右されないことによって多くのものが延命することに手を貸している過去との関係はおそらく存在している。ゲオルゲ派やホーフマンスタール、ボルヒャルト[六]、シュレーダー[七]といった過去の世代のすぐれた伝統主義者たちは、いかに復古的な意図を抱えていたにせよ、理念的なものよりも冷醒なもの、簡潔なものを優先したかぎりにおいて、そうした点について何かを感じ取っていた。ともあれ彼らは、テクストをトントンと叩いて、虚ろな響きがするのは何であり、そうではないのは何かを調べていた。彼らは伝統が目立たないもの、みずからを措定しないものへと移行していることを確認するとともに、真理内実がイデオロギーとして素材の内実のうえを漂っており、それゆえに真理内実が存在しないような作品よりも、真理内実が素材の内実のうちに深く植えつけられた作品を愛好したのである。ドイツにおいて裏切られ、侮蔑された啓蒙主義、反伝統的なものがもつ隠れた伝統ほど、伝統的なものを受け継いでいるものは存在しない。だが、復元しようとする清廉潔白な意志もまた代償を支払わなくてはならなかった。そうした意志が実証的に存在しているということがすべての高級文学にとって言い訳となった。シュティフターの模倣者たちやヘーベルの解説者たちが漂わせている〈ざらざらしたもの〉、〈かっちりしたもの〉〔という印象〕は、今日では大袈裟な身振りと同じくらい安っぽい。いまでは、認可された文化財を全般的に操作することのうちに、毀損されていないと勘違いされたものが併合されてしまっている。少し昔のすぐれた作品も、救い出されることによって破壊された。そのような作品は、かつてそうであったようにそのまま復元することに抵抗している。客観的に見るならば、反省的な意識のなかではじめて、移り変わる層が作品自体のダイナミズムによってそこから剝落するというわけではない。だが、なおも従うべき唯一のものであろうひとつの伝統を打ち立てるのは、反省的な意識のみである。かかる伝統の規準とは照応関係《コレスポンダンス》である。この伝統は、新たに出現するものとして、現在のものに光を投げかけるとともに、現在のものから光を受け取るのだ。そのような照応関係《コレスポンダンス》とは感情移入や直接的な近親性のそれではなく、むしろ距離を必要としている。悪しき伝統主義が伝統のもつ真理の契機から切り離されるのは、さまざまな距離を蔑み、取り戻しえないものに冒瀆的に手を伸ばすことによってなのだが、その一方で、取り戻しえないものについて語られるのは、ひとえに取り戻しえなさを意識することにおいてのみなのである。距離による真の関係のひとつのモデルとなるのが、『エフィ・ブリースト』にたいするベケットの賞賛（八）である。それは、照応関係《コレスポンダンス》という概念のもとで思考されるべき伝統が、模範としての伝統的なものをいかに許容しないかを教えてくれる。

## 6

伝統にたいする批判的な関係にとって無縁なのは、「われわれはそれにもはや興味がない」という身振りであるが、それはマニエリスムといったあまりにも広い歴史的概念のもとに現在のものを小賢しく包摂することにほかならず、密かに「すべてがすでに存在していた」という格言に従っている。そのような振る舞いは〔あらゆるものを〕平準化する。それは途切れることのない歴史的な連続性への盲信に——そして、それとともに歴史的な裁定への盲信に——耽っているのであり、つまりは大勢順応主義的である。イプセンやヴェーデキントにたいするように、過去のものへの特異体質的な憎悪が自動的に生じるところでは、そうした作家たちにおいてなおも未解決のままのもの、歴史的に発展していないもの、あるいは女性の解放のようにたんに脆いものが目の敵にされる。そのような特異体質的な憎悪のなかで突き当たるのが、伝統をめぐる思考において真の主題となっているもの、すなわち道端に残されたもの、見捨てられたもの、打ち負かされたものであるが、それは〈古びること〉という名のもとにまとめられる。伝統の生命が逃げ場を求めるのはそこなのであり、不朽とされる諸々の作品のストックのなかではない。歴史主義の超然とした眺望のなかで、不滅のものへの盲信と時代遅れのものになることへの激しい不安が不吉なかたちで交錯しているのだが、伝統がもつ生命はそこから逃れ去る。作品がもつ生命は、作品の内面のなかに探されなくてはならない。すなわち、それが探し求められるべきは、初期の段階ではまだ隠されていた層であって、それは他の層が壊死したり剝落したりしたあとに初めて現れてくるのである。ヴェーデキントの『春のめざめ』は、一時的なもの、すなわちギムナジウムの生徒たちの斜面机や十九世紀の住居の陰気な便所、黄昏時の街のまえを流れる川が見せる何とも言えない表情、母親がお盆に載せて子供たちに運んでくるお茶、林務官候補生のプフェレとの婚約をめぐる小娘のおしゃべりを、不滅のもののイメージ、昔から存在していたもののイメージへともたらした。ただし、そのことが明らかになるのは、この作品が願望している、青少年にたいする適切な時期での性教育や寛容な態度がとっくの昔に実現し、どうでもいいものになってしまったあとのことなのであるが、そのような願望なしにはこうしたイメージが形成されることはなかっただろう。古びてしまったという裁定に逆らっているのが事象内実にたいする洞察であって、それは事象内実によって更新される。事象内実を考慮するのは、伝統に屈することなく伝統を意識に上らせるような姿勢のみである。伝統は、消滅の暴虐から保護されなくてはならないのと同じく、伝統がもつ権威という、それにおとらず神話的なものからも引き離されなくてはならないのである。

## 7

伝統を保存する媒体として伝統に批判的な態度をとることは、たんに過去のものと関わるだけではけっしてなく、それと同様に、質という点で現代の創作とも関わっている。創作が真正なものであるかぎりにおいて、それは最初から新鮮で喜ばしいものとして出発するわけでもなければ、かつて考案された手法を別の新たな手法によって凌駕しているわけでもない。むしろそれは限定否定をなしている。ベケットの舞台作品は、伝統的な戯曲形式をあらゆる観点においてパロディに変形させている。そこでは動物的で滑稽な生真面目さでもってゴム製のバーベルが持ち上げられるといった戯れが繰り広げられるものの、最終的にすべてが最初からそうであった状況のまま変わらない。だが、そのような恐ろしい芝居は、筋の盛り上がりや盛り下がり、〔運命の〕急転、破局、登場人物の発展といった観念にたいする返答をなしている。これらのカテゴリーは、実際に哀れみや恐れを引き起こす〈つねに同一なもの〉を覆い隠すような仮象的な上部構造になってしまった。肉体をもって現前している批判のなかでかかる上部構造が崩壊するのだが、それは自分が言っていることが何であるかを知ろうとはしないような劇作にたいして素材と内容を与えている。そのかぎりにおいて、たとえクリシェ的であろうとも、アンチドラマという概念をもちいることは間違った選択ではなく、アンチ主人公という概念も誤りではない。ベケットにおける中心的な登場人物たちは、かつて舞台を支配していた主体の恰好をしたグラグラ揺れる案山子にすぎない。彼らが繰り広げる道化芝居は、ベケットにおいてはしかるべく滅亡している独立独歩の人格という理想を裁くものである。「不条理」という言葉は、ベケットの劇作とそれに依拠している劇作のために取り入れられたものであるが、それは確かにいまひとつである。ベケットの作品では人間の慣習的で健全な悟性が訴えられているわけだが、「不条理」という言葉はこの悟性にあまりにも譲歩してしまっている。それはあたかも、かかる芸術の思想信条をなしているのが不条理なものであって、この芸術が暴き出している客観的な無秩序状態ではないとでも言うかのようだ。了承を与えられた意識は、自分にとって宥和しえないものをなおも飲み下そうと試みる。にもかかわらず、〔不条理という〕不快な合言葉ですらも完全に虚偽であるというわけではない。それは意味という伝統的な概念、つまり世のなりゆきの意味という概念——いわゆる高級芸術が、とりわけ悲劇を掟として選んだところで確証したもの——にたいする批判を具体的に遂行するものとしての進歩的な芸術を予示しているのである。伝統がもつ肯定的な本質は瓦解する。伝統自体がおのれの純粋な実存をつうじて主張しているのは、時間的に次々とつづいていくもののなかで意味が保たれ、伝承されていくということである。現代文学が重要であるかぎり、それはともあれ音楽や絵画と同じく、意味というイデオロギーを揺り動かす。すなわち、破局のなかで意味という仮象をあまりにも徹底的に投げ捨てたがゆえに、仮象にたいする疑念が過去の仮象をも巻き込んでしまうようなものがもつ意味というイデオロギーが揺るがされるのである。現代文学は伝統を解約しながらも、伝統に従っている。現代文学は、生きるべきか死ぬべきか

〔Sein oder Nichtsein：存在か非在か〕というハムレットの問いを文字どおりに解するあまり、非在という答え――それは伝統のなかには、メルヒェンにおいて怪物が王子様に勝利するという事態と同じくらい僅かな場所しか存在しなかった――が自分にあると信じるのである。そのような生産的な批判が最初に必要とするのは、哲学的な省察ではない。それは精確に反応する芸術家の神経や、この神経を技術的に統御することによって鍛えられる。この両者は歴史的経験に満ち溢れている。ベケットがおこなう還元はすべて極度の充溢ときめ細かさを前提としているが、ベケットはそれらを拒絶し、ゴミ箱や砂山や壺のなかで破裂させるものの、とはいえそれらは言語形式や棄損されたウィットのなかにまで入り込んでいる。それと類似しているのが、なかをのぞき込むとすべてを知ることができる覗きからくりという虚構にたいして現代の小説家たちが抱いている不満である。こうしたもののすべてが伝統と摩擦を起こし、存在していない意味なるものを錯覚的につくりだす装飾としての伝統に腹を立てる。彼らは意味であるかのように見せかけることを退けつつ、意味にたいして忠誠を保っているのである。

## 8

真正な作品が批評にたいしてとる姿勢は、作者が〔批評にたいして〕とる姿勢と劣らぬくらい弁証法的である。かつてと同じく、詩人が哲学者である必要はない。すなわち、このことが、注入された意味内容――それにたいしては、いみじくも「メッセージ〔Aussage〕」というぞっとするような言葉しか残されていないのだが――を事象の真理内実と取り違えることを意味しているのならば、詩人が哲学者であることは許されないのである。ベケットは、みずからの創作の象徴的な内容〔Gehalt：内実〕とされるものについての一切の考察を情熱的に拒絶する。その内容とは、いかなる内容も具体的《ポジティヴ》なかたちで目のまえにあるわけではないということなのだ。にもかかわらず、みずからがおこなっていることにたいする作家たちの姿勢のなかで、構成的なものが変化してしまった。彼らがもはや伝統のうちにおのれを見いだすこともなければ、真空状態のなかで行動することもできないということが、伝統ときわめて内的に一体化している芸術的な素朴さという概念を破壊する。何が可能であり、何がもはや可能ではないかということについての避けることのできない省察のなかで、すなわち、さまざまな技法や素材、両者の関係の整合性をめぐる明晰な洞察において、歴史的な意識が濃縮されるのである。この意識は、マーラーが伝統と同一視しただらしなさを一掃する。だが、歴史的に期限が過ぎたものの存在を伝統に敵対的なかたちで意識するなかで、伝統も延命していく。みずからの作品にたいする芸術家の関係は、完全に盲目的となってしまったと同時に、完全に明瞭となった。自分は思い描いたとおりに語っており、物おじなどしていない、といった態度で伝統的に振る舞う者は、おのれの個が無媒介的なものであるかのように妄想するなかで、もはや通用しないものをますます記述することになるだろう。しかしながら、それによって勝利するのは、古典主義とロマン主義以降の美学的な自己理解が素朴さに対置したような、情感的に省察する芸術家という類型ではない(九)。そのような芸術家は第二の省察の対象となるのであり、そこでこの人物は、意味を措定する権利、すなわち「理念」への権利という、観念論が彼に約束してくれたものを奪われる。その点において、進歩的な美学的意識は素朴な意識と一致する。素朴な意識においては、その概念なき直観が思い上がって意味を僭称することがなく、おそらくはそれゆえに意味を獲得することもときおりあったのである。だが、そのような希望ももはや頼りにならない。詩作がその真理内実を救出するのは、ひとえに詩作が伝統ときわめて密接に接触するなかで、伝統からおのれを断絶するところのみである。詩作がそのイメージの多くにおいてなおもつねに約束している至福を、そしてこのようなイメージの瓦礫のなかに埋もれた状態で潜んでいる可能性を裏切るまいとする人は、嘘をつくために可能性や意味を悪用するような伝統に背を向けなくてはならない。

伝統が再来することができるのは、伝統に身をゆだねることを頑として拒絶するもののなかのみなのである。

（一）ヴェルナー・ゾンバルト（Werner Sombart: 1863–1941）ドイツの経済学者、社会学者。いわゆる新歴史学派の代表者の一人。封建的経済については、主著である『近代資本主義』（一九〇二年）などで論じられている。

（二）エンリコ・カステッリ（Enrico Castelli: 1900–1977）現代イタリアを代表する宗教哲学者。『時の喪失』（大谷啓治訳、理想社、一九七三年）で時間の問題を哲学的に考察した。

（三）ケラーのユーモア短編小説『幸運の鍛冶屋』（一八六五年）に登場する新興ブルジョワの一家。旧家の屋敷を丸々買い取ったところ、そこに無数の肖像画が残されていたので、自分の祖先の肖像画ということにして飾っている。

（四）『純粋理性批判』の一節。

（五）ボルヒャルトが編纂したドイツ詩の選集『ドイツ詩の永遠のストック』（一九二六年）と、ホーフマンスタールが編纂したドイツ文学の選集『ドイツ読本』（一九二二年）への当てこすり。

（六）ルードルフ・ボルヒャルト（Rudolf Borchardt: 1877–1945）ドイツの詩人、翻訳家、批評家。ホーフマンスタールと親交を結ぶなかで詩作を開始し、一九〇六年以降はトスカーナに居を定め、小説や評論、詩劇を著す一方、ダンテ『新生』（一九二二年）、ピンダロス『祝勝歌』（一九二九／三〇年）、ダンテ『神曲』（一九三〇年）などの独訳を手掛ける。『ピサ』（小竹澄秀訳、みすず書房、一九九二年）、『ダンテとヨーロッパ中世』（小竹澄秀訳、みすず書房、一九九五年）などの評論集の邦訳が刊行されている。なお、最晩年のアドルノにとって、詩人としてのボルヒャルトが特別の意味をもっていたことは、一九六八年にアドルノ自身が編者となって『ボルヒャルト詩選集』（Rudolf Borchardt, Ausgewählte Gedichte, Auswahl und Einleitung von Theodor W. Adorno, Frankfurt a.M. 1968）を刊行していることや、さらにその序言として添えられた、「喚起された言葉――ルードルフ・ボルヒャルトの抒情詩に寄せて」（圓子修平訳『アドルノ　文学ノート2』所収、みすず書房、二〇〇九年、二七八～三〇〇頁）から明瞭に伺える。

（七）ルードルフ・アレクサンダー・シュレーダー（Rudolf Alexander Schröder: 1878–1962）ドイツの詩人、作家、翻訳家。

とりわけ『宗教詩百選』(一九五一年)など、擬古的なスタイルの宗教詩を数多くつくったことで知られる。また、ホメーロスやシェイクスピアの翻訳も手掛けた。

(八) ベケットはテーオドア・フォンターネの小説『エフィ・ブリースト』(一八九四/九五年)の愛読者だった。ここでアドルノがおそらく念頭に置いているのは、戯曲『クラップの最後のテープ』(一九五六年)における、「『エフィ』を読みかえして、すっかり目をいためてしまった、一日一ページ、また涙が出てきやがった。エフィ……(間)彼女とならば幸福になれたかもしれない」(『勝負の終わり/クラップの最後のテープ』(安藤信也/高橋康也訳、白水社、一九九〇年、一一六頁、訳文変更)という台詞であろう。

(九) シラーの論文「素朴文学と情感文学」(一七九六年)での議論が示唆されている。そこでシラーは、ホメーロスやシェイクスピアのような「素朴な詩人」においては理性と感性との統一という文学上の目標がすでに自然に与えられているのにたいして、近代の「情感的な詩人」の場合、現実と理念が分裂しているなかで、反省的な知性によってかかる統一に到達するとされる。

# ジュ・ド・ポーム美術館での走り書き

フランス印象派の画家たちに関して、知覚形式や描写方法に注目するかわりに、彼らが画題にしているものにひとたび注意を向けるならば、そこで描きだされた光景を貫徹しているのが、近代《モデルネ》にまつわるありとあらゆる記号であり、とりわけ技術という契機であることにおのずと気づかされる。それによってフランス印象派は、彼らに追随したドイツの画家たちからはっきりと区別される。ドイツの画家たちが、たとえば自然が乱されることのない森林の内部における太陽の反射光の戯れに身をゆだねようとするのにたいして、自然を乱すものこそがフランスの偉大なる画家たちの生命線をなしているのである。彼らは鉄道橋がかけられた河を好んで描いたが、そこにはすでに、おそらくは古代ローマの水道橋を想起させるかたちで、あたかも橋そのものが自然——橋を構成する石は大抵はそこから生じたわけだが——の産物であるかのように、たとえ周囲と対位法をなすというわけではないにせよ、いずれにせよ古くからあるものとして現れてくるという傾向が備わっている。だが、フランス印象派の絵画は、このような対立物の融合をみずから遂行しようとする。つまり、これらの絵画は、さまざまな人工物が人間の身体や目に逆らうように自立したとき、それが神経に与えたショックを吸収しようとしているのだ。対象世界を知覚的な相関物のうちに溶解させるという印象派の方法については誰もが知っている。対象を主体のなかに持ち帰ろうとする試みは、どんな対象を選択するかという点において、みずからの正体をいよいよもって完全に露呈させる。経験からかけ離れたものは、それでもなおも何かを経験しているのであり、疎外されたものは、それでも身近なものになるというのである。これこそがまさに、近代絵画という概念がそもそも形成されるにあたって、その推進力をなしたものにほかならない。絵画として現実化することはなおも、疎外されたものを生あるものと等しくし、生にたいして救い出そうとしているのである。この革新にはきわめて保守的な志向が備わっていた。この志向が意識することなく描写方法へと変化したとき、そこに働いていた力が印象派の深みを構成している。先に触れた〔技術的な〕契機がすぐさま、素材的なものから純粋に絵画的なものへと自己昇華する。シスレーが雪に熱中したことはおそらく、鉄製の事物と同じように、雪に覆われた冬景色という自然が死滅したものから、その光学的な生命を奪い取るということを意味しているのであり、そこで鉄製の事物——それにたいして、シスレーのまなざしはすでに、みずからの色彩の連続性のなかに事物世界があまりに乱暴に闖入するとして侮蔑さえしていたかもしれないのだが——が必要とされることはもはやない。灰色の事物がどんな場合でも色鮮やかな影を有していることは、一般にそう理解されているように、たんに技法上の特性であるというばかりでなく、そのような変容《メタモルフォーゼ》が感覚的に現象したものでもある。さらに、ピサロが描いた葉の落ちた木々は、色彩平面を切断する反抗的な垂直性を形成しているが、それらはすでに、具体性をもった妨害要因——印象派の画家たちにとって、それを克服することが問題だった——を形式要素へと変化させている。印象派が構成へと移行したことで、表現的な位相と対立するような構成的な位相が近代絵画において生じたのは、そのような具体性をもった層においてだったのではないかと思弁をめぐらせることも許されるだろう。

マネの静物画における林檎は、硬い印象で、くっきりと輪郭づけられており、あらゆる流動的な光の戯れからは切り離されているが、それはセザンヌの静物画を彷彿とさせる。芸術における進歩とは、かくも厄介なものである。古いものが新しいものを追い越すことも可能なのだ。追い越すというこの行為が、芸術作品における〈存える生（Überleben）〉をそもそも構成しているのかもしれない。総じてマネは、より混乱したスタイルによって一貫して技法を先へと推し進めた印象派盛期の画家たちよりも近代的で異化されているという印象を与える。同様のことは、のちのファン・ゴッホでも観察することができる。今日、ゴッホのいくつかの絵画はホドラーの絵画に似ており、印象派よりもユーゲントシュティールに近いように見えるのである。ともあれ、モネもまた――それは後期モネにけっして限られないのだが――とりわけ《七面鳥》のような大きなサイズの絵画においてユーゲントシュティール的な側面を示している。ファン・ゴッホにおいても、多くの作品が、いまでは絵《パンチュール》に収まらない効果をもっており、作品そのものが非現実的であるというよりも、非現実的な芝居のための舞台装飾であるかのように見えるのであって、《オーヴェルの教会》の舞台を飾るどぎつい色彩がそれにあたる。それと類似した印象を覚えたことが、かつて一度、音楽であった。それはダルムシュタットでおこなわれたあるコンサートにおいてであり、そこではラヴェルの《マダガスカル島民の歌》が演奏されたのだが、この作品の純粋な作曲法的な質のために、はるかに進んだ手法をもちいたバルトークの《弦楽四重奏曲第四番》を凌駕しているように思われたのである。作品の質とは、使用されている素材にたいして独特のかたちで打ち勝つものである。だが、質が打ち勝つためには、まさに素材が進展する必要がある。かりにラヴェルのあとにバルトークが存在したのではなかったとすれば、バルトークを超えて生き延びるような質がラヴェルにおいて現れることはなかっただろう。ほかならぬファン・ゴッホにおいても、その名声が轟いている時代に、彼の作品が生き延びるかどうか疑うこともできるかもしれない。だが、何があとに残るかという問題は、はたして芸術において本当に中心的なことなのだろうか。それについて問うこと自体がすでに物象化された意識の徴候であり、所有物に倣っており、あらゆる芸術作品が近づいている〈瞬間的なもの〉という、印象派が主題化したといってもよい理念に相応しくないのではないか。芸術がもつ真に不滅のものとはひとつの瞬間、爆発の瞬間ではないだろうか。だとするならば、当然のことながら、ファン・ゴッホに匹敵する芸術家は存在しないだろう。そのような気ままな考えを、わたしは他に並ぶ者がいないピカソの専門家である友人に打ち明けた。[一] わたしが言わんとしたのは、流行に迎合しているのではないかという嫌疑にたいしてピカソを擁護するのではなく、ピカソにおける流行そのものを、隠れた基盤《ア・フォン・ペルデュ》において、瞬間のために身を捧げようとする芸術作品の形而上学的な努力として擁護すべきであるということだった。パリにおいては、近年の偉大な芸術作品のなかで、たとえ非常に隠されたかたちにせよ、優美さによって流行を身につけていないようなものを見出すことができないように、もしかするとピカソも、一時的なお飾りの材料にほかならないものを一度試しにつくってみているのではないかとわたしは提唱したのである。だが、友人は同意しなかった。自分自身とあらゆる素材のプロテウス〔＝ギリシア神話に登場する変幻自在の海の老人〕であるピカソは、おのれの絵画が永続することを望んでいるというのである。結局のところ、ピカソもまた保守主義者なのだろうか。

誰もが知っているように、印象主義は対象を色斑、光、雰囲気へと解体し、それによって世界のイメージを主観化した。だが、あるがままの客体物が、その偶然性のなかで、もはやイメージを支配することが少なくなれば少なくなるほど、それはますます自由に構成されるようになる。描かれたものは、その外部にあるものによってもはや支配されなくなる瞬間において、はじめて完全なかたちで組織される。事象が主観によって完全に貫かれているならば、そのとき初めて事象はふたたび客観性を獲得することができるのだ。客体物との宥和が成功するのは、もしそういうことがあるとすれば、客体物を否定することによってのみである。リアリズムを擁護しようとする試みのすべては、その点において的外れの考え方をしている。芸術の客観性をめぐる彼らの見解はあまりに息切れしやすい。いかなる所与の客観性ももはや持ちこたえられない。望みうる客観性があるとすれば、それは主観が完全にみずからへと撤退し、極度の規律のなかでみずからが満たすことのできないすべてのものを断念するとき、まさにそのような断念のなかで主観がおのれの〈他なるもの〉へと移行するというかたちしかないのである。

どぎつい対照《コントラスト》を明らかにすることや、事前に想定されたすべての調和から色彩を解放することといったマネの発見の数々——それらはすべて悪しきものと関連している。色彩のコンビネーションがもたらしたショックは、〈初めてのもの〉がもつあらゆる威力とともに今日でもなおも感じ取ることができるが、そこで表現されているショックは、十九世紀半ばごろのマネのモデルだったコケットたちの表情に由来していたに違いない。つまり、破壊されていないものと破壊するものとの逆説的な統一のなかに美が存在することもありうるのだ。マネにおいて社会運動はなおも芸術運動と別のものではなく、彼の絵画には社会批判が入り混じるように描かれている。それはすなわち、世界が人間たちからつくりだすものをまえに覚える戦慄であり、まさにみずから否定的な集団の犠牲となっているものが、鈍感になった集合的意識に与える刺激にたいする恍惚である。かくして、今日においてマネの絵画はボードレールと一致しているのである。

筆舌に尽くしがたいほど卓越した技量で描かれた、トゥールーズ＝ロートレックの独特な絵画にたいして、なぜわたしが適切な関わりをもつことができないかという理由を、自分にたいして説明しようとしてみた。おそらくその原因は、ロートレックがもつ特殊な才能そのものにある。その生気溢れるタッチからわたしが否応なく想起するのは、音楽において「楽師的」という忌まわしい語句で呼ばれているものである。諸事物との親近性をつうじて世界との親近性を告げ知らせるのが画家の機敏なまなざしであって、それは――あたかもずっと以前にそれを看取していなくてはならなかったとでも言うかのように――「そうだったのか」という答えを期待している。そこから思い浮かぶのが、不慣れながらも専門家の超然とした身振りでもって一枚のポスターを指さし、「この男は何かをやってくれる」と述べるような父親の姿である。マネが記録したショックは、ロートレックにおいてもすでに活用されている。確かな視線と躊躇することのない手はいつでも使用可能であり、実用芸術もまた偉大な芸術となりうるのだということがすべてにおいて強調されるのだが、その一方で、広告にたいする実用芸術の勝利とは広告の役に立つものにすぎない。まさにフィーデル〔=ヴァイオリンの前身の中世の楽器〕を奏でる楽師たちの性分の根っこには、チップを貰うという営みが含みこまれているのだ。このような〈夜の果てへの旅〉において観光客の往来が繰り広げられるのであり、それに奉仕するのがピガール広場の裏通りにおける売春婦の情夫の口笛なのであって、それはあたかもこの地区を管轄する役所によって教え込まれたものであるかのようだ。ロートレックの生涯についてのカラー映画が制作されたのは偶然ではない(二)。アスファルトと〈血と大地《ブルーボ》〉(三)。

ある芸術作品が良いか悪いかを真剣に知るためには、やはり特殊な技法を理解する必要がある。これらの後期ルノワールの薔薇色の絵画において、豊満な身体は非官能的なまでに丸く、まさに花咲く乙女たちといった感じであるものの、アルベルティーヌはいない――これらの作品が輸出目的でつくられたという意見にわたしは反対であり、過去の時代の独創的な実際の風景や集団や肖像と関連づけることはまさに不可能である。サミユエル・ベケットはプルーストの中心に植物的なものの感情があると見なしており、この感情がおそらくユーゲントシュティールと印象派との結びつきを規定しているのだが、そうした感情から自律的な絵画が導きだした結論となるのが後期ルノワールの作品なのだろうか――あるいは、これらの作品とは実のところ、ある絵画がみずからを貫徹した瞬間に緊張感を喪失してしまうということの証左だろうか――ともあれ、緊張感の喪失という事態が、ルノワールよりも長生きしたモネには無縁のままであったことは明らかである。わたしにはよく分からない。音楽であれば分かるのかもしれないが。

別れ。エッフェル塔は、至近距離で下から見ると、身の毛もよだつような一匹の怪物であり、英語で言えば»squat«〔ずんぐりむっくり〕で、短くて屈曲した恐ろしい四本の脚が拡がっており、この都市をなおも呑み込めまいかと貪欲に待ち構えているのであるが、パリがその餌食になること免れているのは、災禍を描いた無数の絵画がこの都市のうえを通り過ぎていったからである。だが、遠くから見ると、エッフェル塔は細くてどんよりとした記号であり、不屈のバビロンがそれを近代《モデルネ》の天空に向かって伸ばしている。

（一）　おそらく、ドイツ出身で、パリで画商・美術評論家として活躍したダニエル＝アンリ・カーンヴァイラー（Daniel Henry Kahnweiler: 1884–1979）を指している。一九〇七年にパリに画廊を開き、主にピカソ、ブラックなどのキュビズムの画家たちの作品を扱った。アドルノとは一九四九年に知り合い、親しい友人となった。

（二）　ジョン・ヒューストン監督によるロートレックの伝記映画『赤い風車』（一九五二年）のこと。

（三）　「アスファルト」はナチス時代にユダヤ的な都市文化の象徴としてもちいられた言葉。おそらく作曲家のエルンスト・クシェネクが一九三五年に発表したエッセイ「アスファルトと〈血と大地《ブルーボ》〉のあいだで（Zwischen Asphalt und Blubo)」がアドルノの念頭に置かれていたものと推測される。

# ジルス・マリーアより

少し離れたところに一頭の雌牛がおり、湖畔のボートのあいだで草を食みながら、何やら忙しそうにしていた。錯覚によってこの雌牛があたかもボートに乗っているように見えた。それはまさに愉快な神話をなしていた。すなわち、エウローペーの雄牛が〔現世と冥界を分かつ〕アケロンの河のうえを船で進んでいるかのようだったのである。

牛の群れがいかにも楽しそうな様子で、人間たちが敷設した広い山道を、人間たちのことなどお構いなしに進んでいく。それは、自然を抑圧した文明がいかにして抑圧された自然の助けとなるかということのモデルである。

高いところから見た村々は、あたかも上から指でちょこんと置かれたものであり、土台もなく自由に動かせるように見える。それらはまるで玩具のようであって、途方もない幻想がもたらす幸福の約束をともなっている。つまり、それを使えば思ったことを何でもできるような気がするのである。しかし、われわれが暮らすホテルは、やたらに規模が大きいものの、凸壁を冠したちっぽけな建物のうちのひとつにすぎず、それらは子ども部屋で玩具の汽車が轟々と突き抜けていったトンネルを飾っている建物と同じだった。いまやようやくそこに足を踏み入れ、そのなかに何があるのかを知るのである。

ホテルの屋根からは、晩になると人工衛星のスプートニクが見えるはずだった。それは星と区別することもできなければ、金星と見分けることもできず、軌道からフラフラと外れはしないということだった。それは人類の勝利そのものと関係している。人類が宇宙を支配するのにもちいた夢が実現されると、あたかもみずから瓦解することを欲するかのように、夢のように不鮮明で無力なものになってしまうのである。

アルプスマーモットの鳴き声を聞いたことがある人は、簡単に忘れることはないだろう。それはまるでホイッスルのようだと言っても説明不足である。蒸気で動いているような機械的な響きがするのだ。そして、まさにそのために人を驚愕させる。この小さな動物が太古の昔から感じていたに違いない不安が、彼らの咽喉のなかで硬直し、警告の合図になっている。つまり、この動物たちの生命を保護するべきものが、生物としての表現を失わせてしまったわけである。死ぬことを怖れてパニックに陥った彼らは、死への擬態《ミミクリー》を訓練したのだ。わたしが勘違いしているのでなければ、この十二年のあいだにキャンピングが普及するにつれて、この動物たちはますます山の奥深くへと逃げ込んでいった。彼らが不平を申し立てることなく自然愛好家たちを告訴しているホイッスルに似た音すらもが、まれにしか聞けないものになってしまった。

アルプスマーモットの無表情さは、ジルス・マリーアの景観の無表情さに合っている。そこから普通の人間らしさの息吹が感じ取られることはない。そのことが、この景観にたいして、この地に身を隠していたニーチェのいう距離のパトスを与えている。それと同時に、ジルス・マリーアの景観を特徴づけている氷堆石は、ボタ山、すなわち採掘場から出た瓦礫の山に似ている。文明が残した傷跡と森林限界の彼方に広がる手つかずの光景の双方が、人間のために慰めと温もりを与えてくれるものとしての自然というイメージとは正反対のところに位置している。それはすでに、みずからが宇宙のなかでどのように見えるかを暴露しているのである。自然についての一般的な理想像《イマーゴ》は制約されており、ブルジョワ的に狭隘で、歴史的に馴染みのある生き物が栄えている僅かな地帯のことにしか精通していない。そこで野道の役割を果たすのが文化哲学である。自然支配が生きいきとした自然という例の欺瞞的な理想像《イマーゴ》を破壊するとき、自然支配は空間の超越的な哀しみに近づいていくように思われる。幻想なき真理をなしているという点で、エンガディーンの風景がプチブル的な自然の風景に勝っているにせよ、それは帝国主義、つまりは死との結託によって相殺されるのだ。

もうもうと立ち込める霧を打ち破るかのように突き出している山頂は、明るい光のもとで何にも遮られていないときよりもはるかに高く感じられる。だが、ラ・マーニャ山が軽い霧のマフラーを身に着けているとすれば、彼女は軽やかだけれども控えめな一人の婦人であり、サン・モリッツまで行って買い物するのをよしとしないことは確かだと言うことができる。

今日でもなお知識人がよく訪れるペンション・プリファータには、古い宿帳のなかにニーチェの名前を見出すことができる。ニーチェは職業欄に「大学教授」と記している。彼の名前は神学者のハルナック(一)のすぐ下にある。

ニーチェが住んでいた家は、言いようもないほど俗悪なプレートによって損なわれている。だが、この家は、八十年まえはいかに品位ある貧乏生活を営むことができたかを示している。今日において、これと似たような物質的条件のもとでは、中産階級から没落したものと見なされるだろう。生活水準全体がこれ見よがしに高くなったことで、慎ましい暮らしをすることが辱めであるかのように感じられるのである。当時は質素倹約を旨とする生活を送ることと引き換えに、精神的な独立を得ることができた。生産力と経済基盤の関係もまた歴史の影響を免れないのである。

コクトーは練達の筆致で、フランス文学についてのニーチェの判断は、ジルス・マリーアの駅の本屋の在庫に左右されたと書いた。だが、ジルス・マリーアには鉄道も通っていなければ駅もなく、駅の本屋も存在しない。

ホテル・エーデルヴァイスかホテル・アルペンローゼの地下室にニーチェの草稿の束が埃まみれの状態で収蔵されているという話があるが、かなり怪しいものである。そのようなものが存在しているとすれば、とうの昔に研究の手がおよんでいただろう。これまで知られなかった遺稿資料によって、ラーマかシュレヒタかという論争に終止符を打つことができるという希望は確かに捨て去らなくてはならない[三]。だが、数年まえにわたしは、ジルス・マリーアで高級輸入品販売会社の会長をつとめるツアン氏が、子どものころにかろうじてニーチェと会ったことがあると知った。ヘルベルト・マルクーゼとわたしがこの人物のもとを訪れたところ、プライヴェート・オフィスのような場所で温かく迎えられた。実際にツアン氏は当時のことを思い出すことができた。

詳細について訊ねると、ニーチェは雨の日も晴れの日も赤い日傘を持ち歩いていたと語ってくれた——おそらく頭痛予防になると期待してのことだったと思われる。ツアン氏も含めた子どもたちの一団は、たたんだ状態のニーチェの傘のなかに小石を何個も投げ入れて楽しんだ。傘を広げたとたんに、小石が頭のうえに落ちてくるという仕掛けである。そうするとニーチェは脅かすように傘を振り上げて子どもたちの後を追いかけるものの、実際に捕まえるということは一度もなかった。われわれは、苦悩の人であったニーチェがいかに困難な状況に追い込まれていたかと想像した。ニーチェは自分を苦しめる子どもたちのあとを虚しく追いかけるものの、もしかすると最終的に彼らのほうが正しいと認めていたのかもしれない。というのも、子どもたちは精神にたいして生を体現していたのだから。もっとも、現実の無情さを経験したことが、いくつかの哲学的教説に取り組むにあたって彼に迷いをもたらしていれば別であるが。ツアン氏はそれよりも詳しいことは思い出すことができなかったが、ヴィクトリア女王がジルス・マリーアを訪問したときのことについてはお話しできますと言ってくれた。しかし、われわれにとってその話がニーチェほど重要ではないということに、彼は少しがっかりしていた。その後そのツアン氏も、九十歳過ぎの年齢で亡くなった。

（一）アドルフ・フォン・ハルナック（Adolf von Harnack: 1851–1930）ドイツの自由主義神学者。主な著作として『キリスト教の本質』（一九〇〇年）など。

（二）ラーマとはニーチェの妹エリーザベト・フェルスター＝ニーチェの幼いころの綽名。エリーザベトは、ニーチェの遺稿を編纂した『力への意志』を一九〇六年に刊行、長らくニーチェの主著と見なされてきたが、第二次世界大戦後、ニーチェ研究者のカール・シュヒレタによって、この遺稿集にエリーザベトによる恣意的な改変が多数含まれていることが明らかにされた。

# 好ましからざるもののすすめ

現代芸術の味方か敵かという二分法には論理誤謬がある。そこで想定されているのはある種の態度の恣意性であり、それは趣味をたんなる好き嫌いの問題にするような、芸術とは無縁のブルジョワ的な慣習に従っている。政治上の議会主義におけるゲームの規則との不器用なアナロジーによって現代芸術に賛成か反対かどうかを決めることは不可能であり、それは二党制のシステムのなかで二人の「公認候補者」が示され、それぞれが有権者の関心や見解とどのように関係しているかが多少なりとも明瞭であるとされるのに似ている。リベラルさという身振りによって隠蔽されるのは、対象そのものとの関係という、美学的な論争において何よりもまず重要なものである。一般的に、現代芸術の傾向と自己同一化している人々――それは、美術史家が荒涼としたバロック様式の教会に残された三流の祭壇画を愛好するように、新しい絵画であれば何でもよいと思うということを意味しているわけではかならずしもない――とは、かかる傾向を理解し、その刺激や現実化に反応し、新たな質をともなう個々の作品が鑑賞者や聴衆に課す規律に従う人々であることは疑いない。だが、現代芸術の原理的な敵とは途方にくれた人々である。彼らにとってタシスム[二]の絵画は文字どおり染みの集積のように見え、〔ピエール・〕ブーレーズ[三]の楽譜はそこでもちいられている打楽器のように実際にエキゾチックに響くのだ。

彼らは、理解できないものは攻撃してもよい、なぜなら現代芸術は訳が分からないという点で理性ある人々全員の意見がとにかく一致しているのだから、と言うのである。それは本人のせいだと容認することの裏には、判断力を欠いた非難が潜んでいる。その慎み深さはまやかしであって、それと同じ不吉な自己様式化が、自分は素朴で馬鹿だと自称するような愚鈍なドイツ野郎にも見られるものの、そこから帰結として導き出すことができるのは、この人物が絶えず横っ面をひっぱたかれることになるというだけにすぎない。つまりこの人物はさまざまな操作の犠牲となるのだが、うまくマネジメントされているとして現代芸術を非難するような人々も、ご先祖ゆずりの古い慣習に従って他人を操作するつもりであることは確実である。何も理解できないことを誇るような人々はまさに自分自身を否認しているのであり、そのことを理解することが判断の前提とされているところで彼らを伴侶に選ぶべきではないだろう。そうした人々は、おのれの無理解を活用するよりも、むしろ沈黙するべきなのだ。

たとえわたしがきわめて概略的な語り方をしたとしても、ステレオタイプのなかで思考することをつねとし、あたかも誰しもがゲッベルスであるかのようにみずからの憤激を無理やり押しつけてくるような人々ほど概略的ではないことは確かである。新しいものにたいする特異体質的な憎悪に駆られた防衛が、かつての信仰心よりもみずからが遭遇するものにまつわるより厳密な無意識の経験を含んでいるという場合もしばしばあるだろう。すなわちそれは、あらゆる不滅のものから構成された共同戦線の存在を信じるような、今日では弱々しいものとなった信仰心であり、そこではピカソとはラファエロのような存在だと示唆することがこのうえなく好まれたのである。ヴィクトル・ユーゴーがシェイクスピアについて書いた本のなかに、過去の巨匠たちに太刀打ちするためには彼らと似たものにならないことだという一文があるが、それは過去一〇〇年の展開のなかで完全な真理であることが明らかとなった。しかしながら、現代芸術の敵たちの特異体質的な憎悪が、現代芸術の味方による説明において作品を棄損するものとして安易に切り捨てられたものに反応しているのだとしても、自分たちの特異体質的な憎悪のために、つまりは経験に端を発するたんなる不安のために彼らが安心することは許されないのである。この憎悪を、事象そのもののなかへと通じるような力、それのみが初めて判断を正当化するような力へと転化しなくてはならないだろう。

現代芸術の敵のなかにも非常に理解力がある人がいることは心得ている。だが、わたしの意見は変わらない。たとえば、彼らの主要なテクストのひとつにおいて、繊細にして精確で、このうえなく適切なセザンヌの分析を読んだとしても、わたしがそのような理解のなかに感じるのは、たんに無理をして命題から排除された共感の存在にすぎない。自分が論じるセザンヌのことをかくもよく理解している人が現代芸術に憤激するなどということはわたしには信じられず、この人物はみずからの憤激を自分でも完全には信じていないのだろう。そのことが露呈しているのが、頑なな偏見を省察によって正当化しようとする必死の試みにもかかわらず、いまここで可能な芸術とは自分が地獄へと追い払った芸術にほかならないということが透けて見えてしまうような歴史哲学的な記述においてである。ともあれ、それと似たことは東側諸国の美学者たちのあいだでも観察できるのであり、現代芸術に向けられた彼らの官僚的な憎悪は、自由な世界における西洋的な文化保守主義とあまりにもよく調和する。ルカーチがカフカを躍起になって罵っているとしても、そこで同時に気づかされるのは、ルカーチが社会主義リアリズムに基づく粗悪な文学よりもカフカを好んでいるという点であり、それはちょうど、俗物たちに彼らの決まり文句を供給する懐古趣味の文化批評家であっても、彼が密かにセザンヌの愛好者であることが感じ取られるのと同様なのである。

それゆえ、やはりわたしは、現代芸術の味方か敵かという二分法を、現代芸術の味方か〈ドイツのホテルを飾る絵画の愛好者組合〔das Bund für deutsche Hotelbildmalerei〕〉（略して BfdH）かという二分法に置き換えることに賛成したい。そんな組合は存在しないなどと言ってはならない。哲学教授のもとで永遠の価値をもったものが回帰してくるように、最終的にホテルの部屋にはそのような絵画がどこからともなくやってきて、執拗に回帰してこなくてはならないのだ。実際、ある素晴らしい日に、とあるミュンヘンの大きなホテルで見つけた一軒の店には、荒野の風景、月光が映った湖、鶩鳥の羽をむしる女たち、花束といったものを描いたあらゆる絵画が集まっていた。結局のところ絵画の所有者がホテルのマネージャーであったかどうかは分からない。現代芸術に決然と反対する敵をホテル絵画の愛好者と同一視するならば、おそらく彼らを一網打尽にすることはできないだろうが、そのかわりに、彼らの隠語をもちいて言えば、旗印は明確になる。さらにそれは彼らが組織としてまとまるための手助けになるのであり、他人に向かって彼らがこの組織の陰口を言うのは、自分自身でもまったくよく思っていないからだろう。そこにはありとあらゆるものが集合しているかのようだ。すなわち、心を鎮めるような黄金のユーモアを漂わせたシュピッツヴェーク(三)風の作品、前景を示す線とともに描かれた後期マレー(四)風の酒瓶、トーマ(五)風の内的な象徴主義者たち、ベーレ(六)風の粗野なペルシュロン馬愛好家たちといったものであって、仲間を描いた純全たる月並みな絵画は、かならずや存在を拘束するであろう真のメッセージを野道や杣道のうえで発しており、そこでは田舎における静けさが解放されて狂宴を繰り広げるのである。そこに髭をたくわえたユーゲントシュティールの老人たちや、商業主義的な印象派の連中を加えてもよい。あたかも自分がモネであるかのように思い込み、ニットビット嬢(七)が生息していたいかがわしい歓楽街をグラン・ブールヴァールであるかのように描く画家をわたしは知っているが、その絵は購入希望者が殺到してたちまち売り切れてしまう。ポルトフィーノの港に浮かぶヨットの群れの絵のことを絶対に忘れてはならない。だが、おそらく名誉席が与えられるべきはガングホーファー(八)の埋葬式を描いた絵であって、そこではこの作家の遺体が六人の狩人によって船でケーニヒス湖を運ばれ、エゾジカたちが岸辺に立ってキュウキュウ鳴きながらそら涙を流しているのだ。ホテル絵画と現代絵画は、実際のところもはやそれほど変わらない。第三の道《テルチウム・ノン・ダートゥル》はない。すでに古めかしい多くの絵画でさえも、そうではないにもかかわらず、ホテル絵画のように見えることもしばしばなのである。

ホテル絵画にかなり譲歩し、組織力にかけては厚い信頼が寄せられている別の集団にお願いして、ホテル絵画だけを集めた独自の展覧会を開催してはどうかと勧めてみたい。すなわち、非退廃芸術からなる反転した分離派展とでもいうべきものである。そうすると、第三帝国が滅びたあとも幸運にも生き延びて、この展覧会を待ちわびていたすべてのものが巣穴からゾロゾロと這い出てくることだろう。そのような展覧会は、ヴィンターとナイ、エミール・シューマッハー、ベルナルト・シュルツェの展覧会(九)とはす向かいになるわけだが、それによってマネジメント性についての問いは確かに解消されはしないものの、このような問題意識を余計なものにすることだろう。本当のところ、ホテル絵画はマネージャーを必要としておらず、健全な庶民感覚に基づいているからだ——赤面することなくそんな告白ができるとすればの話だが。だからこそ、ホテル絵画屋たちのアトリエには、きまって大勢の人が押し寄せるのである。おそらくホテル絵画展は、かつての《退廃芸術》展よりもさらに大きな賑わいを見せることだろう。まさにそこでは、無理に押しつけられたものをつぶさに観察することもできるようになるだろう。一九五〇年にアメリカで『権威主義的パーソナリティ』と題された一冊の書物が刊行された。この書物は、あるきわめて客観的なアンケート調査が実施されたとき、わたしはそれにまったく何の関与もしていなかったにもかかわらず、当時もっとも影響力のある社会科学の著作に選ばれた。そこでは大胆で粗削りながらも、豊富な素材をもとに人々が高得点者と低得点者という二つの類型に区別された。すなわち、権威に縛られており、偏見に満ちた、硬直的で、慣習的で、大勢順応主義的な反応を示す人々と、自律的で、盲目的な従属からは自由で、柔軟な態度を取ることができる人々である。権威に縛られた人々は、多少なりともあからさまに、そのころ全盛を極めていたファシズムに共感していた。ドイツにおいて内々にではない規模で同じテストを実施できるとすれば、おそらくBfdHの会員と権威に束縛された性格構造とのあいだの高い相関関係が判明するだろう。彼らが心の純粋にして非合理的な無媒介性に関心を示すとき、たとえ本人たちに自覚がなかったとしても、言葉にできない事態が起こってしまったあとでは、それは忌まわしい政治問題となるのである。

ああ、近代芸術がマネジメントされているかどうかというのは何という問いだろうか。それはあたかも、ホテル絵画の背後に安定多数や特権階級《エスタブリッシュメント》やそのすべての機構が存在していないかのようであり、彼らが宣伝しているのが恥ずべきかたちで擦りこまれた第二の自然ではないとでも言うかのようだ。第二の自然は、ともかく存在しているものが有している重みのすべてをみずからのために動員できるのである。リベラルな社会においてもすでに、芸術家や、さらには自分たちですら、飢え死にしたくないのであれば美術商の存在が不可欠だということを、ホテル絵画屋たちはまるで知らないような顔をする。管理社会において芸術家は、おのれの目的のために大きな公共機関を必要とする。そのような機関は、芸術家たちに避難所を与え、そして彼らに自己矯正のようなものをおこなわせるには十分すぎるほどの力を持っている。印象派の一派にヴォラールがおらず、ゴッホにテオがいなかったら[一〇]、はたしてどうなっていただろうか。ホテル絵画屋たちは、もしも彼らの無言の良心をなしている印象派やゴッホが没落してしまったとすれば、たんに喜ぶだろうなどと言ってはならない。彼らがもっているのは良心ではなく、職業倫理《エートス》のみである。ルノワールやファン・ゴッホの助けがなければ、ホテルの絵画屋たちは今日、ホテルの部屋の壁一面にペンキを塗ることすら不可能だろう。キッチュの否定的な永遠性すらもが歴史をもっているのだ。この歴史は、上層階級の落ちぶれた文化財に触れることで再生するのである。

そのような権力や栄華と比較すると、ピカソやクレーの全作品を成立させたマネジメント性とは、慎ましいものであるとともに、それに劣らず避けて通れないものである。そもそも芸術は、それが食い扶持を稼ぐためのものであるかぎりにおいて、ある時代の生産諸関係と適合した経済的な諸形式を必要としているのであり、それらはマネジメント性や利益追求に大変な権幕で憤激してみせるような芸術家たちを、市場での需要という問題に直面させる。だが、彼らが躍起になってアメリカニズムに反対する際に――とはいえ、彼らがアメリカニズムの恩恵を退けることはけっしてないだろうが――持ち出してくる人格や魂の深い声が真剣に受け取られるべきではないのは、近代芸術とは仲買人によって無垢な民衆に押しつけられたものだという涙ながらの断言と同様である。文化的に無垢であるという表情は、彼らのきわめて政治的なモデルをもっている。世界に向けてヒトラーは、他の連中がラジオや新聞、地上のあらゆる権力を掌握していたのにたいして、自分はみずからの七名の忠臣だけでドイツを救ったのだと叫んだのではなかったか。ところでヒトラーは、マネジメント性をきわめてよく理解しており、それどころか死をも管理していたのであって、彼が拠り所としていた自発性などたかが知れていた。最初からヒトラーには黒幕がおり、最初からヒトラー自身がマネジメントされていたのであり、弱体化した国家権力の彼岸における本来の権力の代表者がヒトラーだったのである。システムと称されるものにたいする嘆き節をヒトラーが歌いはじめたのはたんに、権力者たちと彼らの宣伝によって絶えず裏切られたと感じている人々すべてが抱えるぼんやりとした憤激を、権力者たち自身の役に立つように活用するためにほかならない。民衆に馴染みのない芸術を民衆に無理強いしようとしているといった議論は、ヴァイマル時代の反動的な闘争同盟にとってすでにお馴染みのものだった。そのような議論がどこに向かおうとしているのかが明らかになって以来、それがましなものになることはない。投票用紙に相応しくないところで民主主義を引き合いに出したとしても、それはたんに民主主義を陰険に誹謗するという役にしか立たないのである。彼らが渇望している秩序のなかでは、東側のように、恐怖政治が、人間的なものの規制されていない声、把捉できないもの、操作されていないもの――マネジメントされていないものが耳に入るという事態を防いでいる。近代芸術がマネジメントされていると熱弁をふるうことは、心理学が投影と呼ぶもの、すなわち、憎悪されたものにたいして、まさに自分がそうであるものや、そうでありたいものを付与することに正確に対応している。解放された芸術に反対して精神の自由に訴える人は、実際は精神の自由の残滓の息の根をとめたいと思っているのである。西ドイツのラジオ局にたいして、電子音楽スタジオを運営しているからという理由で公共の資金の無駄遣いをしているとして告発した人がいたものむべなるかなである。この人物は、前衛音楽から物質的かつ技術的な前提を奪い取りたかったという。あるプロテスタントのアカデミーの総会において、彼にたいしてしかるべき情報が与えられた。わたしは絵画の専門家ではないが、ホテル絵画屋の職業倫理《エートス》が同じ種類のものでなかったとすれば、わたしの勘が誤っているに違いないだろう。

　現代芸術は安泰であり、保護されている、という誤解から自分の身を守る必要があるだろうか。現代芸術がそうであると言ったとしても、それは怪しげなお世辞だろう。世界は箍が外れてしまっており、現代芸術には意味があるという断言を、芸術家たちは安心して、〔ホテルのマネージャーと現代芸術のマネジメントをする美術商という〕二種類の全体主義的なマネージャーたちの手にゆだねようとする。ホテル絵画屋たちにたいしてずけずけと物を言う権利を要求するのは、わたしが現代芸術のアンチノミーをけっして隠蔽しなかったからである。ハンス・ゼードルマイヤー（一一）はそのことを熟知している。だからこそこの人物はわたしのことを何度も引き合いに出したのだ。だが、そのようなことを言いたかったわけではないことはもちろんである。現代芸術がそうであるのは世界がかくも劣悪であるからであり、よりよい世界であれば現代芸術はよりよいものになるなどと信じてはならない。これこそがホテル絵画の観点である。おそらく、現代芸術の不快な特徴には伝統的な芸術にたいする批判が働いているということが証明されるだろう。すなわち、それぞれの歪んだ形状は、われわれの美術館の壁に掛けられているあまりにも滑らかな形状の正体を暴いているのであり、対象を否定することはすべて、対象を褒め称えながら二重化するという営みを標的にしているのだ。手短に言えば、現代芸術は伝統芸術がもつ肯定的な本質を嘘として、イデオロギーとして投げ捨てているということである。そのことを恥ずかしく思う必要があるのは現代芸術ではなく、古い虚偽のものである。現代芸術は無害ではないという点で、ホテル絵画屋の見解はきわめて正しい。現代芸術を経験した者は、そのような無害さ自体にもはや耐えられなくなる。現代芸術は、抵抗力をみずから萎縮させることがなければならないほど、現代芸術がマネジメントされているという非難にいっそううまく抵抗することになるだろう。

（一）一九四〇年代後半から五〇年代にかけてのフランスの抽象絵画の一様式。「染み」や「汚れ」をあらわすフランス語の「tache」に由来している。
（二）ピエール・ブーレーズ（Pierre Boulez: 1925-2016）フランスの作曲家、指揮者。メシアンの弟子で、ヴェーベルンのセリー技法を徹底化させた「トータル・セリエリズム」と呼ばれる作曲法を推進した。
（三）カール・シュピッツヴェーク（Carl Spitzweg: 1808-1885）ビーダーマイヤー様式を代表するドイツの画家。十九世紀の庶民の生活をユーモラスに描いた作品で知られる。
（四）ハンス・フォン・マレー（Hans von Marées: 1837-1887）十九世紀後半に活動したドイツ象徴派の画家。
（五）ハンス・トーマ（Hans Thoma: 1839-1924）ドイツの自然主義絵画の代表者。写実的な風景画や戸外での人物画で知られる。
（六）フリッツ・ベーレ（Fritz Boehle: 1873-1916）ドイツの画家。デューラーの影響のもとに馬を好んで描いた。

（七）ローズマリー・ニットビット（Rosemarie Nitribitt: 1933–1958）西ドイツの高級娼婦。一九五八年に何者かによって殺害されたことが政財界を揺るがす一大スキャンダルとなり、この事件を題材とした小説や映画が数多く制作された。

（八）ルートヴィヒ・アルベルト・ガングホーファー（Ludwig Albert Ganghofer: 1855–1920）ドイツの作家。オーバーバイエルン地方の農民生活を題材とした小説を数多く執筆した。

（九）すべて当時のドイツにおける絵画収集家。彼らの名前を冠した現代絵画のコレクションがドイツ各地の美術館に収蔵されている。

（一〇）アンブロワーズ・ヴォラール（Ambroise Vollard: 1866 -1939）十九世紀末から二十世紀前半にかけて活躍したフランスの美術商。マネやセザンヌのほか、ゴーギャン、ピカソ、ゴッホ、ルオーなどの画家の個展を開催したことで知られる。テオという愛称で知られるテオドルス・ファン・ゴッホ（Theodorus van Gogh: 1857–1891）はゴッホの弟で、兄を経済的に支援した。

（一一）ハンス・ゼードルマイヤー（Hans Sedlmayr: 1896–1984）オーストリアの美術史家。ウィーン楽派の後継者として、ウィーン大学教授、ミュンヘン大学教授などを歴任。一九四八年に刊行された『中心の喪失』で知られる。アドルノは一九五〇年にダルムシュタット夏季現代音楽講習会の一環として開催された『中心の喪失』をめぐる座談会に登壇した。

# 文化産業についてのレジュメ



「文化産業」という言葉は、ホルクハイマーとわたしが一九四七年にアムステルダムで刊行した『啓蒙の弁証法』という書物のなかで初めて使用されたといってよいだろう。われわれの草案では大衆文化という言葉がもちいられていた。われわれはこの表現を「文化産業」という言葉で置き換えたわけだが、その理由は、そうした事柄を擁護しようとする人々に都合がよい含意をあらかじめ排除しておくためだった。すなわち、そこで問われているのが、何か大衆そのものから自然発生的に沸き起こった文化といったものであり、民衆芸術の現在における形態であるというような含意である。そのような代物と文化産業とはまったく異なる。文化産業は、使い古された馴染みのものを組み合わせて、新たな性質を帯びたものへと仕立てあげる。文化産業を構成するすべての部門において生産物は、多少の差はあれ計画的に生産されるのであり、大衆に消費されることを念頭に置いて調整されており、おおむねそのように消費されることをみずから定めている。個々の部門は構造的に似通っているか、少なくともたがいに適合しあっている。各部門はほとんど遺漏のないかたちでシステムを構成するべく配列されている。こうしたことを可能にしているのが、現代のテクノロジーのさまざまな手段と、経済と行政の一極集中化である。文化産業は、おのれの顧客を上から意のままに統合する。文化産業は、数千年のあいだ分離されてきた高級芸術と低級芸術という領域をも強引に一緒くたにしてしまう。それは双方に損害をもたらす。すなわち、高級芸術は、効果について思惑をめぐらせることで、みずからの真剣さを失ってしまう。それにたいして低級芸術は、文明的な抑制を受けることで、荒々しく抵抗するものを奪われてしまうのだが、それは社会的なコントロールが全体を覆い尽くしていなかったかぎりにおいて、低級芸術に内在していたものなのである。その際に文化産業が、相手にしている何百万もの人々の意識や無意識の状態に思弁をめぐらせていることに疑問の余地はないものの、その一方で、大衆とは主要なものではなく、従属的なものであり、計算に入れられたものであり、機械装置の付属物である。顧客とは、文化産業がそう思わせようとしているのとは異なり、王様でもなければ主体でもなく、文化産業のたんなる客体物にすぎないのだ。大衆メディアという言葉は、文化産業に益するように人々の脳裏にすり込まれてきたものだが、それはすでに強調点を無害なものへとずらしてしまっている。そこで第一に問題になっているのは大衆でもなければコミュニケーションの技術そのものでもなく、それらのうちに吹き込まれた精神、すなわちおのれの主人の声にほかならない。文化産業は、所与の変更不可能なものとして前提された大衆のメンタリティを増幅し、固定し、強化するべく、大衆にたいする配慮を悪用する。どのようにすればそのようなメンタリティを変化させることができるのかという問題は徹底的に排除されている。大衆とは尺度ではなく文化産業のイデオロギーなのである。もっとも、文化産業がみずからを大衆に適合させていなかったならば、そのようなイデオロギーはほとんど存在しえなかったわけだが。

産業の文化商品が基準にしているのは、ブレヒトとズーアカンプがすでに三十年まえに発言していたように(二)、独自の内容や調和のとれた造形ではなく、この商品をどのくらい有効利用できるかという原理である。文化産業がおこなう実践活動のすべては、利益という動機を精神的な形成物へとあからさまに移し替える。精神的な形成物は、市場で流通する商品としておのれの著作者から生命を得るようになってからというもの、すでにそうした変化から何らかの影響を受けていた。しかしながら、精神的な形成物が利潤を追求していたのは、ただ間接的に、みずからの自律的な本質をつうじてだった。文化産業にあって新しいのは、もっとも典型的な文化産業の生産物のなかで、売り手の側で厳密に計算しつくされた効果が直接的かつ露骨に優位に置かれていると いう点である。これまで芸術作品の自律性が完全に純粋なかたちで優勢であったためしなどほとんどないことはもちろんであり、つねにさまざまな作用連関がそこに混入していたわけだが、そうした自律性は文化産業によって排除される傾向にあるのであって、好き勝手に処理する人々の意識のうちにそうした意志があるかどうかは関係ないのである。好き勝手に処理する人々とは、執行機関でもあり、権力者でもある。経済的に見れば、彼らがいまも昔も変わることなく模索してきたのは、経済先進諸国において資本を有効活用する新たな可能性であった。古いさまざまな可能性は、同じ一極集中化のプロセスをつうじていっそう扱いが難しいものとなっていくのだが、他方で、このプロセスのみが、つねにあらゆるところに存在する設備としての文化産業を可能にしているのである。文化とは、その固有の意味からすれば、たんに人々の意に従うだけのものではなく、むしろおのれが置かれた硬化した諸関係にたいしてつねに異議を唱えるものでもあって、そのことをつうじて人々を尊重していたのだが、文化が人々に全面的に順応してしまうことによって、硬化した諸関係のうちへと編入され、人々をふたたび貶めるようになるのである。文化産業的な様式をもった精神的な形成物は、商品でもあるのではもはやなく、徹頭徹尾商品なのである。そのような量的な変化はきわめて大きいために、まったく新たな現象をもたらしている。最終的に文化産業はもはや、みずからの出発点であった利益への関心をいたるところで直接的に追及する必要が完全になくなる。利益への関心はおのれのイデオロギーのなかで具象化されてしまったのであり、ともかくも人々に嚥下されなくてはならない文化商品を売りつけるという強制に左右されなくなることもしばしばである。文化産業は、特定の企業や販売物を顧慮することなく、広報活動《パブリック・リレイションズ》へと、ある種の善意《グッドウィル》そのものをつくりだすことへと移行していく。人にたいしてもたらされるのは全般的で無批判的な同意であり、まさに文化産業の製品のすべてがおのれ自体の広告であるように、世間一般にたいして広告がつくられていくのである。

しかしながら、そこで確認されるのは、かつて文学が商品へと変貌したとき、そこにもともと付随していたさまざまな特徴である。もしも世間で何かが起こった場合、そのとき文化産業は、ガチガチに凝り固まった基本カテゴリーの骨組みというみずからの存在論をもちあわせている。そのような基本カテゴリーとは、たとえば十七世紀末から十八世紀初頭にかけてのイギリスの商業的な通俗小説から読み取られるものである。文化産業において進歩として登場してくるもの、すなわち文化産業によって売り出される〈絶えず新しいもの〉は、〈つねに同じもの〉という衣を身にまといつづける。利益という動機が文化にたいして覇権を握ってからというもの、あらゆるところで些細な変化が、この動機そのものと同じくほとんど変わることのない骨組みを覆い隠しているのである。

ここでの産業という表現を文字どおりの意味で受け取ってはならない。この表現が関連しているのは、事柄そのものの規格化――たとえば、すべての映画ファンにとってお馴染みの西部劇のようなもの――であり、製品を伝播するためのテクニックの合理化であって、厳密な意味での生産過程が問題になっているわけではないのである。生産過程は、文化産業の中心的な部門である映画において、広く推し進められた分業、機械装置の導入、労働者と生産手段との分離――このような分離は、文化産業のなかで働く芸術家たちと執行部との永遠の抗争のなかに現われてくる――による技術的方法に類似しているものの、その一方で、個人的な生産諸形式も同じく持ちこたえるだろう。あらゆる製品は個人的なものを装う。全面的に物象化され、媒介されたものが無媒介性と生の避難所であるかのような印象を与えることで、個人性そのものがイデオロギーを強化することに役立つ。文化産業が第三者による「サービス」のうちに存することに依然として変わりないのであり、古びていく資本循環のプロセスや、文化産業の源である商取引との親近性を保持しつづける。文化産業のイデオロギーがとりわけ奉仕しているのは、個人主義的な芸術とその商業的な搾取から借り受けられたスター・システムである。文化産業は、その経営手法と内容が非人間的になればなるほど、偉大なパーソナリティと称されている人々をますます熱心かつ巧妙に喧伝し、煽動めいた口調を駆使していく。社会学の分野でしばしば観察される産業的な組織形態への同化という意味で文化産業が産業的なのは、実際にそもそもテクノロジーをもちいて合理的に生産されているようなところ以上に、工場生産がおこなわれていないところ——事務業務の合理化を想起されたい——なのである。それに応じて、文化産業による誤った投資もかなりの程度に上り、そのつど新たな技術の登場によって追い越される諸部門を危機に陥れるのだが、そうした危機によってよりよい方向へと導かれることはほとんどないのである。

テクニック〔Technik：技術、技法、テクノロジー〕という概念が、文化産業において芸術作品の場合と同様にもちいられているのは、ただ名称だけのことにすぎない。〔芸術作品において〕この概念は、それ自体における事象の組織化、その内的論理と関わっている。それにたいして、文化産業のテクニックとは、とりわけ伝播の技術と機械的複製のテクノロジーを指しているのであり、それゆえみずからの固有の問題にはつねに外的なままでありつづける。文化産業がイデオロギー的な支えを得るのは、まさに生産物になかでおのれのさまざまなテクニックから全面的に導き出される帰結にたいして注意深く身を守っているからである。文化産業は、物質的な資材の生産にまつわる芸術外部のテクニックにいわば寄生し、芸術内部の形姿にたいして客観的《ザッハリッヒ》な姿勢を貫くことを意味している義務を尊重することはなく、しかしながら、さりとて美学的な自律性にまつわる形式規則を顧慮することもないのである。その結果として生じてくるのが文化産業の観相学にとって本質的な混合であって、それは、一方では流線型化、写真のような非情さと正確さから、他方では個人主義的な残部、気分、売り手の側ですでに合理的に整えられた調達済みのロマン主義から構成されている。伝統的な芸術作品をアウラによって、すなわち現前していないものの現前によって規定したベンヤミンの主張を受け入れるならば、文化産業を次のように定義づけることができるだろう。すなわち、文化産業とは、アウラ的な原理にたいして〈他なるもの〉を厳密に対置するのではなく、消滅していくアウラをぼんやりとした雰囲気として保存するのだと。それによって文化産業は、イデオロギー的な悪事を犯していることをみずから直接的に証明するのである。

いまでは、文化政策に携わっている政治家や、社会学者たちのあいだでも、消費者の意識形成にたいして文化産業が果たす役割がきわめて大きいと示唆しつつ、文化産業を過小評価しないように警告することが慣例になってしまった。教養という自惚れを捨てて、文化産業を真剣に受けとめるべきであるというのだ。実際、文化産業は、今日支配的な精神の契機として重要である。人々のなかに詰め込まれる内容に懐疑を抱くあまり、文化産業の影響力を無視しようとする人は素朴であろう。しかしながら、文化産業を真剣に受けとめなくてはならないという警告はとらえどころがない。文化産業が果たしている社会的役割を強調するあまり、その質や真偽、伝達されたものの美的な等級をめぐる煩わしい問いの数々が抑圧されるか、あるいは少なくともいわゆるコミュニケーション社会学から切り離されてしまう。批評家にたいしては、傲慢な秘儀のうちに閉じこもっているという非難が浴びせられる。まずもって示されるべきは、目立たないかたちで忍び込んでくる重要性の二重の意味であろう。ある事象の機能は、たとえそれが無数の人々の生活に関わるものであったとしても、それ自体の等級を保証するものではない。美学的なものとそのコミュニケーションにまつわる残り滓を混ぜ合わせたところで、それによって社会的なものとしての芸術をアーティストの高慢と称されているものから正しい基準へと連れ戻すことになるわけではなく、社会的効果という点で不吉なものを擁護することに寄与してしまうこともしばしばなのである。大衆の精神的なやりくりにおいて文化産業がいかに重要であっても、だからといって、とりわけみずからをプラグマティックであると感じている学問が、文化産業の客観的な正当性や、その〈即自的な存在〉について熟考するという義務から免除されることはない。むしろ、文化産業がまさにそうすることを強いるのである。文化産業をそれが明白に果たしている役割に対応するかたちで真剣に受けとめるということは、文化産業を批判的な真剣さで受けとめるということであって、文化産業の独占状態をまえに身をかがめることではないのだ。

文化産業という現象とうまく折り合いをつけたいと願い、この事象にたいする留保の念を、そこに備わっている権力にたいする敬意とともに共通の定式へともたらそうと試みる知識人たちのあいだには、スイッチが入れられた退行から新たな二〇世紀の神話をすでにつくりだしているというのではないかぎり、イロニー的な寛大さといった調子が一般的に見受けられる。挿絵入りの小説、月並みな映画、だらだらと引き延ばされた家族ものの連続テレビドラマ、ヒットソング・パレード、人生相談や星占い欄といったもののすべてにどんな意義があるのかは誰もが承知しているだろう。しかしながら、そうしたものは当然ながらもっとも活発な需要に従っているのだから、すべて無害であり、そのうえ民主的であるというのだ。さらに、彼らに言わせれば、そうしたものは、たとえば情報やアドヴァイス、ストレスを軽減してくれるような行動モデルといったものを広めることをつうじて、ありとあらゆる祝福をもたらしてくれることになる。とはいえ、政治的な情報の浸透状況といった根本的な問題をめぐる社会学的な調査のすべてが示しているように、情報とは不十分であるかどうでもいいものであるかのどちらかであり、文化産業の声明から読み取られるような助言とは何も言っていないに等しいほど陳腐であるか、より悪しきもの、すなわち破廉恥なまでに大勢順応的な行動モデルであるかのどちらかなのである。

羊のように従順な知識人たちの文化産業にたいする関係に見られる偽りのイロニーは、彼らのみに限られるというわけではけっしてない。消費者たちの意識そのものも、文化産業によって与えられるマニュアルどおりの楽しさと、文化産業のさまざまな恵みに向けられた、押し隠されているわけですらない懐疑とのあいだで引き裂かれていると想定することができるだろう。「世間は騙されることを欲している」(三)という命題は、おそらくかつてもっていた意味よりもいっそう真実になってしまった。人々が詐欺に引っ掛かるのは、よく言われているように、たとえいかに些細なものであろうとも、詐欺師がご褒美を保証している場合に限られるわけではない。彼らはみずから見抜いているはずのペテンをすでに欲しているのだ。人々は無理やり両目を閉じ、一種の自己侮蔑のなかで自分の身に降りかかってくるものを、なぜそのようなものが製造されるかという理由について熟知しているにもかかわらず肯定するのである。彼らは、欲望を充足させるもの――そうしたものによって実際に欲望が充足されることはまったくないのだが――にこれ以上しがみつくことをやめてしまえば、たちまち自分たちの人生がまったく耐えられないものになってしまうと、みずから認めることなく予感しているのだ。

今日の文化産業を擁護する試みのなかでもっとも厄介なのは、イデオロギーと呼んでも一向に差し支えない文化産業の精神を、秩序を与える要因として賛美するというものである。すなわち、彼らの主張によれば、文化産業は、カオス的と称される世界に生きる人間たちにたいして、指針となる基準のようなものを与えてくれるのであり、それだけでもすでに是認に値するというのである。しかしながら、彼らが文化産業によって保たれると信じ込んでいるものは、文化産業によっていっそう根本的に破壊される。カラー映画が心地よい昔ながらの宿屋を破壊する度合いは、爆弾がなしうるよりもはるかに大きい。なにしろカラー映画はその心像《イマーゴ》まで根絶するのだ。いかなる故郷も、さまざまな映画のなかでおこなわれる処理に耐えて生き延びることはできない。そのような映画は故郷を賛美するものの、みずからが食い物にしている取り違いようのない特徴のすべてを、たがいに見分けがつかなくなるまで等質化するのである。

決まり文句としてではなく「文化」と呼ぶことがそもそも可能であったものは、苦悩と矛盾の表現として、正しい生という観念を保持しようとしていた。しかしながら、それはたんに存在しているだけの生や、文化産業がそうした生を飾りつけるためにもちいる慣習的で拘束力を失った秩序のカテゴリーを表現しようとするものではなかった――文化産業は、それこそが正しい生であり、そのようなカテゴリーこそが生の基準になるかのように見せかけるのだが。文化産業が供給しているのは芸術ではまったくないと主張する文化産業の代弁者とは逆に、そのような主張そのものがイデオロギーなのであって、ビジネスの食い物にされているものへの責任を回避しようとするためにもちいられるのである。忌まわしい悪行がみずからの本性を打ち明けたところで、それによってましになるというわけではないのだ。

具体的に規定することなく秩序そのものを引き合いに出すことは無効であり、事象において、もしくは意識のまえで検証される必要もないままに規範を広めることも無効である。人間たちに欠けていることを理由に言葉巧みに売りつけられるような、客観的な拘束力をもつ秩序なるものは、もしそれがおのれ自体のうちにおいて人々にたいして正しさを保持しているのでなければ、いかなる正当性ももたないのであり、まさにそのような正しさと無縁なのが文化産業の生産物なのである。そこで人々の脳裏に叩き込まれる秩序にまつわる諸概念とは、いずれにせよ現状維持にまつわるものである。そのような概念は、たとえそれらを甘受している人々の誰にたいしてももはや実体がなかったとしても、問い質されることも、分析されることもなく、非弁証法的に想定される。文化産業の定言命法とは、カントのそれとは異なり、自由とはもはや何の関わりもない。それはこう命じる。おまえは何にという指示がなくても順応するべし、ともかく存在しているものに順応するべし、そうしたものが権力をもち偏在しているという事態の反映として、みんながともかく考えているものに順応すべし、と。文化産業のイデオロギーの力によって、適合が意識に取って代わる。つまり、文化産業から飛び出してきた秩序が、文化産業がみずからそうだと言い張るものや、人々の実際の利害関心と直面させられることはけっしてないのだ。とはいえ、秩序とはそれ自体としてよいものであるというわけではない。秩序がよいものであるとすれば、それは正しい秩序だけだろう。文化産業がそのようなものに気を配ることがなく、抽象的な秩序を褒めそやしているということは、文化産業が伝達するメッセージがいかに無力で真実ではないかということを証し立てているにすぎない。文化産業は、困り切った人々の導き手であると言い張り、人々自身が抱える葛藤の代替とされる葛藤の存在を言葉巧みに信じ込ませる。だが、その一方で、文化産業が葛藤を解決してみせるのはたんに見せかけだけのことであり、それは人々の実人生のなかで葛藤がけっして解決されえないのと同様である。文化産業の生産物のなかで人々が困難に陥ったとしても、それは大抵の場合、万人に慈悲深い集団の代表者をつうじて、邪魔立てされることなくふたたび苦境を脱するためにすぎない。それによって人々は、最初のうちはみずからの利害関心と相容れないものとして経験せざるをえなかったさまざまな要求を発していた普遍的なものにたいして、純然たる調和のなかで同意するのである。そのために文化産業はさまざまな図式をつくりだしてきたのだが、それらは娯楽音楽のような概念から遠く離れた領域にまで入り込んでいくのであり、そこで人々は「即興演奏《ジャム》」に移行することもあるとはいえ、リズム上の問題が生じたとしても、正しい拍が勝利することによってすぐさま収拾されてしまうのである。

しかしながら、文化産業の擁護者であっても、客観的にそれ自体が真でないものは、主観的にも人間とってよいもの、真のものではありえないという点に関して、公然とプラトンに異を唱えることはほとんどないだろう。文化産業がでっちあげるものは、幸福な人生のための手引きでもなければ、道義的責任を果たすための新たな技法でもなく、「権力者の利害関心を後ろ盾にしているものの言うことを聞け」という勧告なのである。文化産業が宣伝する同意は、実質をともなわない曖昧な権威を強化する。文化産業を測定するにあたって、現実においてそれが占めている地位や、口実として要求しているものを、つまりそれ自体の実質性や論理ではなく、それが及ぼす効果を基準にして、文化産業がつねに引き合いに出すものを真剣に顧慮する場合、そのような効果が孕みもつ潜勢力が十二分に重要視されなくてはならないだろう。しかしながらそれは、ともかくも現在の社会が権力をみずからの手に集中させることでおのれの無力な構成員たちに運命づける自我の弱さを促進し、搾取するものなのである。彼らの意識はさらに退行させられる。アメリカでシニカルな映画製作者たちは、自分たちの映画は十一歳の子どもに合わせてつくられていなくてはならないと口にしているが、それには理由がある。そうすることによって彼らは、大人たちを十一歳の子どもの状態にすることに無上の喜びを感じるのだ。

厳密な調査をつうじて個々の文化産業の生産物に関する退行的な効果を確実に立証する作業が、これまでおこなわれていないのは確かである。試験目的の指示を与えることを創意豊かにおこなうならば、経済力のある利害関係者たちに都合がよいものよりもましな成果があがるであろうことは間違いない。ともあれ、文化産業のシステムが大衆を取り巻き、逃げ道をほとんど与えず、絶えず同一の行動図式を教え込んでいる以上、なおさら躊躇なく「雨垂れ石を穿つ」と想定することが許される。ただし、大衆の無意識に深く根ざしている不信——人々の精神における人工物と経験的現実の差異の最後の残滓——が明らかにしているのは、彼らが文化産業によって用意された物の見方に完全に倣って世界をすべて一緒に観察し、受け入れているわけでは到底ないということだ。たとえ文化産業のメッセージが、人々がそう述べるように無害なものであるにせよ――それが無害ではないような例は枚挙にいとまがなく、たとえば映画のなかで典型的な〔知識人の〕キャラクターを登場させるだけでも、今日流行の知識人にたいする非難中傷キャンペーンに同調してしまう――文化産業によってもたらされる態度は無害なものとは程遠い。星占師がある特定の日には車の運転に気をつけるよう読者に警告したとしても、誰の害になるわけでもないことは確かであろう。しかしながら、どんな日にも妥当するという点からして馬鹿げている助言に星々からの指示が欠かせないという主張のうちには、人々を愚鈍にするものが潜んでいるのである。

文化産業の最終的な帰結となるのが、人々の依存性と隷属性であるわけだが、それをもっとも忠実にあらわしているのは、〔あるインタヴュー調査で〕アメリカ人の被験者が述べた次のような意見であろう。すなわち、もしも人々が著名人たちの意見に従おうとすれば、それだけで現代という時代の窮状に終止符が打たれるというのだ。文化産業は、まさにみずからが示唆しようとする秩序に従って世界は万事順調に進んでいるという満足感を喚起することによって、人々に代用品の充足をもたらす。しかし、それは人々を欺いて存在するかのように見せかけている幸福を騙し取るのだ。文化産業のすべての効果とは反啓蒙のそれである。そこでは、ホルクハイマーとわたしがそう記したように、啓蒙、すなわち技術的な自然支配の進展が、意識を束縛する手段である大衆欺瞞へと変貌するのである。文化産業は、意識的に判断し、みずから決定を下すような自律的で独立した諸個人の形成を妨げる。しかしながら、そのような諸個人こそが、思慮分別のある一人前の人間たちのもとでしか維持発展しえないような民主主義社会の前提となるのかもしれない。不当にも大衆を上から目線で大衆にすぎないものとして侮蔑するならば、人々を大衆に仕立てたうえで軽蔑することによって解放へといたるのを妨げているのは、文化産業ではまったくないということになる――人々自身は、時代のさまざまな生産力が許容している程度には、解放に向けて十分に成熟しているはずなのである。

（1）Bertolt Brecht und Peter Suhrkamp, Anmerkungen zur Oper "Aufstieg und Fall der Stadt Mahagonny", in: Bertolt Brecht, Stücke, Bd. 3, S. 261.

（2）ラテン語の格言「mundus vult decipi」を指す。

# ある世話人への追悼文

一人の死者について、彼はかけがえのない人だったと述べることは、ほとんどの場合、この人物がすでに取って代わられているという事実を隠蔽するものでしかない。記憶が内面的なものであることが、ともかくこのあとも生きていかねばならないと言って死者のことなど気にもとめないような性急な営みにたいする言い訳となるのだ。いうなれば死が個々人に加えた不正が、死者にたいしてふたたび社会的に加えられるのである。有用な仕事人が遂行するものは、他の人々によっても果たすことができる。その点においてすべての人の意見は一致しており、それは人生の営みや、人生が服従している有用性という概念を非難するものになっている。しかしながら、クラニヒシュタイン音楽研究所の初代所長であり、クラニヒシュタイン夏季講習会の初代会長だったヴォルフガング・シュタイネッケ[1]は、真にかけがえのない人物であり、さらに付け加えることが許されるならば、本人はおそらくまったく意識していなかっただろうが、第二次大戦後の音楽運動を統一するような力量の持ち主だった。シュタイネッケは例外的な人物だった。すなわち彼は、運営のただなかで運営を打ち砕くものを実現したのである。まさにその独特な手段によって、彼は運営によって破壊されてしまう真面目さを芸術に獲得させたのだ。彼の死後に残されている唯一の行為とは、お定まりの慰めの言葉によってその死を覆い隠すまいとするならば、ヴォルフガング・シュタイネッケとはどのような人物だったのかについて、できるかぎり耳を澄ませることであり、できるだけ多くの人にたいして語ることである。彼を殺害した名士[三]もまたその声を聞くべきだろう。少なくともこの人物は、酒に酔ってご機嫌な気分が何を引き起こしてしまったかを知るべきである。狼狽させるような論理がそこに働いている。すなわち、シュタイネッケが人生を捧げた音楽とは、ご機嫌な気分とは何の類似点もなかったのであり、そのような気分が支配的でなかったとすれば、彼が死ぬ必要もなかったはずだったのである。

シュタイネッケの影響力の比類のなさは矛盾に包まれている。すなわち、音楽生活にまつわるあらゆるゲームの規則とは相容れないものを、そのゲームの規則に従って貫徹したという矛盾である。彼は、つつましい手段によって、有名人たちの印もなく、お祭りが醸しだす魅力も欠いたままに、世界に類を見ないような新音楽の結晶点をつくりだした。彼はプラットフォームを提供したわけでもなければ、展示のための音楽を組織したわけでも、手持ちのものを愚かしい賢さによって全部並べてみせたわけでもなく、むしろきわめてラディカルで風当りの強い意図に従ったのであり、何の隠し事もない人々が切磋琢磨し、たがいに意見を交わすことを可能にし、静かで目立たぬままにひとつの理念を出現させた。すなわち、おそらくは戦後世代の多くの音楽家のなかに潜在的でおぼろげに息づいていた理念であるが、彼の存在なくしてこの理念は、いまのような力を獲得することはけっしてなかっただろう。一九四六年以降、さまざまな違いにもかかわらず、妥協を拒むという点にかけてはシェーンベルクの新ウィーン楽派にも匹敵するような、譲歩することのない音楽の楽派のようなものが存在しているとすれば、それはひとえに彼の功績だった。この楽派に属している、まったくもって無作法で、反抗的で、気難しい人々――もしも彼らがそれほど気難しくなかったとすれば、その誰もがより安直な道を選んだだろう――をひとつにまとめ、支え、最初のうちは欠かせなかったいささか慎重姿勢の権威たちをほんの少しのエネルギーで排除し、このうえなく激しい諍いのなかでも共同で事にあたっているという連帯感が生じるような雰囲気をもたらしてくれた。この連帯感はきわめて深い反応方法から生じたものであるために、今日でもそこで呼び起こされたものをひとつの名称で呼ぶことすらできない。というのも、セリー音楽、点描音楽、偶然性音楽、ポスト・セリー音楽、不定形音楽など、ダルムシュタットから放出されたさまざまな合言葉は、おたがいに有和することなく対立しあっているからである。にもかかわらず、そのすべてのうちに共通の衝動が息づいている。シュタイネッケは揺らぐことなく、あらゆるところでこの衝動を感じとった。わたし自身は少し古い世代に属しているために、おそらくクラニヒシュタイン楽派ないしダルムシュタット楽派の一体感をつくりだしている衝動によって自分が直接的に鼓舞されていると感じることはなかったが、だからこそ、そうした一体感を感じ取るのに絶好の位置にいたと言えるだろう。たんに年代順だというわけではない世代の違いにもかかわらず、シュタイネッケがわたしに信頼を寄せ、しばしば講習会に招いてくれたことや、それによって才能溢れる若い音楽家たちと接触し、おたがいに譲歩を強いられることなく、自分が思い違いをしているのでなければ、まさにそれぞれの立場の違いが実りあるものとなったことを、わたしは彼に心から感謝している。

おそらく、われわれの誰もが講師として講習会に招待されることに情熱を燃やしたということほど、シュタイネッケとそのクラニヒシュタイン的な理念——というのも、彼が自分の功績として宣伝することがいかに少なかったにせよ、それは彼の理念だったからだ——から発せられた力を強烈に証し立てているものはないだろう。そこで経済的なものは何の役割も果たさなかった。彼が支払うことができた謝礼は慎ましいものだった。にもかかわらず、正しいかどうかはともかくとして、われわれすべてが、自分たちがクラニヒシュタインにおいて——大袈裟な表現をすることを許していただけるならば——〈新音楽〉が形成されていく過程に直接的に介入したかのように思ったのである。招待されないようなことがあると、落胆したものである。だが、だからといって諍いが起こることは一度もなかった――おそらく、それは故人の驚くべき業績である。そのような場合に気安く言われるように、彼が揉め事を調停したり鎮めようと試みたというわけでも、そうした能力を欠いていたというわけでもない――それは極端なものを察知する彼の勘とは相容れないものであっただろう。しかしながら、攻撃や非難は、和解しないまま喧嘩別れにさせるようないわゆる討論がそもそも生じることがないようにして、彼のもとで跳ね返されたのである。

この人物の天賦の才は、発言することが彼の本質と相容れないものであったという点に示されていたが、とはいえ、彼もまた何らかの催しを必要としたのは発言することから逃れるためだったというわけではない。そのように考えることは彼の実像から外れてしまう。寡黙さと内気さが彼にもともと備わっていた性質だったことは疑いないが、それらはおそらくは意図せざるかたちで生の技法へと高まったのであり、そこにはどこか極東的なものがあった。その仏陀のような微笑みは、悪意がないのか保護マスクなのかは定かではなく、おそらくそこで両者が結び合わさっていたのだが、そんな表情を浮かべながら彼が苦情や抗議に耳を傾けるとき、それはみずからの態度を明らかにするためではなく、発言された内容をわずかな言葉で拭い消すためだった。彼が議論に加わることはきわめて稀だったために、論敵は武装解除され、場合によっては自分が間違っているように感じられたのである。

このように報告すると、それがあたかも戦略的な方法だったかのように響く。だが、彼の真似をしようとするならば破滅してしまうだろう。シュタイネッケがそれでやっていくことができたのは、この戦略が戦略ではまったくなく、省察によらない振る舞いであり、無言の身振りだったからであって、それはおそらく、彼が育成した〈新音楽〉のイメージのように、言葉から遠いものだった。実際に彼は、人に声をかけることができないほど人間的だった。誰かがたとえば病気によって深刻な苦境に陥ってしまったとき、ここでも彼は何も言うことなく、ごく当然のこととして、卓越した高潔さとともに手を差しのべた。この人物は、みずからの真にユートピア的な企画を成功させたことで、音楽のマネージャーのすべてを凌駕し、それによって才能がない人たちの恨み——それはマネージャーという言葉にたいして反応する——を掻き立てたのだが、彼自身はそのようなマネージャーとは正反対のタイプだった。やわらかな慣性とともに彼は、それをおこなうことが自分の使命であることを果たした。彼が他人を操作することも、人間を物として扱うことも、逆に手段を目的として悪用することもけっしてなかった。世俗によって誘惑されることがないようなかつての芸術家のみがそうであったように、彼はいかなる利害関心にも染まることがなかった。自分にとって得になるかどうかということが彼にはまったくどうでもよかっただけではなく、みずからの精神的な成果を披露する際にも、そこでのすべてが彼の手腕にかかっていたにもかかわらず、匿名性へと退いた。彼は公の場で話をすることを回避し、いかにダルムシュタット楽派のすべてが彼の所産であったかを人に知らせるまいとした。だからこそ、彼がその生涯において許容しなかったであろう事柄を公の場で言うことが、まさに義務になるのである。

彼が果たした職務とは、彼自身がそもそも初めてつくりだしたものであり、彼ほどそれに向いていた人物はいなかったわけだが、しかしながらそれは、彼のような特殊な性質をもった人物がいてくれたという幸運な天の配剤に汲みつくされるわけではないと示唆することは、彼にたいする最高の賛辞になるだろう。むしろ、彼の業績を客観的に促進したのが、彼が介入した時代における音楽の状況だった。社会はみずからの課題を解決するために必要とする力をつくりだすということが、とりわけ彼のもとで、精神的な領域において確証された。〈新音楽〉とは最初から公的な文化や芸術的なエスタブリッシュメントにたいする矛盾だったわけだが、それが生じたのは個人主義的な情念からであり、徹頭徹尾、個人主義的な生産諸条件のもとにおいてだった。社会関係が硬化してしまい、社会関係が継続的に営まれる文化も硬化してしまったことにたいする抗議は、当時は社会化一般にたいする抗議や、組織化にたいする抗議と一体になっていたのである。

もちろんながらシェーンベルクは、すでに十分に早い時期――一九二〇年ごろ――から、彼自身が組織的なものに向かわないかぎり、このような抗議を芸術的に、上演実践のなかで実現することが不可能であると認識していた。それゆえシェーンベルクはウィーン私的演奏協会を設立したのであるが、その活動は今日にいたるまで真の音楽演奏のすべての模範でありつづけている。そこから四十五年が経過するなかで、社会の社会化と管理は途方もなく増進したのであり、そのなかで音楽生活の社会化と管理も進んでいった。音楽再生がさまざまな大衆メディアに集中していることは、そのことを示すもっとも明白な表現にすぎない。音楽生活や、生産すなわち作曲においても、経済的な諸条件からしても、技術的にも、かつての個人主義的な諸形式がそのような圧力に耐え抜くことはもはや不可能であろう。たとえば電子音楽という見出し語によって示されているものにまつわる問題圏のすべては、いかなる個々人ももはや意のままにもちいることがない装置を必要としている。さまざまな新素材を使って真剣かつラディカルに作業すればするほど、技術的な諸条件はいっそう深く生産過程のなかに到達する。電子的に音をつくりだす手段を直接的にまったくもちいていない場合でも、内在的な論理によって、作曲行為の実験室的な性格が広まっていく。実験という概念を極端なかたちで定式化し、作曲技法を合理化するとともに、そこにもともと内在している正反対のもの、すなわち偶然をもちいた多様な試みをおこなうことは、世捨て人だったヴェーベルンと後期分離派だったベルクが夢想だにしなかったような一種の集合的な協働作業を必要とするのである。

このような傾向は、それが社会的な発展に従っているのと同じくらい芸術的にも不可逆的なものであるが、それにたいして憤激することは、みずからの個人主義的な性質と社会的な立場に応じてかかる傾向に無力に対峙している人々が抱えている、あまりにも分かりやすい憤激を何とか隠蔽するものでしかない。彼らは実質的で歴史的な意味においても時代遅れになることを恐れているために、浅薄化や機械化と称されるものや、マネジメント性にたいして罵声を浴びせる。シュタイネッケはまさに、芸術的な個人主義という止揚しえない要素――というのも、芸術とは社会にたいする社会的な異議申し立てであるからである――と、不可避で集合的な生産諸形式とのあいだの文化的な裂け目のなかに飛び込んだ。彼の仕事が抱えていた逆説は社会的なものである。すなわち彼は、ミュージカルや娯楽音楽、旨そうに賞味される音楽祭、音楽的な観光という目的のための「効率化《ストリームライニング》」からなるセロファンの世界にたいして真剣に抵抗するすべてのものを、管理社会のただなかで妥協することなく発展可能なかたちでみずから組織した。成功が事象そのものの質を抑圧したところで、彼はこの原理を打ち破り、アプリオリに成功を欠いたものから成功を奪い取ったのである。シュタイネッケは管理不可能なものを堕落させることなく管理したのだ。

気取りや尊大さ、自慢といった時宜にかなったものとは限りなく縁遠かったこの内気な人物は、このうえなく広告に長けた興行師も羨むような現実感覚を持ち合わせていた。彼が実際はどのような人物だったのか、保守的な音楽学を学んでいたこの生徒がいかにして自身の精神的な立場を見出したのか、どのような特性によって彼がそれを〈新音楽〉の権力を握る地位へと変換したのかという点について今日知っているのは、彼のごく身近にいた人々のみであり、それほどまでに彼は打ち解けない人物だった。この非凡な人物には、まさしく謎めいたところがある。彼の不幸な死が音楽にとって破局的《カタストローフェ》な事態であり、その影響がどの程度まで及ぶかはなおも計り知れないと言っても過言ではない。真のものは失われることなく後世に残りつづけるのであり、おのずと貫徹されるのだという慰めは、見せかけだけのものになってしまった。シュタイネッケの仕事はとりわけ、まさのそのような〈なすにまかせよ《レッセ・フェール》〉が芸術においてもはや信頼できないという状況にたいする回答だったのである。

彼が音楽的な生産性という概念そのものを変えたということは、そうした事態をあらわす別の表現にすぎない。慣例的な言語においてこの生産性という概念は、作曲家の力のために取っておかれている。だが、作曲家がそもそも生産することができるためには、さまざまな公的機関に直接的に依存せざるをえず、間接的にはさらに、生活費を保証してくれる市場ばかりでなく、技術的かつ計画的な助力や、依頼、作曲家の孤立した仕事部屋ではもはや実りあるものになろうとはしない諸々の方法を頼りにするのだが、そこで音楽的な生産性は、音楽を書くという行為を超えた拡がりをもつ。すでにヴァーグナーによるバイロイトの構想――それなくして彼の後期作品はほとんど想像しえないだろう――のなかで、そのような事態が予告されていた。シュタイネッケはそこから全面的な結論を導きだした。その際に彼は、そのような音楽的な生産性の拡がりを、指示をおこなう権力を拡張するものとして利用することは一瞬たりともなかった。彼がおこなったのはそれ以下であるとともに、それ以上であった。それ以下というのは、作曲上の成果がそもそも第一に彼の功績に帰すべきところでも、厳格な分業体制をとることによって、彼が他の人々の職務を侵害することは一度としてなかったからである。それ以上というのは、彼はさまざまな実践的な可能性を提供しただけでなく、まったく押しつけがましくない控えめなかたちで、人事やプログラムにまつわるかけひきをつうじて、そして私的な議論においてでさえも、きわめて細分化された精神的な関連へと働きかけたからである。

芸術生産という尊い概念がかつてのように通用することはもはやなく、利益という徴のもとで産業的な方法に同化することによってこの概念が貶められたとすれば、シュタイネッケは音楽における生産のためにその尊厳を救い出したのである。音楽が社会的かつ技術的に満期を迎えた形姿と、音楽のもっとも進んだ精神的な志向とを、力強くもやさしい手つきで一致させたのが彼だった。この偉大な世話人を追悼することは、優れた作曲家たちに匹敵する人物を追悼することである。というのも、彼は作曲家たちを援助し、支えたというだけでなく、彼がおこなったことは、新たな生産過程それ自体において、作曲家たちが書いたものと同じくらい本質的だからである。

（一）　ヴォルフガング・シュタイネッケ（Wolfgang Steinecke: 1910–1961）ドイツの音楽評論家。一九三四年にケルンで音楽学の博士号を取得したあと、音楽ジャーナリストとして活動。終戦後にダルムシュタット市の文化部局担当官に就任すると、一九四六年に「国際現代音楽講習会（Internationale Ferienkurse für Neue Musik）」を創始。一九四八年には講習会の組織運営のためにクラニヒシュタイン音楽研究所——現在は「国際音楽研究所」に改称——を創設し、初代所長となる。当初はダルムシュタット郊外のクラニヒシュタイン城で開催されたためにクラニヒシュタイン夏季講習会とも呼ばれたこのセミナーは、当初は毎年二週間にわたって開催され、メシアンやルネ・レイボヴィッツといった講師陣のもと、ブーレーズやシュトックハウゼン、ノーノといった若手作曲家たちが研鑽を積んだ。

（二）　シュタイネッケは一九六一年十二月に飲酒運転による自動車事故に巻き込まれて死亡した。

# 映画の透かし絵

ふざけて悪口を言いあう子どもたちは、「言い返しは駄目」という遊びのルールに従っている。彼らの知恵は、あまりに成長しすぎてしまった大人たちからは失われてしまったように見える。オーバーハウゼナーたち（一）は、六十年近くのあいだつくられつづけてきた映画産業の粗悪品を、「パパの映画〔Papas Kino〕」という言葉によって攻撃した。それにたいして、「パパの映画」の関係者たちは、「ガキの映画〔Bubis Kino〕」と答えるよりも気が利いたことは知らなかった。このような言い返しは、ふたたび子どもたちの台詞を借りるならば、相手には効かない。角が取れて丸くなったときに彼らが獲得した経験そのものの未熟さが槍玉に上げられているところで、未熟さに対抗して経験を持ち出してくるというのは、みじめである。「パパの映画」におけるおぞましさは、幼児的なところ、すなわち産業として営まれた退行にある。詭弁は、反対者の挑戦をうけた概念である一種の業績に固執する。しかしながら、このような〔「ガキの映画」という〕非難にも何か無視できないものがあるとしても、つまり、商売に加担することがない映画が、つるつるに磨かれた営利的な商品よりも実際に多くの点で不器用であるとしても、資本の力や、技術的なルーティーンや、高度な訓練をうけた専門家たちを後ろ盾にしている人々が、巨大な敵に反抗しながらも、その際にそのなかに蓄積された潜在力に頼ることを必然的に諦めざるをえないような人々と比べてより多くのことをより上手におこなうことができると勝ち誇るというのは、おそまつなものである。「パパの映画」と比べて救いがたく、出来が悪く、客受けするのか不確かであるという特徴のなかに、大衆メディアと呼ばれているものが何か質的に違ったものになるのではないか、という希望が刻み込まれた。自律的な芸術においては、かつて到達した技法水準の背後で足を引きずって歩いているものが役に立つことはない。だが、その一方で、ちょうど美容業界が顔の皺を取り除くように、咀嚼されていないものやすでにお馴染みではないものを排除することを水準としてかかげる文化産業にたいしては、おのれの技術を完全に統御しているわけではないがゆえに、統御されていないものや偶然的なものを慰めとして残しているような作品は、人を安心させるものをもっているのである。そうした作品にあっては、ある美しい少女に色艶が欠けていることが、人が認める染みひとつないスターにたいする補正物になるのだ。

映画版の『テルレス』〔『テルレスの青春』フォルカー・シュレンドルフ監督、一九六五／六六年〕は、周知のように、ムージルの青春小説の多くの個所を、ほとんど変更することなく台詞のなかに取り入れた。脚本家たちの手による、生きている人間であれば誰も口にすることのないような台詞よりも、ムージルの文章のほうが優れているとされたのである。その一方、アメリカでは批評家たちが、脚本家たちの書いた台詞を嘲弄の的にするようになった。だが、ムージルの文章であっても、読むのではなく耳で聴いた場合、たちまち味気なく感じられることが多い。原作の小説にまったく責任がないというわけではないだろう。原作は、心理描写という口実のもとに、一種の合理主義的なこじつけを心の内面の動きのなかに持ち込んでいるが、それは同時代の進歩的な心理学——すなわちフロイト心理学——が合理化としてこき下ろしたものだった。だが、それにつきるわけではない。〔小説と映画という〕二つの媒体のあいだの芸術上の差異が、悪い小説を避けてよい小説を映画化しようとする場合に人が思っているよりも、つねによりいっそう重大であることは明らかである。会話をもちいた小説であっても、語られた言葉は無媒介的に語られるわけではなく、語るという身振りをつうじて、おそらくは活字として印刷されていることによってすでに、距離を置いたかたちで、生きている登場人物たちの肉体性から引き離されているのだ。それゆえ、小説の作中人物は、たとえいかに詳密に描写されたとしても、彼ら自身が経験的な人物と同等の存在になることはけっしてなく、おそらくは描出の厳密さによって経験からさらにいっそう離れていくだけなのであり、それゆえ美学的に自律的なものになるのである。映画ではそうした距離が撤廃されている。映画が写実的に振る舞うかぎり、無媒介性という仮象が映画には不可欠なのである。そのために、小説のなかでは様式化原理によって正当化され、ルポルタージュの誤った日常性とは一線を画しているような台詞が、映画では大げさで嘘くさく聞こえるのだ。映画は、無媒介性をもたらす他の手段を探さなくてはならないだろう。制御されていない経験がもつ偶然に計画的に身をゆだねる即興は、そうした手段のなかで上位を占めるのかもしれない。

映画があとになって成立したことが、たとえば音楽におけるように、»Technik«という言葉がもつ〈技法と技術という〉二つの意味を厳密に区別することを困難にしている。音楽では、電子音楽が登場するまでは、内在的な技法——作品の整合的な組織化——と、再生——さまざまな複製手段——とは別物であった。映画は、技法と技術とを同一のものと考えるように誘発する。映画においては、ベンヤミンが注意を促したように、大量複製されるようなオリジナルは存在せず、大量生産品が問題そのものとなる。しかしながら、このような同一性は、ともあれ音楽の場合と同じく、何の問題もなく通用するわけではない。特殊な映画技術に通じた人々は、チャップリンがそうした技術のもつ可能性を利用しなかったり、わざと無視したりする一方で、寸劇やスラップスティックの場面といったものを撮影することで満足していたと指摘する。だが、それによってチャップリンのランクが引き下げられることはなく、チャップリンが映画的であることを疑う者は皆無に等しいだろう。スクリーン以外のところでは、この謎めいた登場人物——彼はすでに最初から古ぼけた写真に似ていないだろうか——がおのれの理念を展開することはできなかっただろう。したがって、映画技術それ自体から〔映画の〕規範となるものを読み取ることは不可能なのである。さまざまな物体の動きに焦点を合わせるという、きわめてもっともらしい規範は、(1)〔ミケランジェロ・〕アントニオーニの『夜』〔一九六〇年〕のような作品では挑発的に排除されているが、言うまでもなくこの規範は、こうした映画の静態学のなかで否定的に保持されている。映画がもつ反映画的なものが、空虚な瞳によって無為な時間を表現するような力を映画に与えているのである。——映画の美学はむしろ、主観的な経験形式に遡る必要があるだろう。映画が主観的な経験形式に類似しているということは、そのテクノロジー的な成立とは関係がないのであって、それが映画における芸術的なものを形成しているのである。たとえば、誰かが一年にわたる都市暮らしのあとに高山に数週間滞在する予定をたて、そこであらゆる仕事を禁欲することにした場合、睡眠中か、あるいは半分眠っているようなときに、あたりの光景の色鮮やかなイメージが自分のまえを快いかたちで通り過ぎていったり、あるいは自分のなかを通っていったりするようなことが思わず起こるかもしれない。だが、そうした映像はそれぞれが連続して過ぎ去るのではなく、むしろ子どものころの幻灯機《ラテルナ・マギカ》のように、とぎれとぎれに流れるものである。このような運動の中断という点において、内的独白のイメージは文字に似ている。文字もまた、眼のしたを動いていくものであるとともに、個々の句読点において静止させられたものである。イメージがもつこのような特徴にたいして映画は、絵画にたいする視覚世界や、音楽にたいする聴覚世界のような関係にあると言えよう。映画が芸術であるとすれば、こうしたかたちの経験を客体化させながら再生産するものとしてである。技術メディアの最たるものが自然美と深く親和しているのだ。

自主規制を文字どおりに解して、映画と作用連関を突き合わせてみることにした場合、映画の意図に過度に立脚することを余儀なくされるあまり、意図と作用のあいだの食い違いを軽視してしまったかつての内容分析よりも、いっそう繊細に振る舞う必要があるだろう。だが、この食い違いは、問題となる事柄それ自体のなかにあらかじめ存在するものである。「イデオロギーとしてのテレビ」(三)の命題にならって、映画における行動モデルを織りなす多様な諸層が実際にたがいに重なり合っているとするならば、そのことが含意しているのは、意図された公式的なモデルの数々、すなわち産業によって供給されるイデオロギーが、視聴者のなかに自動的に入り込んでくるわけではけっしてないということである。経験的なコミュニケーション研究が最終的に探し求めているのが何かが結果として出てくるような諸問題であるとすれば、この何かは優遇に値することになるだろう。だが、公式的なモデルのうえにはさまざまな非公式的なモデルが層をなして折り重なっているのであり、それらは人を惹きつける魅力をもたらすとともに、公式的なモデルによってお払い箱にされることが見込まれている。顧客を捕え、彼らに代用の満足感を調達するためには、非公式的なイデオロギー、言うなれば異端のイデオロギーが、〈寓話の教訓〉として受け入れられるものよりも、はるかに広範囲かつソフトに描かれなくてはならない。タブロイド紙が毎週その実例を提供している。先に触れた行動モデルの数々もまた、そもそもそれらが通用するために集合的な是認という要素を帯びているのであり、それだけに、公衆のなかでタブーによって抑圧されたもの、すなわちリビドーは、こうした非公式的なイデオロギーにいっそうすばやく反応するであろう。意図はつねにプレイボーイや甘い生活《ドルチェ・ヴィータ》や半狂乱のパーティーに反対するが、しかしながら、その一方で、そのような光景を目にする機会は、おそらくは性急な弾劾以上のものとして享受されているのである。今日、ドイツでもプラハでも、保守的なスイスでも、カトリックのローマでも、少年と少女とが身体を密接にからませあいながら通りを歩いては、あけっぴろげにキスをする光景をいたるところで目にするが、おそらく彼らはそれを──さらに、おそらくそれ以上のことを──パリの放蕩者たちをフォークロアとして売り飛ばしているような映画から学んだのだ。文化産業のイデオロギーは、大衆を捉えようとするときに、それが狙いを定めてきた社会と同じく、おのれ自体のなかで反目関係に陥ってしまう。それはみずからの嘘にたいする解毒剤を含みもっているのである。文化産業のイデオロギーを救済するために、それ以外のものを挙げることはできないだろう。

まずは対象の模像をつくるという映画の撮影技術は、美学的に自律した方法以上に、主観性にとって異質な対象物に固有の価値を付与する。このことは、芸術の歴史的な流れにあって、映画を遅滞させる契機となっている。映画が対象物をできるかぎり消去したり、変更したりしようとしたとしても、消去は不完全に終わる。それゆえ、対象物を消去することで絶対的な構成を示すことも不可能である。諸要素へと解体したとしても、それらは事物的な特徴を保持しつづけるのであり、純粋な色価《ヴァルール》になることはない。このような違いのために、進歩的な絵画や文学の場合とはまったく異なり、対象物からはるかに無媒介的に、社会が映画のなかへと突き出てくる。映画のなかに登場するさまざまな対象物が分解不可能であることは、それ自体が社会的な徴表なのであって、ある意図を美学的に現実化することによって初めてそうなるというわけではない。それゆえ、映画の美学は、対象物にたいするその姿勢のために、社会と内在的に関わっている。映画の社会学を包摂していないような映画の美学も、純粋に技術的な映画の美学も存在しない。クラカウアーの映画理論は、社会学的なものを自制した彼の著書のなかで触れられていないものについて考えるように強いる。そうしないと反形式主義が形式主義へと反転してしまう。イロニーを込めてクラカウアーは、きわめて若かったころの自分が、日常生活のさまざまな美の発見者として映画を賛美するという企図を抱いていたと戯言のように述べている。だが、移ろいゆく雲や暗い影がさした池をそれ自体のために語らしめようとする映画のすべてがユーゲントシュティールの残滓であるように、そうした綱領はユーゲントシュティールの綱領だった。そのような映画は、対象物の選択をつうじて、主観的な意味から浄化された対象物に、みずからに寄せつけまいとする意味を注入しているのだ。

ベンヤミンは、展示価値やテストなど、彼が映画のために要請したカテゴリーの多くが、みずからの理論が対抗している商品性格といかに深く結託しているかという点について踏み込んで論じることはなかった。しかし、この商品性格と不可分なのが、今日のあらゆる美学的リアリズムに備わる反動的な本質である。こうしたリアリズムは、社会において現れてくる表層を肯定的に強化する傾向をもつものの、この表層を突き抜けていくことはロマン主義的であるとして拒絶するのである。カメラ・アイによって映画に付与される意味のすべては、たとえ批判的な意味であっても、カメラの法則をすでに傷つけていたのであり、〔アウラにまつわる〕ベンヤミンのタブーを破っていたのだ。このタブーは、切り札を出して自分の優位を誇示するブレヒトを、それを上回る切り札を出すことで打ち負かしたいというあからさまな狙いによって案出されたものであり、それによってブレヒトからの自由を獲得したいという狙いがその背後に隠されていた。映画は、美術工芸品になってはならない一方で、ドキュメンタリー的なものへと横滑りするような態度をとることも許されないという二者択一のまえに立たされている。〔そうしたジレンマから抜け出す手段として〕はじめに考えつく回答は、四〇年まえと同様、モンタージュである。モンタージュは諸事物のなかに侵入していくのではなく、諸事物を文字のような星座的布置《コンステラチオーン》へと押しやるのだ。ショックを与えることを目的とするようなやり方が長続きするかは疑問である。細部に意図を加えることなく純粋にモンタージュされたものは、この〔モンタージュという〕原理だけからしても、諸々の意図を受け入れることを拒絶するのである。あらゆる意味を——とりわけ素材に公正なかたちで心理学が入り込んでくることを——断念することで、再現された素材それ自体から意味が飛び出してくるというのは幻想にすぎないように思われる。意味を付与し、主観的な補足を加えることを断念することは、それ自体が主観的におこなわれるものであって、それゆえアプリオリに意味付与的であるという洞察をもってすれば、そのような問題設定全体が時代遅れになるだろう。沈黙する主体は、沈黙することをつうじて、語る主体に劣ることなく、むしろ語る主体以上に多くのことを語るのである。知的偏重だとして追放された映画作家たちは、第二の反省をおこなうなかで、このような方法を我がものにしなくてはならないだろう。ともあれ、造形芸術におけるもっとも進歩的な傾向と、映画におけるそうした傾向とのあいだには、なおも相違がありつづけている。そのことがきわめて大胆な狙いをもった映画の評判を落としている。いまのところ、映画のもっとも豊かな潜勢力が求められるべきは、多くの音楽作品がそうであるように、映画へと移行していく他のさまざまなメディアのうちであることは明白である。作曲家マウリシオ・カーゲルのテレビ映画『アンチテーゼ[三]』は、そのもっとも強力な例のひとつである。

集合的な振る舞い方の図式をもたらすという映画の特徴は、イデオロギーが付加されたことによって初めて映画に要求されるわけではない。集合性はむしろ、映画のもっとも内奥まで入り込んでいる。映画が提示するさまざまな動きは、ミメーシス的な刺激である。映画の動きは、あらゆる内容や概念に先立って、観る者や聴く者をあたかもパレードのなかのように、ともに身体を動かすよう鼓舞する。それゆえ映画は、黎明期のラジオから流れる音楽が帯状のフィルムに似ていたように、音楽に類似している。映画の構成的な主体をひとつの「われわれ」として表現するのは的外れではないだろう。この点に映画の美学的な位相と社会学的な位相が集約されている。イギリスの著名な国民的女優であるグレイシー・フィールズが出演した三〇年代製作の映画に『エニシング・ゴーズ[四]』という題名の作品があるが、ここでいう〈エニシング〔Es：エス〕〉は、すべての内容の此岸で、映画の運動の形式的な契機を内容的にうまくとらえている。一緒くたに押し流されることによって、眼は同じ要求にしたがうすべてのものの潮流のなかへと落ち込んでいく。集合的な〈エス〉の無規定性は、当然ながら映画の形式的な性格と連動しているのであり、それは映画をイデオロギー的に悪用することに手を貸す。すなわち、テーブルを拳で叩きつける仕草で「変わらなければならない」という文句を表明するような、表面のみ革命的な朦朧化に加担してしまうのである。解放された映画は、みずからにアプリオリに備わる集合性を、無意識的で非合理的な作用連関から切り離し、啓蒙的な志向に仕えさせるようにしなくてはならないだろう。

映画のテクノロジーは、写真から切り離すことができないリアリズムに反するような一連の手法を開発した。たとえばソフトフォーカスがかかったショット——写真ではとうの昔に廃れた、美術工芸的な慣行——やオーバーラップであり、カットバックもたいていはそうである。そうした効果がいかに馬鹿げているかを広く知らしめることで、そんなものとは手を切るときがきているのではないだろうか。というのも、そうした手法の数々は、個々の作品において必要不可欠なものではなく、慣習の産物にすぎないからだ。それらは観客にたいして、ここでは何が意味されているか、映画のリアリズムから逃れるものを付け加えなくてはならないのはなぜかということを通知する。だが、これらの手法は、たとえ弱々しいかたちであれ、つねにいくばくかの表現的な色価《ヴァルール》を備えている以上、表現されているものと慣習的な記号とのあいだに不均衡が生じる。こうした挿入物がキッチュに見えるのはそのためである。同様のことが、モンタージュや、映画の物語進行から外れたかたちで加えられた連想シーンにも当てはまるかどうかは、なおも検証する必要がある。いずれにせよ、そのような脱線にあたって監督は、かなりの手腕を発揮しなくてはならない。だが、この現象からは弁証法的なことを学ぶことができる。すなわち、テクノロジーは、映画の言語的性格を度外視して、それだけを分離して捉えるならば、映画の内在的な法則性と矛盾することもありうるのである。解放された映画制作は、もはや新しいとはまったく言えない新即物主義《ノイエ・ザッハリヒカイト》の様式にしたがって、商売道具にすぎないテクノロジーをこれ以上無反省に頼りにするべきではない。映画において、素材への公正さという概念は、それが正しく遵守されるよりまえに危機に陥ってしまっている。方法、素材、内容との有意義な関係を求めることと、手段を物神《フェティッシュ》化することが、濁ったかたちで混じり合っているのだ。

「パパの映画」が消費者たちの欲しているものに実際に合致していることは間違いない。あるいは、「パパの映画」は、消費者たちに、彼らが欲していないものについての、すなわち自分たちに餌として与えられるのとは異なるものについての無意識的な規範を提供していると言うべきかもしれない。さもなければ文化産業が大衆文化になることはなかっただろう。しかしながら、両者の同一性は、批判者が生産面に固執して受容についての経験的調査を控えるなかで考えるように、まったく疑う余地がないというわけではない。かといって、「文化産業は消費者芸術である」という、多かれ少なかれ文化産業を擁護しようとする人々が好む命題は非真理であり、イデオロギーのイデオロギーである。文化産業をあらゆる時代の低級芸術と十把一絡げに同一視することからして、すでに無益である。文化産業には、低級のものを計画的に再生産するという合理性の契機が備わっている。大昔の低級芸術にそうした契機が存在しないわけではないことは確かだが、それが計算可能な法則だったわけではない。くわえて、たとえばローマ帝国の時代ではサーカスと道化芝居の中間物が愛好されたが、ひとたび美学的にも社会的にもその底が見透かされてしまったあとに、かつて繰り広げられた尊い粗野や愚行のようなものを焼き直してみせることが正当化されるはずもない。だが、歴史的な次元を考慮することなくそれだけを純粋に見たとしても、消費者芸術についての命題には異議が申し立てられなくてはならない。この命題は、供給と需要というそれ自体が疑わしいモデルに従って、芸術とその受容の関係を静態的で調和的なものとして思い描いている。つくられた時代の客観的精神と関係をもたない芸術を想像することができないように、そうした精神を超越する契機をもたない芸術を想像することもできない。芸術の構成のうちにあらかじめ組み込まれている経験的な現実から分離することが、そのような超越的な契機を要求するのである。しかしながら、消費者に迎合することにたいして、それは人間味に基づいているのだという説明が非常に好まれているものの、経済的に見れば、消費者を搾取するための技法以外の何ものでもない。芸術的に見れば、それは慣用的な語法《イディオム》というどろどろの塊へ介入しようという試みのすべてを諦めることを意味しているのであり、それゆえ公衆の物象化された意識に介入しようとすることもない。文化産業は、物象化された意識を偽善的な従順さによって再生産することで、人々の意識をますます彼らの意向に沿うようなかたちで変化させる。要するに文化産業は、意識がみずから認めることなく内心で密かに欲しているように、おのずから変化することを阻止するのである。消費者は、彼らがそうであるところのもの、すなわち消費者のままでありつづけるべきだとされる。したがって、文化産業は消費者芸術ではなく、むしろ命令する人々の意志をその犠牲者のなかに移し入れているのである。確立された諸形式のなかで既存のものが自動的に自己再生産されることが、支配の表現をなしているのだ。

次に上映される映画の予告編と、お待ちかねの映画の本編とが最初の瞬間は区別できなくなることに気づいたことがあるだろう。このことは映画の本編について考えるうえで示唆的である。映画の本編とは、予告編や流行歌と同じく、おのれ自身の広告なのであり、その額には商品としての性格がカインの徴としてつけられている。あらゆる商業映画はそもそも、みずからが約束すると同時に裏切っているものの予告編にすぎないのだ。

もしも現在の状況において、映画は芸術作品のように見えないからこそそれだけいっそう芸術作品なのだ、と主張できたらどれだけ素晴らしいであろうか。ともかく心理的にはA級であろうとする高級映画——文化産業は文化的な体面を守るためにそれらを強奪するのだが——にたいして、そのように言われる傾向があるのだが。それと同時に、「だからこそ〔逆にB級映画を優位に置くべきだ〕」という楽観主義からも身を守らなくてはならない。ドイツのユーモア映画や、故郷《ハイマート》を題材に取ったお涙頂戴ものは論外にせよ、規格化された西部劇や犯罪映画は、公式的に最高ランクに位置づけられている映画よりもさらに悪い。統合された文化のなかにおいて、おのれの沈殿物に信頼をおくことはもはやできないのだ。

（1） Siegfried Kracauer, Theorie des Films. Die Errettung der äußeren Wirklichkeit, Frankfurt a. M. 1964, S. 71ff.

（二） 一九六二年二月二八日に、オーバーハウゼン短編映画祭の会場において、古いドイツ映画の死と新しいドイツ映画の誕生を告げる〈オーバーハウゼン宣言〉を発した総勢二六名の西ドイツの若き映画作家たちを指している。そのなかには、アドルノの愛弟子の映像作家アレクサンダー・クルーゲや、のちに『故郷』シリーズで知られるエドガー・ライツが含まれていた。

（二）　Adorno, »Fernsehen als Ideologie«, in: AGS 10-2, S. 518-532.（「イデオロギーとしてのテレビジョン」、『批判的モデル集Ⅰ――介入』（大久保健治訳、法政大学出版局、一九七一年）所収、一〇一～一二二頁）

（三）　『アンチテーゼ――電子音響および環境音をともなう一人の俳優のための劇』は、アルゼンチン出身の作曲家マウリシオ・カーゲル（Mauricio Kagel: 1931-2008）が一九六二年に発表した十八分の白黒のテレビ映画。白衣を着た科学者風の男性が、多種多様な音響装置やモニター、ケーブルが散乱する電子音楽スタジオのような空間で、さまざまな音響実験をおこなったり、機械を相手に格闘を繰り広げたりするという内容である。アドルノは一九六六年のダルムシュタット夏季現代音楽祭でこの作品が上映された際に鑑賞していた。

（四）　邦題『海は桃色』（ルイス・マイルストーン監督、パラマウント、一九三六年）。ただし、コール・ポーターの曲名を表題とするこのビング・クロスビーとエセル・マーマン主演のミュージカル映画に共演しているのは、イギリス人女優のグレイシー・フィールズではなく、ニューヨーク出身のグレース・ブラッドリーである。

# チャップリン二編

## I　キルケゴールに予言されて

匿名で出版された初期の著作のひとつである『反復』のなかでキルケゴールは、笑劇について詳細に論じているが、それは、芸術から離反したもののなかに、完成された偉大な芸術作品が掲げる要求から何らかのかたちで逃れるようなものを探し求めるよう、たびたび彼を駆り立てた確信に従ってのことだった。そこでキルケゴールはベルリンにあった古い首都劇場について語っており、ベックマンという名の喜劇役者について記述しているのだが、その姿は、のちのチャップリンのイメージを、銀板写真《ダゲレオタイプ》のようなやわらかな正確さで喚起する。そこにはこう書かれている。「彼は、歩くことができるだけでなく、歩いてくることができるのである。この〈歩いてくる〉というのは、歩くのとはまったく別のことである。この天才的な能力のおかげで、彼は同時に舞台の場景をもまるごと即興的につくりだす。彼は、旅回りの徒弟職人を演じることができるだけではない。そういう職人として歩いてくることができるのである。つまり、彼が歩いてくると、あらゆる場景がありありと見えだすのだ。街道に砂ぼこりが立ち、そのむこうに居心地のよさそうな村が見え、ひっそりとした物音が聞こえる。鍛治屋の角をまがると、池に下りる小径が見える……。ところで、ベックマンはというと、なんのことはない、小さな包みを背負い、手に棒きれをもって、のんきそうにてくてくと歩いてきただけなのだ。また、目に見えるわけではないが、町の浮浪児たちを引きつれて舞台へ歩いてくることだってできる」[1]。——この歩いてくる男とは、チャップリンのことである。チャップリンは、休憩しているように見えるときでも、ゆっくりと進む流星のように、世界をそっとかすめるのであり、彼がもたらす想像上の場景とは、流星の背光《アウラ》なのである。村のひっそりとした物音のなかでその光が集まって、透きとおるような平穏さをかたちづくる。その一方でチャップリンは、お似合いのステッキと帽子とともに、さらに放浪をつづけていく。目に見えないお供としてあとに付き従う町の少年たちは、ほとんど誰からも気づかれることのないままに地球がまっぷたつにした彗星の尾なのである。だが、『黄金狂時代』のなかでチャップリンが、生きいきとした映画のなかに亡霊のように出没してくる写真のように、金の採掘者たちの村へと歩いてきて、這いつくばって小屋のなかに消える場面を想起するならば、それはあたかも、彼が演じる登場人物が、突如としてキルケゴールによって再認され、一八四〇年の町の場景のなかに点景物として住みついたかのようだ。そのような背景から、この星はいまやようやく解放されるのである。

## II　マリブにて

深遠な意味は深遠な主題によって損なわれてしまうものである。ベンヤミンの言葉を借りれば、それが無志向的なものに結びつこうとするという事実は、もしもこの深遠な意味がそれほど自己満足しておらず、客体物によって阻止されないままに荒れ狂うということがなかったならば、長所のうちに数えることができるだろう。深遠な意味がまだ使い古されていない主題を利用するのは、大抵の場合、拘束力をもたないものや陳腐なものを擁護するための口実にすぎない。機敏な精神の持ち主が狙いをつけている空疎な概念の数々と同じく、それ自体としてはいかなる意味も提供しないもの、場合によっては——それが直接的にはそうであるような——陳腐なものや馬鹿げたものにみずから向かおうとするものが見せる表向きの無抵抗さが、そこで搾取されているのである。精神と道化の結びつき《リエゾン》は分かりやすいが、それに劣らず不幸でもある。悪魔学において、子どもたちのお気に入りである道化が登場しないものはなかった。そもそも道化にまずもって人を笑わせる性質が備わっていると再確認できるのは、道化の存在があってこそなのであり、同じく道化がもたらす笑いは、大仰なカテゴリーという安ぴかなものがそこにぶらさげられるまえに生じるのだ。そうしたカテゴリーは、多少なりとも面白おかしいかたちで、道化が身につけているだぶだぶの伝統的な服装になっている。少なくとも道化にたいしては、〔深遠な意味にたいする〕長期におよぶ徹底的な猶予期間が与えられるべきだろう。

精神分析は、道化という形象を、確固たる自我が固まりはじめる以前の、ごく幼かったころの反応様式と関連づけようとする。それに関する事情がどのようなものであれ、道化について解明するための手掛かりは、そもそも意味を否定している道化の行為を意味づけようとするところよりも、動物たちと分かりあうように、謎めいたかたちで道化のイメージと分かりあう子どもたちのところに求められるべきであろう。道化と子どもたちが共有している、意味から遠い言語に通暁した者が、はじめて道化そのものを理解するだろう。すなわち、おのれのなかで自然が、《冬さんさようなら》という絵本の挿絵で描かれる老人のように、衝撃的な別れを告げて逃げ出してしまう、そのような道化のことを。あの言語が大人たちにとっては取り返しのつかないものであるように、自然は大人へと成長していく過程のなかで容赦なく抑圧されてしまうのだ。

自然の喪失が、何にもまして、チャップリンの表情のなかで沈黙を命じる。というのも、チャップリンは道化たちの一員であることを誇りにしている――わたしの知るかぎり、チャップリンが所属している唯一の団体となるのが、道化役者たちのクラブである――ものの、他の道化たちと比べてチャップリンが傑出していることによって、さまざまな解釈を施すように誘われるからである。しかし、そこでチャップリンを高く持ちあげれば持ちあげるほど、ますますチャップリンに不当な振る舞いをすることになる。それによって、こうした解釈は解決しえないものから遠ざかってしまうのであるが、この解決しえないものを解決することのみが、本人に相応しいチャップリン解釈の課題であろう。

それにたいして、わたしは間違いを犯したくない。どのような哲学的な要求も掲げずに、ともかくチャップリンのイメージを記録《エクリチュール》するのに役立つかもしれない二、三の観察を書きとめるのは、ひとえに、ずっと以前のことではあるが、わたしが彼と会ったことがあるからである。私人としてのチャップリンが、スクリーン上で浮浪者を演じているときといかに異なって見えるかは誰もが知っている。しかし、それはたんに身だしなみのよい優雅さという、道化としてのチャップリンが同じくパロディ化するものと関係しているだけでなく、むしろ表現と関連している。この表現は、同情を乞うような、見捨てられた、引き裂くことのできない犠牲とは何の関係もない。むしろ、私人としてのチャップリンが見せる力強く、不意をつくような、当意即妙の軽快さは、飛びかかろうと待ち構える肉食獣を想起させる。もっぱらこのような動物性によって、ごく幼い子どもだった時代が救出され、生きいきとした生命が与えられたのかもしれない。実際の人物としてのチャップリンは、彼自身が犠牲であるというわけではなく、犠牲となる獲物を探し求め、獲物に飛びかかって引き裂くような、脅威を与えるところがある。まさに完璧な道化をそのジャンル以上のものにしているチャップリンの底知れない次元は、そうした点と関連しているのではないかと想像を膨らませることができるだろう。つまりチャップリンは、みずからの暴力性や支配性を周囲の環境に投影し、それによって自身の罪深さを外部に投影することで、初めて例の無垢をつくりだすのだが、彼にたいしてこの無垢は、どんな権力がもっているよりも多くの暴力を付与するのである。菜食主義者としてのベンガルトラだ。そこに慰めとなるものが存在しているのは、子どもたちが歓声をあげるチャップリンの善良さそのものが悪から手に入れられたものであるからであり、悪がチャップリンを滅ぼそうとしても無駄に終わるのは、彼がみずからのイメージのなかで悪をまえもってすでに滅ぼしていたためである。

当意即妙であることと、ミメーシス的な能力があらゆるところに見られることは、チャップリン本人の特色でもある。チャップリンは若いころから、かなりの間隔を空けつつ、明らかに極度に自己批判的なかたちでしか映画をつくってこなかったわけだが、彼がみずからのミメーシス的な手腕を発揮するのがこれらの映画作品のなかに限られないということは、おそらくよく知られているだろう。チャップリンは絶え間なく演技しつづけるのであり、それはちょうどカフカの曲芸師が網棚に寝ることで、一瞬たりともトレーニングを休むまいとするようである。チャップリンと一緒にいるとき、そのすべての時間が間断のない上演である。チャップリンにあえて話しかけようとする者がいないのは、名声にたいする敬意からではなく——誰も彼から目を離すことができず、誰も彼以上に気さくな態度をとることはできないだろう——魅惑的な上演を妨害することにたいする気おくれのためである。それはあたかもチャップリンが、目的に満ちた大人の人生、つまりは現実原則そのものを、ミメーシス的な行動様式へと退行させ、それによって現実原則をなだめようとしているかのようだ。だが、このことは、肉体をもった存在としてのチャップリンにたいして、公的な芸術形式を超えたところで、想像的なものという要素を付与する。私人としてのチャップリンに——あたかもタブーであるかのように——有名な道化としての特徴が欠けているとすれば、彼はなおさら曲芸師のような特徴を備えていると言える。

物真似界《ミミック》のラステッリ（二）である彼は、おのれの純粋な可能性という数えきれないボールを使って演技し、ずっとクルクル回転しつづける複数のボールを継ぎ合わせて一枚の織物をつくりだすのだが、それは夢の国がニュートン物理学の重力と無縁であるように、因果的な世界とはもはや無関係なのである。絶え間のない、思わず生じる変身、これこそがチャップリンにおいて存在のユートピアをなしているのであり、それは〈自分自身であれ〉という重荷から解放されているのだ。チャップリンが演じる色男は統合失調症だった。

　このようにチャップリンについて語ることにたいして、わたしに与えられた特権――それは自分の功績ではまったくないのだが――によって正当化することは、おそらく許されるだろう。すなわち、チャップリンがわたしの真似をしたことがあるのだ。確かにわたしは、そのような経験をしたことのある、そしてその瞬間について釈明することができる数少ない知識人のうちの一人である。われわれは、他の大勢の人たちとともに、ロサンゼルス近郊の海岸のマリブにあった邸宅に招待された。招待客の一人が早めに辞去したのだが、そのときチャップリンはわたしの隣に立っていた。わたしは、チャップリンとは違って、いささか心ここにあらずの状態で、その人物に向かって手を差しのべ、その直後に勢いよく手を引っ込めてしまった。辞去した人物とは、戦後すぐに有名になった映画『我等の生涯の最良の年』〔ウィリアム・ワイラー監督、一九四六年〕の主演者の一人〔＝ハロルド・ラッセル〕だった。彼は戦争で手を失っており、そのかわりに鉄製の実用的な鉤爪〔の義手〕をつけていた。わたしは彼の右手をとって握手をし、彼もまた握手を返してくれたのだが、そのときわたしはとても驚愕してしまった。だがすぐに、障害を負った人にたいして、そのような振舞いは絶対に慎むべきだったことに気づいた。驚愕したわたしの顔は、一瞬のうちに丁重な渋面に変わったのだが、それはさらに見苦しい表情であったに違いない。だが、この俳優が遠ざからないうちに、チャップリンはすでにそのシーンを真似していた。チャップリンがもたらす笑いはすべて惨たらしさと隣り合わせであるが、この惨たらしさと紙一重の笑いだけが、おのれを正当化し、救済するものを得るのである。チャップリンについての思い出と感謝の念を述べることで、七十五歳の誕生日にたいする祝辞としたい。

（一）　キルケゴール『反復』前田敬作訳、『キルケゴール著作集第五巻』所収、白水社、一九六二年、二五七頁、訳文変更。

（二）　エンリコ・ラステッリ（Enrico Rastelli: 1896–1931）世界的に有名なイタリアの曲芸師。

# 芸術社会学のためのテーゼ

ロルフ・ティーデマン（一）に捧げる

## 1

芸術社会学は、その語義からすれば、芸術と社会の関係におけるあらゆる観点を包摂している。芸術社会学を、たとえば芸術作品が与える社会的効果といったものに制限することは不可能である。というのも、そのような効果とは、それ自体が芸術と社会の関係という全体性のなかの一契機にすぎないからである。この効果を切り離して、芸術社会学の唯一の価値のある対象であると断言することは、芸術社会学の事象に即した関心という、いかなる先走った定義からも逃れるものを、方法論的な好みによって置き換えてしまうことを意味するだろう。すなわち、作品がどう受容されているかを確証し、数量で表示できると主張する際にもちだされる経験的な社会調査の方法が優先されるのである。とはいえ、作品受容という分野に教条的に限定することは、客観的な認識――その旗印のもとに、作品受容がすべてを占めるべきだという申し立てがなされるのだが――を危険に晒してしまうことになるだろう。なぜなら、そもそも精神的な形成物である芸術作品が与える作用とは、受容者たちに関連づけることによって十分に規定されるような絶対的で最終的なものではないからである。むしろ、作品が与える効果は、流通、社会的な統御や権威、最終的には社会構造といった無数のメカニズムに左右されるのであって、作品の影響関係が確証されるのは社会構造の内部においてでしかない。それはまた、効果が及ぼされる人々の社会的に制約された意識や無意識の状態にも左右される。アメリカにおける経験的な社会研究は、ずっと以前からその事実を認めてきた。だからこそ、この分野の非常に著名で重要な代表者であるポール・F・ラザースフェルドが『ラジオ調査一九四一』と題された書物に収録した二つの研究調査は、[二]わたしがアルフォンス・ジルバーマンの論争的な意図を正しく理解しているとすれば、[三]音楽社会学の唯一の正当な領域を構成するべきものと彼が考えている大衆に与える効果、すなわち「プラッギング」をいかに規定すべきかという問題を明確に扱っているのである。「プラッギング」とは流行歌〔Schlager：殴打するもの〕を流行歌たらしめる高圧的な広告であり、音楽それ自体が抱えるある種の構造的問題であって、この問題と効果との関係は複雑であり、歴史的変化の影響下にある。それに関連する言及が、現在『忠実なコレペティートル』所収の「ラジオの音楽的利用について」という章のなかに見出される。[四]音楽社会学は、もしもそのような問いかけを同等の権利があるものとして認知しなければ、まさにアメリカの研究もすでに到達している水準の後塵を拝することになるだろう。

## 2

わたしが亡命生活から帰還したあとに刊行した音楽社会学にまつわる出版物が経験的社会調査と対立するものと見なされるならば、完全な誤解だという気持ちになる。わたしは、経験的社会調査の分野においてこのような方法がたんに重要であるばかりでなく、適切であると見なしているということを、ここではっきりと強調しておきたい。いわゆる大衆メディアのすべての生産は、あらゆる経験的な方法にすでにアプリオリにうってつけであり、その成果が今度は大衆メディアによって利用される。大衆メディアが経験的社会調査と密接に結びついていることはよく知られている。アメリカ最大の商業ラジオ局であるＣＢＳの現在の社長は、いまの地位にたどりつく以前は同社の調査主任だった。しかしながら、思うに、さまざまな種類のアンケート調査の結果にたいして、それが実際に社会的認識に貢献するものであり、利害関係者へのたんなる情報提供ではないとすれば、哲学的な省察をおこなわずとも、人間のもっとも単純な理性によって正しい関連づけがおこなわれることを要求しているのである。ジルバーマンもまたこうした要求を掲げるとともに、ルネ・ケーニヒ(五)に依拠しつつ、芸術社会学の分析機能について語っている。ラザースフェルドは当時、このことを賛同とともに〈批判的コミュニケーション調査〉という概念によって表現したが、それはたんなる管理行政的な概念とは正反対のものである。ジルバーマンによれば、芸術社会学はもっぱら「芸術体験」を扱うべきだというのだが、この概念は、「体験される」べきそれぞれの事象や、そのような体験が伝播される諸条件についての調査によってのみ解決されうる諸問題を示している。そのような文脈に置くだけも、アンケート調査はみずからの位置価値を獲得する。いわゆる芸術体験が、文化の消費者や競争相手を理解する鍵となる特徴をもつことはほとんどなく、それを把捉することはきわめて困難である。芸術に厳密に精通した専門家を除けば、芸術体験はきわめて曖昧であろう。多くの人々において、芸術体験とは言語で表現されることに逆らうものである。そのうえ、さまざまな刺激からなるシステム全体を形成しているマスコミュニケーションに鑑みれば、問題となっているのは個別的な体験ではなく、累積的な影響なのである。そもそも「芸術体験」が対象に当てはまるのは、たんに相対的にでしかない。その意味を確定することができるのは、対象と直面することによってのみなのだ。「芸術体験」が第一のものであるというのはたんに見かけだけのことにすぎず、実際のところ「芸術体験」とはひとつの結果なのであって、その背後には限りなく多くのものが存在しているのである。たとえば〈古典〉として認められた芸術作品が大衆に受容されることで築かれるような「芸術体験」が対象にたいして妥当であるか否かという、社会学的にきわめて重要な点にまつわる問題は、主観のみに向かうような方法によってはそもそも捉えることができない。芸術社会学の理想とは、客観的な分析——すなわち、作品の客観的な分析——と、構造的で特殊な作用のメカニズムの分析、記録可能な主観的な所見の分析とをたがいに調和させることであろう。これらの分析はそれぞれ明らかにしあってくれるに違いない。

## 3

芸術とそれに関連するすべてのものは社会的な現象なのかという問いは、それ自体が社会学的な問題である。きわめて高い価値をもちながらも、すくなくとも量的な作用という基準からすると社会的に重要な役割を演じることはなく、それゆえにジルバーマンに従うならば考察から切り離されねばならないような芸術作品が存在する。だが、そうした作品を切り離すならば、芸術社会学は貧しいものになってしまうだろう。最高ランクの芸術作品が、芸術社会学の網目から抜け落ちてしまうのだ。もしもそのような芸術作品が、その質にもかかわらず、重要な社会的作用を及ぼすにいたることがない場合、それは逆の場合と同じく、ひとつの社会的事実《フェ・ソシアル》をなしているのである。芸術社会学は、そうした事態をまえにして、たんに沈黙しているべきだというのだろうか。芸術作品の社会的内実そのものが、たとえば慣習的で硬直化した意識形態にたいして、まさに社会的に受容されることにたいする抵抗のなかに存在していることもしばしばである。このことは、ある歴史的な閾——それは十九世紀半ばに求めるべきであろう——を超えて以降、自律的な作品においてまさに規則をなすものにほかならない。この点を等閑視した芸術社会学は、顧客を獲得するチャンスがあるかどうかを計算したがる代理人たちのための技術にすぎないものと化してしまったのである。

4

芸術社会学は効果についてのアンケート調査に忠誠を誓ってもらいたいというような見解が密かな公理としているのは、芸術作品とは主観的な反射反応に尽きるものだということである。そのような学問的な姿勢からすると、芸術作品とは刺激以外の何ものでもない。そうしたモデルが極度に当てはまるのが大衆メディアの数々であって、それらは作用に基づいて計算されるとともに、推定された効果――とりわけ計画策定者たちのイデオロギー的な目標という意味での――に合わせて形成されているのである。だが、それは一般的には当てはまらない。自律的な芸術作品が従っているのは、みずからの内在的な法則性、すなわちおのれを意味深く整合性のあるものとして組織しているものである。作用への志向は端役しか演じないだろう。作用への志向とかかる客観的な諸契機との関係は複雑であり、さまざまなヴァリエーションがある。だが、それが芸術作品の唯一にしてすべてであるわけではないことは確かである。芸術作品とはそれ自体が精神的なものであり、その精神的な構成に従って認識され、規定されうるものであって、反射反応の束の諸原因という、適格であると認められていないもの、いうなれば未知にして分析から逃れるものではない。芸術作品においては、作品の客観性と内実を――新しいドイツ語を使うならば――括弧の外に置こうとするような方法が処理するよりも比較にならないほど多くのものが確認される。まさにこの括弧の外に置かれたものこそが社会的な含意を帯びているのである。それゆえ、作品の精神的な規定が、積極的ないし否定的なかたちで作用連関の扱いのうちに取り入れられなくてはならない。芸術作品とは、概念、判断、帰結の論理とは異なる論理に服しているために、客観的な芸術的内実の認識のうちには相対的なものという影が付着している。だが、そのような極度の相対性と、客観的な内実一般を原理的に否定することとは大きくかけ離れているために、この違いは全体に関わるものと見なしうる。結局のところ、ベートーヴェンの後期の弦楽四重奏曲の客観的な内実を思考しつつ展開させることは、非常に大きな困難をもたらすだろう。だが、このような内実とある流行歌の内実との違いが、とりわけきわめて明確で、おおむね技術的な諸カテゴリーのなかで申し立てられなくてはならないのである。一般的に、芸術作品の非合理性は、作品そのものの規律のなかに没入し、そこから何かを理解するような人々よりも、芸術とは縁がない人々によってはるかに高く評価される。芸術作品に内在する社会的内実もまた規定可能なものに属しており、たとえば市民的な自律性、自由、主観性にたいするベートーヴェンの関係は、その作曲方法のなかにまで入り込んでいるのである。そのような社会的な内実は、無意識的なものであっても、作用の酵素をなしている。芸術社会学がこの問題に関心を抱かないならば、芸術と社会とのもっとも深い諸関係を取り逃がしてしまうことになる。すなわち、芸術作品そのもののなかで結晶化している関係を。

## 5

このことは芸術の質についての問いとも関わっている。芸術の質について問うこととは、端的に言って、第一に、美学的な手段と美学的な目的との適合性、つまりは両者の一致について問うことであり、さらにそれは、目的そのものについて問うこと――たとえば、そこで問題になっているのが、顧客を操作することなのか、精神的に客観的なものなのかと問うこと――として、社会学的調査にたいして開かれている。だが、社会学的調査がそのような批判的分析と直接的には関わりをもたないかぎりにおいて、おのれ自身の条件として、批判的分析を必要としている。いわゆる価値自由[六]という要請が、この問題から逃れることはできない。最近になって価値自由を復活させ、社会学の決定的な論争点にすることすら試みられているが、価値自由をめぐるすべての議論は時代遅れである。一方で、いうなれば社会的な関わり合いや精神の顕れとは無縁のところで確立された自由に漂う諸価値に目を向けることはできない。それは教条的で素朴だろう。価値概念とは、それ自体がすでに、精神的な客観性についての意識が軟化させられたという状況を表現するものである。この概念は粗野な相対主義にたいする対抗策として恣意的に物象化されてしまったのである。だが、他方で、あらゆる芸術経験は──それどころか、実際、述語的論理によるすべての単純な判断は──批判されることを前提としているために、批判を度外視することは、諸価値の実体と同じく、恣意的で抽象的であろう。諸価値と価値自由を分けることは、上から考え出されたものである。どちらの概念も虚偽意識という傷を負っている。すなわち、非合理的で教条的な実体化と、判断を下さないという点で同じく非合理的なかたちで問題とされるものを中立化しつつ受け入れるという傷である。例の人物は、方法論者ではなく社会学者となるやいなや、マックス・ヴェーバー的な公理を高く評価するようになったわけだが、この公理によって監督されるような芸術社会学は、いかなる実用主義のもとでも不毛となろう。価値自由は、まさにその中立性のためにきわめて疑わしい作用連関のうちに陥ってしまったのであり、それによって、何がよくて何が悪いのかを決定する役割が与えられた、そのときどきの権力をもった利害関係者たちに無自覚的に奉仕するのである。

## 6

ジルバーマンが公言しているところによれば、彼は社会批判的な影響を及ぼすことが芸術社会学の使命のひとつだという見解に与しているとのことである。(1) だが、作品の内実が──さらには作品の質が──除外されてしまうならば、このような願望に公正であることは不可能なように思われる。価値自由と社会批判的な機能は相容れない。〔芸術作品がおこなう〕特殊なコミュニケーションに関して、期待されるとともに批判に供される社会的帰結について理性的な発言をおこなうことはできず、たとえば何が伝播されるべきであり、何が伝播されるべきではないかを決定することもそもそも不可能である。作品の社会的な影響力が唯一の規準になるというのは、たんなる同語反復である。そこで否応なく含意されているのは、芸術社会学が、みずからが推奨するもののなかで現状に適応しなくてはならず、まさに社会批判を自制する必要があるということであるが、しかしながらジルバーマンが社会批判の必要性を否認することはけっしてない。たとえばラジオの番組編成のためにいわゆる「文化表(七)」を作成することは、わたしの目が正しければ、たんにいま通用しているコミュニケーション関係を記述するという結果に終わるだけであって、何らかの批判的な可能性が開示されることはないのである。そのかわりに「文化表」は、まさにメディアと人間との支配的な適合という、自律的な認識が抵抗しなくてはならないはずのものの役に立ってしまうことになるだろう。ちなみに、文化という概念そのものがジルバーマンが喧伝する種類の分析にアプローチすることは可能なのかという点も疑問視されなくてはならない。文化とは、みずからを計測しようする試みを排除するような状態のことである。計測された文化とは、すでにして文化とはまったく別のものであり、刺激と情報の総体であって、文化概念そのものとは相容れない。その点において、社会学から哲学的な次元を消去するという、ジルバーマンが他の多くの人々のように要請したものがいかに許されないことであるかが明らかとなる。社会学とは哲学のなかで生じたものである。社会学は、完全に概念を欠落させたままでいたいというわけではないならば、今日においてもなおも、哲学から生じた種類の省察と思弁を必要としているのである。結局のところ、統計的なアンケート調査すらも、統計学がときおり強調するように、数量で示される調査結果とは自己目的ではなく、それに接することで社会学的に何かが明らかになることを目指している。だが、そのような「明らかになること」とは、ジルバーマンの区分がもつ意味では、哲学的なものというカテゴリーに完全に分類されるだろう。哲学、社会学、心理学、歴史のような分野のあいだでおこなわれる分業は、それぞれの対象に基づいているわけではなく、対象にたいして外から押しつけられたものである。学問とは、それが実際に学問であり、素朴にまっすぐ進もうとするのではなく、むしろみずからのうちで省察するならば、客体物にたまたま割り与えられた分業を尊重することはできない――アメリカではそこからも帰結が引き出されているのだが。分野横断的な方法への要求がとりわけ妥当するのは、ある意味で総じて可能なすべての対象に及ぶものである社会学にたいしてである。社会学は、社会的意識として、分業が意識にたいして及ぼした社会的な不正にまつわるものの償いをしようとする。今日のドイツで目立った活躍をしている社会学者は、たとえ哲学にきわめて激しく反対している者であっても、ほとんど全員が哲学畑の出身であることは偶然ではない。まさに最近の社会学において巻き起こった実証主義論争[八]において、哲学的次元が社会学のうちに入り込んだのである。

## 7

最後に用語法について触れよう。『音楽社会学序説』でわたしが媒介と呼んだものは、ジルバーマンの想定とは異なり、コミュニケーションと同一ではない。そこでわたしは、媒介の概念というこの哲学的なものをまったく否定する気はなく、厳密にヘーゲル的な意味でもちいた。ヘーゲルによれば媒介とは事象そのもののなかに存在するのであり、事象とそれに触れている人々とのあいだに存在するものではない。だが、後者の意味だけが、コミュニケーションという語で理解されているのだ。別の言葉で言えば、わたしが意味しているのは、社会にまつわる構造的契機、立場、イデオロギーがどのように貫徹されているのか、何がつねに芸術作品それ自体において貫徹されているのかという、精神の所産を目的としたきわめて特殊な問いなのである。この問題が極度に困難なものであることを、わたしは表現を和らげることなく強調した。それはまた、外的な分類の数々に満足することなく、つまりは芸術が社会のなかでどのような位置を占めているか、芸術が社会のなかでどのように作用するかと問うことで満足してしまうのではなく、社会がさまざまな芸術作品のなかでどのように客体化されているかを認識しようとするような音楽社会学が抱える困難さでもある。わたしはジルバーマンと同じく、コミュニケーションについての問い——もっとも、批判的な問いとしてであるが——を重視しているものの、それは先に触れた〔芸術作品の媒介にまつわる〕問いとはまったく異なっている。だが、コミュニケーションにおいて考慮すべきは、何がそのつど提供され、何がコミュニケートされないかという問いだけではなく、さらにまた、どのように受容されるかという問いだけでもない——ちなみに、受容についての問いとは、質的な差異にまつわる問題であるわけだが、それがいかに困難なものであるかは、視聴者の反応を正確に記述しようと一度でも真面目に試みたことがある者であれば想像がつく。そこに本質的に含まれるのは、何がコミュニケートされるのかという問いである。おそらく、このことを説明するために、わたしが以前に問うたことに注意を喚起することは許されるだろう。すなわち、ラジオをつうじて伝播された、場合によってはうんざりするほど繰り返された交響曲とはそもそも、「ラジオが何百万人もの人々に届けてくれた」という支配的なイメージが想定しているような交響曲なのかという問いである。このことは教育社会学にたいして広範囲にわたる影響を与える。たとえば、何らかの芸術作品を大量伝播することが、そこに認められている教育的機能を実際にもっているかどうかという問題や、それが現在のコミュニケーションにまつわる諸条件のもとで芸術教育が暗黙裡に意図している種類の経験へといたるのかという問題といったように。芸術社会学をめぐる論争は、教育社会学にとって直接的に重要なのである。

（1） Vgl. Alphons Silbermann, Art. »Kunst« in: Soziologie, hrsg. von René König, Fischer Lexikon, Frankfurt a. M. 1958, S. 165.

（一） ロルフ・ティーデマン（Rolf Tiedemann: 1932–）ドイツの哲学者、文献学者、編集者。一九六四年にアドルノとホルクハイマーのもとでベンヤミンについての論文で博士号を取得。社会研究所でアドルノの助手役を務めた。『アドルノ全集』および『ベンヤミン全集』の編集に携わったほか、アドルノとベンヤミンについて多くの著作を発表している。

（二） ポール・F・ラザースフェルド（Paul F. Lazarsfeld: 1901–1976）アメリカの社会心理学者。マスコミュニケーション研究の第一人者として知られる。一九三三年に出身地のウィーンを離れて渡米し、一九三七年にロックフェラー財団の後援のもとでプリンストン大学ラジオ調査研究室を開設。翌年にラジオ調査プロジェクトの音楽部門の主任研究員としてイギリス亡命中のアドルノを招聘し、二年間にわたって共同研究をおこなう。ただし、ラザースフェルドがアンケートによる世論調査などの経験主義的な手法を重視することにアドルノは一貫して懐疑的であった。『ラジオ調査一九四一』に収録されたアドルノの「二つの研究調査」のうち、ひとつは»The Radio Symphony«, in: Paul Lazarsfeld/ Frank N. Stanton (ed.), Radio Reserarch 1941, New York, pp.110–139（「ラジオ・シンフォニー——理論による実験」村田公一訳、渡辺裕編『アドルノ　音楽・メディア論集』（平凡社、二〇〇二年）所収、二一〇〜二四六頁）を指すが、もうひとつは、同じ年に社会研究所の紀要に発表された»On Popular Music: with the assistance of George Simpson«, in: Studies in Philosophy and Social Sciences, vol. 9, 1941, pp.17–48（「ポピュラー音楽について——ジョージ・シンプソンの支援を得て」村田公一訳、前掲『アドルノ　音楽・メディア論集』所収、一三七〜二〇七頁）のことかと思われる。

（三） アルフォンス・ジルバーマン（Alphons Silbermann: 1909 -2000）ドイツの社会学者、著述家。芸術社会学や音楽社会学の分野で数多くの著作を発表。経験的な方法論に基づく音楽社会学の代表者として、アドルノとたびたび論争を繰り広げた。

（四） Adorno, »Über die musikalische Verwendung des Radios«, in: ders., Der getreue Korrepetitor, Frankfurt a.M.: S. Fischer, 1963; jetzt in: ders., Gesammelte Schriften, Bd. 15, Frankfurt a.M.: Suhrkamp 1976, S. 369–401.

（五） ルネ・ケーニヒ（René König: 1906–1992）戦後の西ドイツを代表する社会学者の一人でケルン学派の中心人物。経験主義的なアプローチを重視し、一九五八年にジルバーマンをケルン大学に招聘するなど、ジルバーマンの後ろ盾的な存在だったものの、アドルノとは良好な関係にあった。

(六) 価値自由(Wertfreiheit)とは、マックス・ヴェーバーが分析者の主観的な価値評価に囚われない態度を指す概念として提唱したもの。

(七) 文化表(Kulturtabellen)とは、ジルバーマンが『音楽、ラジオ、視聴者(Musik, Rundfunk und Hörer)』(一九五九年)で打ち出した概念であり、ラジオ放送の番組編成にあたって指針となる、ある社会の文化の傾向をまとめた表のこと。

(八) 一九六一年のドイツ社会学会でポパーとアドルノのあいだで巻き起こった論争。自然科学に範をとった実証主義(批判的合理主義)を掲げるポパーにたいして、アドルノは、観察者や個々の事象を媒介する社会的関係を重視する立場から、批判的・弁証法的なアプローチの重要性を主張した。

# 今日の機能主義

アドルフ・アルント氏(一)がわたしを信頼してこの席にお招きくださったことに深く感謝する一方、みなさんのまえで話をする権利が自分にあるのかという真剣な疑念を抱いてもいます。専門分野《メチエ》、すなわち手仕事や技術にまつわる諸問題についての造詣の深さが、みなさんの〔建築という〕業界できわめて大きな重みをもっていることは十分な理由があります。工作連盟の運動(二)のなかで一貫して堅持されてきた理念があるとすれば、それはまさに即物的《ザッハリッヒ》な権限という理念であって、それは素材とは無縁の弛緩した美学の対極にあるものです。わたしにとってそのような要求は、自分の専門分野《メチエ》である音楽からしても自明なものですが、それはアドルフ・ロースとバウハウスの双方にたいして近しい個人的な関係をもち、即物主義《ザッハリッヒカイト》のさまざまな試みと多くの点で精神的に親和していると自覚していた楽派〔＝新ウィーン楽派〕のおかげです。しかしながら、建築にまつわる事柄について語る最低限の資格すらも、わたしには要求できません。にもかかわらず、わたしは誘惑に抗しきれず、みなさんからこいつはディレッタントだからと黙認され、無視されるという危険に身を晒したわけですが、それについては、自分が考えていることをみなさんのまえで披露することが喜びであるという点を除けば、もしかするとアドルフ・ロースの見解に拠り所を求めることができるかもしれません。すなわち、芸術作品は誰にも気に入られる必要はないが、家はすべての人にたいして責任がある、という見解です。[1] この一文が正しいかどうかは分かりませんが、ともあれ必要以上に厳格になることもないでしょう。ドイツの復興建築様式にたいしてわたしは居心地の悪さを感じており、みなさんのなかにもきっと同じ思いを共有されている方が大勢いらっしゃると思いますが、そうした建築物を目にせざるをえないことにかけては専門家に引けをとらない自分が、なぜこうなのかという理由について問わずにいられないのは、この居心地悪さのためです。建築と音楽の共通点については、ずっと以前からうんざりするほど何度も語られてきました。わたしが〔建築において〕観察したことを、音楽が抱えるさまざまな困難について自分が知っている事柄と関連させたとしても、分業にまつわるさまざまなルールから期待されるものから大きく逸脱して勝手気ままに振る舞うということにはおそらくなりません。その際にわたしは、みなさんが当然だと思っている以上に距離をとる必要があります。とはいえ、さまざまな現象について、技術的な管轄を守らんとする情念《パトス》が許容するよりも距離を置いて観察することは――潜在的に危機的な状況では――いくらかのメリットがあるという可能性もないわけではないように思います。素材に公正であることが分業の基礎になっているわけですが、深い造詣のある専門家にとっても、みずからの専門知識がいかに分業体制のもとで損なわれているか、専門知識が必要としている芸術的な素朴さがどの程度まで自己制約となりうるのかという点について、ときおり弁明をおこなうことが望ましいのです。

わたしが議論の出発点にしたいのが、反装飾運動が目的にとらわれない諸芸術をも巻き込んだという点です。芸術作品において何がおのれに必要不可欠であるかを問い、余計なものを寄せつけまいとする傾向が、それ自体のうちに備わっています。諸芸術の伝統が正しいものと虚偽のものについての規準をもはや与えてくれなくなったあとでは、そのような省察をおこなうことがあらゆる芸術にたいして課せられます。いかなる作品であっても、おのれの内在的な論理という点に関して自己検査しなくてはならないのであり、この論理が何らかの外的な目的に起因するかどうかということはどうでもいいことなのです。それはけっして新しいことではありません。モーツァルトはまさに、偉大な伝統の担い手にしてその批判的な執行者だったわけですが、《後宮からの誘拐》の初演のあとに、ある有力者から「音符が多すぎるよ、モーツァルト君」というちょっとした小言をもらったとき、「必要以上の音符はひとつもありません、閣下」と答えたものでした。『判断力批判』のなかでカントは、目的なき合目的性を趣味判断の一契機として定式化することによって、そのような規範を哲学的に書きとめました。もっとも、そこには歴史的なダイナミズムが隠されています。ある素材の領域でもちいられている所与の言語のなかで、なおも必要不可欠であると証明されたものであっても、それが一般に様式と呼ばれている言語においてもはや自己正当化できなくなるや否や、たちまち余計なものとなり、実際に悪しき装飾と化してしまうのです。昨日までは機能的だったものが、正反対のものになることもあるのです。装飾という概念のうちに潜むこのような歴史的なダイナミズムを、ロースは徹底して守り抜きました。堂々としたもの、それ贅を凝らしたもの、豪勢なもの、ある意味において打ちのめされたものが、多くの芸術類型においては、それ自身の原理からなおも必要不可欠であり、打ちのめされていないこともあるでしょう。それゆえ、バロックを弾劾することは低俗であると言えるでしょう。装飾にたいする批判とは、機能的で象徴的な意味を喪失してしまい、腐敗して毒素と化した有機体として残存しているものへの批判に等しいのです。あらゆる現代芸術はそうした事態に反対しています。すなわち、凋落したロマン主義という虚構にたいしてであり、恥じ入りつつもなおもおのれを無力に呼び起こす装飾にたいしてです。そのようなたぐいの装飾は、表現と構成に従って純粋に組織された新音楽では、建築におけるのと劣らぬ厳しさで排除されました。シェーンベルクによる作曲法の革新、新聞の常套句にたいするカール・クラウスの文学的闘争、ロースがおこなった装飾への告発は、精神史のなかで漠然と類似しているというわけではけっしてなく、同一の感覚に直接的に由来しています。このことは、「機能主義の問題は、実用的な機能にまつわる問題と一致しない」というロースの命題に修正を加える必要を告げているのですが、この高潔な人物がそれを拒絶することはなかったでしょう。目的にとらわれない芸術と目的に縛られた芸術は、ロースが想定していたような根本的な対立を形成しているわけではありません。必要不可欠なものと余計なものとの差異は作品のうちに内在しているのであって、作品の外部にあるものに関連しているか、それとも外部にあるものとの関連が存在しないかといった点に尽きるものではないのです。

ロースにあって、さらに初期の機能主義において、目的に縛られたものと美学的自律性とは、権威的な断言によってたがいに分離されていました。それについてはあらためて省察が加えられなくてはなりませんが、この分離は美術工芸品を論争の攻撃目標にしました。ロースが生まれたのは美術工芸品の時代でした。いうなれば歴史的にペーター・アルテンベルクとル・コルビュジエのあいだに位置する時代において、ロースは美術工芸品から身をもぎ離したのです。ラスキンとモリス以降、大量生産されながらも疑似的な個性化が施されたフォルムをもつ醜悪な代物にたいする反対運動が巻き起こりましたが、それによって様式意志、様式化、形姿化といった概念がもたらされました。すなわち、生活を癒すために生活のなかに芸術を取り入れるべきであるとか、芸術を応用すべきだといった理念が、それに関連するスローガンとともに相も変わらず唱えられていたのです。早くからロースはこのような試みの胡散臭さを感じていました。芸術とは使用されることが求められていないものですが、それが実用品と置き換えられるや否や、たちまち不当な目にあうことになります。芸術は、目的が人々を支配することにたいして動じることなく抗議しているのです。たとえ芸術が「というのも、そののちにはけっして／聖なるものが役に立つことはないのだから[三]」というヘルダーリンの言葉に倣ってまさに異議を申し立てている実践にまで貶められてしまったとしてもそうなのです。実用品の数々を芸術とは無縁のかたちで芸術化することは、目的なき芸術を実用志向にすることと同じくらい忌まわしいものでした。それによって最終的に芸術は、美術工芸にまつわるさまざまな試みが少なくとも最初のうちは拒絶していた利潤の全面支配のうちに組み込まれてしまっていたかもしれません。それにたいしてロースが説いたのは、芸術からフォルムを借用することなく技術的革新を利用するような、まっとうな手仕事へと回帰することでした。いまとなっては、ロースの要請が、かつての美術工芸運動における個人化と同じく、復古主義的な要素を備えていることが明らかとなったわけですが、それはあまりにも単純なアンチテーゼに陥ってしまったことに苦しんでいます。即物主義《ザッハリッヒカイト》をめぐるさまざまな議論は、このアンチテーゼを今日までずっと引きずっているのです。

芸術作品における目的にとらわれないものと目的をもったものは、歴史的に密接に関連しているがゆえに、完全に分離することはできません。しかしながら、よく知られているように、ロースが猛烈な怒り――それは彼の人間性とは奇妙なまでに著しい対照をなしています――をこめて弾劾した装飾が、諸事物のうちに残された、時代遅れとなった生産様式の傷跡であることもしばしばです。逆に、目的にとらわれない芸術のなかにも、社交、ダンス、娯楽といった目的がなおも入り込んでいたのは、最終的にこの目的を芸術の形式法則のなかへと消滅させるためでした。目的なき合目的性とは目的の昇華です。それ自体において美的なものは存在せず、ただそのような昇華によってつくりだされる緊張の場として存在するのみなのです。しかしながら、それゆえに、美的なものの対極をなす化学的に純粋な合目的性も存在しません。きわめて純粋な合目的的なフォルムであっても、それは芸術経験に由来する形式的な透明性や理解しやすさといったイメージを糧にしています。いかなるフォルムも、完全にその目的からつくりだされているということはありません。ロースがきわめて理解のある言葉を捧げた、シェーンベルクによる革新的な作品のひとつである《室内交響曲第一番》のなかに、回音をともなう装飾的な性格をもった主題――それは《神々の黄昏》の主要動機のひとつや、ブルックナーの《交響曲第七番》の第一楽章の主題を想起させます――が登場することは、皮肉と言わざるをえません。そこでは装飾が基本的な着想になっており、言うなれば装飾自体が即物的《ザッハリッヒ》なのです。まさにこの経過部の主題こそが、四重対位法におけるカノン進行の展開部のモデル、新音楽における最初の極端に構成主義的な複合体のモデルになっています。素材そのものにたいする信仰は、それ自体、尊いとされる材料を宗教のように礼拝する美術工芸から借用されたものですが、それはなおも自律的芸術のうちに幽霊のように絶えず徘徊しています。それに同調したのが、素材に公正な構成という理念でした。そのような信仰に対応しているのが非弁証法的な美の概念であって、それは自然保護公園のように自律的芸術を囲いこんでいます。装飾にたいするロースの憎悪が首尾一貫していたとすれば、すべての芸術がその対象とならなくてはならないはずでしょう。芸術がひとたび自律的なものになると、実用的な世界の規準に照らせば、芸術そのものの存在が装飾となってしまうために、芸術が装飾的な特徴を完全に断念することはできないのです。このような極端な結論を下すことにロースが躊躇したのは彼の名誉になることですが、ちなみにそうした振る舞いは実証主義者たちに似ています。確かに彼らは文学の気配を漂わせたものを哲学から排除しようとするものの、しかし文学そのものが彼らの流儀の実証性を損なうと感じることはなく、むしろ芸術を特殊領域のなかで中立化したうえで、とくに異議を唱えることなく許容するのですが、それは彼らが客観的な真理一般という理念を弱体化させてしまっていたからなのです。

素材にはそれ自体のうちに適切なフォルムが備わっているという見解は、かつての象徴主義美学のように、素材そのものにあらかじめ意味が投入されているということを前提としています。美術工芸品にまつわる悪弊にたいする抵抗が問題にすべきは、たんにフォルムが借用品だという点だけではまったくなく、むしろ素材のまわりに本質的なものというアウラを漂わせる素材崇拝という点です。ロースがそのことを表明したのは、蠟染めの布地にたいする批判のなかでした。これまでに発明された化学合成物質の数々——産業に起源をもつ素材——は、宝石がもっていた魔術の残滓である天然の美に太古からの信頼を寄せることをもはや許容しません。

とりわけ自律的芸術の最近の展開における危機的状況が示しているのは、素材そのものから意味のある組織が引き出されることがいかに少ないかということであり、そうしたものがいかに容易に空虚な素人細工に近いものと化してしまうかということです。目的芸術における素材への公正さという考えは、そのような批判的経験にたいして無頓着なままではいられません。ほんの少しでも社会的省察をおこなうならば、自己目的としての合目的性なるものに付着する幻想的な契機が露呈します。〈いま・ここ〉において合目的なものとは、現在の社会においてそうであるものにすぎないでしょう。しかしながら、現在の社会にとっては、マルクスが「空費〔faux frais〕」と呼んだ非合理的なものが本質をなしています。というのも、社会的過程は、部分ごとには計画策定がおこなわれているにもかかわらず、その最奥部においては、相変わらず無計画で、非合理的に進行するからです。そのような非合理性はすべての目的に刻印づけられているものであって、それによって、かかる目的が到達すべきであるとする手段の合理性にも影響を及ぼしています。だからこそ、あらゆるところに存在している広告は、利潤目的であるという点で合目的であるものの、素材への公正さという基準に照らすならば、あらゆる合目的性を嘲弄しているのです。広告が機能的なものとなり、装飾的な過剰がなかったとすれば、それは広告としてのおのれの目的を満たすことはもはやないでしょう。技術にたいする嫌悪感が黴臭くて反動的なものであることは確かです。しかしながら、それだけにとどまりません。この嫌悪感は同時に、非合理的な社会の一員になることを強制されている人々と、存在しているすべてのものにたいして行使される暴力にたいする戦慄なのです。そこには子どものころの経験が余震のように残っているのですが、いつもは幼年期の経験に満たされていたロースにとっては異質なものであったように思われます。すなわち、長い一つづきの部屋や絹張りの壁があるお城にたいする憧憬、すなわち逃れている状態というユートピアへの憧憬です。このユートピアにまつわる何かが、エスカレーター、ロースが讃美したキッチン、工場の煙突など、対立を抱えた社会の惨めな側面にたいする嫌悪のうちに息づいています。かかる憧憬は仮象によって神々しく変容します。ですが、この仮象を解体すること、すなわちソースティン・ウェブレンが嘲弄した偽物の騎士の城郭の鋸壁や、靴に打ち出された装飾模様を解体することが、つねになおも実践活動が営まれている領域の下品さを制御する力になることはなく、場合によってはむしろ、おぞましさを強化してしまうのです。このことはイメージの世界にたいしても帰結をもたらします。実証主義的な芸術とはたんに存在しているものの文化にすぎないわけですが、それが美的真理と混同されてしまったのです。新アッカー通り[四]のパンフレットがどんなものになるのかは容易に想像がつきます。

今日までの機能主義の限界とは、実際的な意味におけるブルジョワ性の限界です。ウィーンのローストチキン文化にたいする断固たる敵対者だったロースのうちにも、驚くほどブルジョワ的なものが見出されます。ロースが暮らした都市では、封建的で絶対主義的なフォルムの数々がブルジョワ的な機構のうちになおも多量に混入していたために、ロースはこの機構が奉じる厳格な原理と連帯して、旧弊のわずらわしい形式からおのれを解放しようとしたのです。たとえば、ロースの著作には、まどろっこしい宮廷風のウィーン的な礼儀正しさを攻撃するような文章が含まれています。しかしながら、ロースが仕掛ける論争はさらに、本体的に清教徒的な色彩を帯びています。そこには強迫観念に近いものがあります。ブルジョワ的な文化批判の多くがそうであるように、ロースの場合にも、こんな文化は文化ではないという、とりわけこの土地に固有のものにたいする関係のなかで導かれた認識が、文化一般にたいする敵愾心という契機と重なり合っています。文化一般に敵愾心を燃やすロースは、できることならば、手触りがやさしくつるつるしているものも、仮象もろとも禁じたいと思っています。しかし彼は、文化のなかには、粗削りの自然が占める場所もなければ、自然を無慈悲に支配するための場所もないということには無頓着なのです。即物主義《ザッハリッヒカイト》の未来が自由の未来になるのは、野蛮な攻撃から脱却することによってのみです。すなわち、人々の欲求をみずからの規準にすると言明している即物主義《ザッハリッヒカイト》が、尖がった角や、ぎりぎりの寸法で計算された部屋や階段といったものによって人々にサディスティックな攻撃を加えることがもはやなくなったとき、それははじめて自由になるのです。ほとんどすべての消費者が、実用性に徹したものの不便さを、苦痛とともに身をもって感じたことがあるでしょう。だからこそ、様式と縁を切ったもの自体が無意識のうちに様式になっているのではないか、という猜疑の念が浮かんでくるのです。ロースは装飾の起源を性的なシンボルに求めています。装飾を廃棄すべきだという要請は、性的な象徴学にたいするロースの反感と結びついています。ロースにとって、理解しえない自然とは、時代遅れのものであると同時に、不快なものでもあります。ロースが装飾に有罪宣告を下すときの口調は、性犯罪者にたいする――しばしば投影的な――憤怒といった雰囲気をもっています。「だが、われわれの時代に、内的な衝動から壁をエロティックなシンボルによって塗りたくるような人間は、犯罪者であるか変質者である」[2]。変質という罵言によって、ロースは本人にとって好ましいものではなかったと思われる関連のなかに陥ってしまいます。ロースの主張によれば、「ある国の文化の程度はまさに、便所の壁の落書きによって推し量られるのだ」[3]。しかしながら、南の方のラテン系の国々では総じて、そのような落書きを数多く目にすることでしょう。シュルレアリストたちはそうした無意識的な行為から多くのものを手に入れたのですが、おそらくロースにしても、そうした地域には文化が欠けていると咎めることには躊躇するものがあったのではないかと思います。装飾にたいするロースの憎悪は、もしも彼がそのなかに合理的な対象化とは逆のミメーシス的な衝動を感じていなかったとすれば、理解できないものでしょう。つまりロースは装飾のなかに何らかの表現を看取したわけですが、それは悲哀や嘆きというかたちをとったとしても快感原則と類似しています――もっとも、快感原則は、そのような感情が表現されることを否定するのですが。表現という契機を芸術のなかへと追放し、使用される諸事物から分離するということは、ただ図式的にのみ可能なのです。実用品に表現という契機が欠けている場合であっても、かかる契機を避けようと努力することによって、表現に敬意を払っているのです。時代遅れの実用品にいたっては、それらが表現に、その時代の集合的なイメージになります。ある実用的なフォルムが、使用に適しているかどうかはともかくとして、象徴性も帯びていないと言うことはほとんど不可能でしょう。そのことは精神分析が、とりわけ無意識があらわされている太古の壁画をもとに明らかにしました。そこでは上の方に家が描かれていますが、フロイトの洞察によれば、象徴的な志向はすぐさま飛行船のような技術的なフォルムと結びつきます。現在の大衆心理学では、アメリカの調査研究によると、とりわけ自動車と結びつくとされます。合目的なフォルムとは、それ自体の目的を語ってくれる言語なのです。ミメーシス的な衝動の力によって生物は、芸術家が模倣をおこなうようになるずっとまえから、みずからの周囲のものに同化してきました。まずはシンボルとなり、そのあとに装飾となり、最終的に余分なものに見えるようになったものは、人々が人工物をつうじて適合してきた自然形態のなかに起源をもっています。人々がそうしたミメーシス的衝動のなかで表現する内的なものは、かつては外的なものであり、否応なく客観的なものだったのです。それによって、装飾や、さらには芸術的なフォルムを発明することができないという、ロース以降によく知られるようになった事実が説明されるでしょう。あらゆる芸術家の業績は、たとえ芸術家が目的に縛られていなかったとしても、十九世紀から二十世紀初頭にかけての芸術宗教が主張しようとしたよりも、比較にならないほど慎ましいものに還元されることになります。しかしながら、装飾がもはや実体的でもなく、装飾を発明することもできない芸術がいかにしてなおも可能であるのかという問いが、それによって片づくというわけではありません。

即物主義《ザッハリッヒカイト》が陥った困難とは過失でもなければ、意のままに修正可能なものでもありません。それは物事の歴史的な推移から必然的に生じた結果なのです。使用は、ひたすらおのれの形式原則に責任を負っている作品よりも、快感原則とはるかに直接的に近い関係にあります。それゆえ「そうであるべきではない」という主張は、使用のなかでは拒絶されます。ブルジョワ的な労働倫理に従うと、快楽は浪費されたエネルギーのように見えます。そのような評価をロースは自分のものにしていました。ロースが書いたものからは、この初期の文化批評家がいかに秩序と結託していたかを読み取ることができますが、しかしこの秩序が顕在化したものが秩序そのものの原理になおも遅れをとっていた場合、ロースは罵声を浴びせるのです。「装飾とは労働力の浪費であり、それによって健康が浪費される。かつてはつねにそうだった。だが、今日において装飾は素材の浪費を意味してもいるのであり、両者は資本の浪費をあらわしている」[4]。この文章には、たがいに相容れないモティーフが交錯しています。すなわち、倹約というモティーフ――というのも、何も浪費するべきではないという規則が書かれているのは、採算性という規範においてほかはないからです――と、労働という屈辱から解放されたような、技術化された世界という夢のモティーフです。二番目のモティーフは有用性の世界を超出します。ロースの場合、このモティーフは、多くの人々の嘆きの種である装飾をつくることができないという無能さ、いわゆる様式形成力の消滅――それが美術史家のでっちあげであることをロースは見抜いていました――のほうがまだましであるという認識のなかに明確に現れています。すなわち、ブルジョワ的な思考習慣にとって否定的なものとは、産業社会にとっては肯定的なものである、という認識です。「かつて様式は装飾を意味していた。だからわたしはこう言ったのだ。嘆くことはない。考えてみたまえ。われわれの社会が新たな装飾をつくりだせないということが、われわれの時代の偉大さを形成しているのではないか。われわれは装飾を克服したのであり、装飾のない段階に到達したのだ。見よ、その時は間近に迫っており、われわれの願いが実現される日も近い。ほどなくして都市の街路は白壁のように輝くこととなろう。天の首都である聖なる都市エルサレムのように。そのとき、われわれの願いは実現されることになるのだ」[5]。これによると、装飾のない状態はユートピアと同一であり、満たされた現在にほかならず、もはや象徴を必要としていない状態であるということになります。即物的《ザッハリッヒ》なものについての真理のすべてが、このユートピアに付着しています。ロースにたいしてこのような真理を保証してくれたのが、ユーゲントシュティールに批判的な態度で接した経験でした。「個々の人間はひとつのフォルムをつくりだす能力をもっておらず、建築家もまた同じである。だが、建築家はこの不可能なことを何度も繰り返し試みるのだ——そしてそれはつねに不成功に終わることになる。フォルムないし装飾とは、ある文化圏に属する人々が無意識的におこなった仕事全体の結果なのである。芸術はそれとはまったく異なっている。芸術とは天賦の才に恵まれた個人の意志なのだ。神がこの人物にそうするように委託したのである」(6)。これ以降、芸術家とは神の委託を受けて行動している人物であるという公理は、もはや通用しなくなりました。実用品の領域において始まった脱魔術化が、芸術にまで波及したのです。とりわけ、徹底して目的に従ったものと、自律的で自由なものとの絶対的な差異は減少しました。純粋に合目的なフォルムだけでは不十分であって、単調で、みすぼらしく、偏狭な実用性しかもっていないことが露呈しました。そこから偉大な作品が個別的に生じることもありますが、さしあたっては作り手の天賦の才にその原因を求めることに満足して、彼らの業績を天才的であると認可してくれる客観的なものについて確認することはなかったのです。他方で、そうした事態にたいする矯正策として、想像力の産物を外側から付け加えようとする試みがあります。すなわち、内在的に生じたわけではないものによって事象を救い出そうとする試みですが、それは無益であり、現代建築によって批判されたもの、つまり飾り物が虚偽の復活を果たすことに奉仕してしまうのです。ドイツの復興建築様式について真の専門家が批判的な分析を加えることはきわめてアクチュアルでしょうが、この様式が示している穏便な近代性ほどみじめなものは存在しません。『ミニマ・モラリア』に記した、そのような建築には結局もはや住むことすらできないのではないかという疑念が裏づけられています。(五)あらゆる住まいの形態にたいして、長続きしないものという暗鬱な影がかかっています。すなわち、ヒトラーと彼が起こした戦争の時代における〔ユダヤ人の〕強制移住が恐ろしい前奏曲をなしていた民族移住の影です。かかる矛盾は、その必然性において、意識によって把捉される必要がありますが、そこで心が鎮められるようなことがあってはなりません。さもなければ、それは引きつづき差し迫っている破局《カタストローフェ》の側につくことになってしまいます。ごく最近の出来事である空襲によって建築は、脱することができない苦境に陥ってしまったのです。

この矛盾を構成している極となるのが、手仕事と想像力という、たがいに排除しあうように見える二つの概念です。ロースにおいて想像力は、実用の世界にとっては無益なものとしてきっぱりと拒絶されます。「それゆえ、過去数百年の想像力に基づくフォルムにかわって、つまりは過去の時代に栄えた装飾術にかわって、混じりけのない純粋な構成が登場する必要があった。直線であり、直角である。そのようにして職人は、目的以外には眼中になく、素材と道具を目のまえに置いて仕事をするのである」[7]。それにたいしてル・コルビュジエは、たとえかなり一般的なかたちにせよ、理論的著作のなかで想像力を是認していました。「建築家の使命とは、人間についてよく知り、創意あふれる想像力をもち、美を解し、自由に選択すること（つまり、精神的な人間であること）なのである」[8]。進歩的な建築家たちが手仕事を優先させる一方、時代から取り残されているうえに想像力も欠いた建築家たちが想像力という言葉を好んで口にすると仮定しても誤りではないでしょう。しかしながら、手仕事という概念と想像力という概念を、それらが議論されるなかで摩滅した意味において単純に受け入れるべきではないでしょう。それによってはじめて〔手仕事か想像力かという〕二者択一を超えていくことができるのです。手仕事という言葉が一般に人々の賛同を真っ先に得られるものであることは確かですが、それは質的な違いを覆い隠します。きわめて広い意味における真正な芸術活動のすべてが、みずからがもちいることのできる素材と方法に関する非常に厳密な知識を、しかもその時々におけるもっとも進歩した状態の知識を必要としているのであり、そのことに反対するのは、ディレッタント的な無理解と俗物的な理想主義だけです。ある作品の規律に服したことがなく、そのかわりにおのれの根源を直観的に思い描いてみせるような者だけが、素材に即して創作することや、さまざまな方法について知識をもつことで、芸術家から彼らの根源的なものが奪い取られてしまうのではないかと恐れるのです。何をもちいることができるのかを学ぶことなく、ただ漫然と仕事を進める者は、みずからの深遠な内面であるかのように勘違いしているものから、たんに時代遅れとなった諸々の形式の残滓を掘り出してくるにすぎないのです。手仕事という言葉は、そのような単純な真理に訴えかけます。しかしながらこの言葉には、それとはまったく異なる意味合いが混入しています。「手」という語は、技術によって滅び去った単純な商品経済の生産方法を美化するのですが、それはイギリスのモダン・スタイルを先導した人々によってさまざまな提言がなされて以降、仮装へと貶められたものです。手仕事という言葉から連想されるのは、ハンス・ザックスの前掛けであり、もしかすると偉大な世界年代記かもしれません。芸術を軽蔑しながら手仕事に携わる若い熟練職人たちのあいだでも、大昔の粗野な考えが生きのびていているのではないかという疑いを禁じえないこともしばしばです。彼らの多くが芸術よりも自分たちのほうが上だと感じているのは、芸術を経験したことがないままにとどまっているからです。ロースが芸術と応用芸術をかくも大きな情念《パトス》をもって競合させようとしたのは、芸術を経験していたからです。音楽の領域でわたしは、建築現場的な心構えについて、言うまでもなくロマン主義的な反ロマン主義によってあからさまに語っていた一人の手仕事の代弁者を知っていますが、その際に手仕事ということで考えられていたのが、型にはまった定式や、彼がそう呼ぶところの慣行のことだと分かりました。作曲家たちが力を発揮するには慣行を大事にしなくてはならないというのですが、しかしながらこの人物は、今日において具体的に課される課題のすべてが分化しているために、そのような定式が出る幕などないということに気づかないのです。彼のような心構えをした人々をつうじて、手仕事的なものが、彼らが反対しているもの、すなわち装飾によっておこなわれていたような、死せる事物のごとき同一のものの反復と化してしまうのです。造形という概念が、造形されるべきものがもつ内在的な要求や法則性から解き放たれた独立したものという意味をもつとき、そこに同じ精神の欠如が働いているかどうかについては、あえて決定することは控えようと思います。いずれにせよ、社会的に死滅することが宣告されている手仕事職人に向けられた回顧的な愛は、その後継者である専門家が見せる偉そうで居丈高な態度ときわめて折り合いがよいものです。専門家は、彼がもちいる机や椅子のように磨かれることなく、自分の専門知識を鼻にかけ、支えとなるものを何ももたない時代にあって必要とされる反省すらしようとはしないのです。専門家なしでは済まされないのは、消費の領域におけるさまざまな方法のなかで社会によって後戻りができないかたちで清算された分業以前の状態を回復させることができないのと同じですが、専門家という類型がすべての物事の尺度になるというわけでもありません。どんなイデオロギーにも染まったことがないと錯覚している専門家の脱幻想的な近代《モデルネ》は、型《ルーティーン》どおりの仕事というプチブル的なものを覆い隠すのに実にうってつけてです。手仕事が手仕事めいたものになってしまうのです。よい手仕事が意味するのは、目的にたいして手段が適切であるといった程度のことです。そのような適切さが目的と無関係であるというわけではないことは確かです。手段は独自の論理をもっており、それは手段を超える方向を指し示しています。しかし手段の適切さが自己目的と化し、物神《フェティッシュ》化してしまうならば、手仕事にたいする心構えは、かつてビロードのジャケットやベレー帽にたいする反対運動のなかでそうした心構えが動員されたときのように、もともと意図されていたものとは正反対の効果を産むことになってしまいます。それは生産力に備わる客観的理性を自由に展開させるかわりに、この理性を阻害してしまうのです。今日において手仕事が規範にされるときはつねに、そこで何が意図されているかを詳しく検討しなくてはなりません。そうしたものとしての手仕事の概念は、機能連関のなかに存在しています。この概念がもつさまざまな機能は、つねに明確で進歩的であるわけではないのです。

　しかしながら、手仕事の概念と同じく、想像力という概念にとどまりつづけることはできません。想像力とはまだ存在していないものを思い描くものにほかならない、といった心理的に平凡な考えによっては、芸術創作の過程において——さらに、目的に縛られた芸術を創作する過程の場合でも事情は変わらないとわたしは推測していますが——想像力がどのようなものとして規定されるかという問題に迫ることはできません。かつてヴァルター・ベンヤミンは、想像力とは微細なものに書き込みをする能力であると定義しました。このような見解が、想像力の概念を事象とは無縁のままに熱烈に賛美することや、あるいは即物的に弾劾することに向いているような一般的な見解の数々よりも先に進んでいることは間違いありません。芸術作品を創造するという生産的な仕事において働いている想像力とは、思いのままに空想を膨らませていくという無からの創造《クレアチオ・エクス・ニヒロ》にたいして覚える快楽ではありません。そのようなものはどんな芸術にも存在せず、ロースがそう信じていたのとは異なり、自律的芸術のなかにも存在しません。自律的な芸術作品を深く分析したときにつねに判明するのが、芸術家によってあとから付加されたもの、素材や形式の状態を超過するものがきわめて小さく、極限値であるという点です。他方で、想像力という概念を、先取りするようなかたちで素材や目的に適合することとして狭隘化するならば、それは直接的に矛盾をきたします。なぜなら、そこで想像力はつねに同じもののうちにとどまりつづけることになるからです。コルビュジエのいう想像力の力強い働きを、彼自身が著作のなかで引き合いに出していた建築と人体との関係によって言い換えることは不可能です。芸術家は素材と形式を受け取り、たとえそれ自体が意味をもっているわけではないにせよ、素材と形式をもちいて創作をおこなうわけですが、にもかかわらず、明らかにそこには素材と形式以上のものが存在します。想像力とは、この剰余に神経を通わせることを意味しているのです。それは可笑しな話のように聞こえるかもしれませんが、それほど馬鹿げているわけではありません。というのも、形式や、さらには素材もまた、省察をおこなわない芸術家が安易にそう見なすのとは異なり、自然に与えられたものではけっしてないからです。そのうちには歴史が、さらに歴史をつうじて精神もまた蓄積されているのです。素材と形式がそこから獲得し、おのれのうちに含みもっているものは、実定的な法則ではありませんが、しかしながらそれは素材と形式のなかで問題の明確な輪郭をもった形象となります。芸術的な想像力は、この問題に気づくことによって、蓄積されたものを呼び覚まします。素材と形式が無言の事物言語によって呈示する言葉なき問いにたいして、想像力は、たとえごく僅かであろうとも、答えに向けて歩んでいくのです。その際に、分離していた諸契機がひとつに合流するのであって、目的と内在的な形式法則もその例外ではありません。目的、空間、素材のあいだには相互作用が存在しています。そのうちのどれかひとつが原-現象であり、他のものがそこに還元されるというわけではありません。いかなる思考も絶対的な第一のものに行き着くことはなく、そうしたもの自体が抽象の産物にすぎないという哲学の洞察は、美学のなかにまで達しています。それゆえ、個々の音の第一の要素であると想定されるものを目指した音楽は、そんなものは存在しないということをそろそろ学ばなくてはなりません。個々の音が意味によって満たされるのは、作品の機能連関のなかにおいてのみであって、そのような連関がないと個々の音はたんなる物理現象になってしまうでしょう。個々の音から潜在的な美学的構造を絞り出せるのではないかと期待することができるのは、たんなる迷信のみです。それなりの理由があってのことですが、建築において空間感覚ということが言われます。その場合の空間感覚とは抽象的に〈即自的なもの〉であるというわけでなければ、空間そのものにたいする感覚というわけでもありません。空間は空間的なものとして以外にはけっして想像しえないのです。空間感覚は目的と混じり合いながら発展しました。空間感覚が建築において合目的性を超出するものであることが実証されるとしても、それは同時に目的に内在しています。そのようなジンテーゼが成功しているかどうかが、おそらくは偉大な建築であるかどうかを測る中心的な基準となるのです。偉大な建築は、いかにして特定の目的が空間になりうるのか、それはどのような形式と素材においてなのか、と問いかけます。その答えは、こうした契機のすべてが相互に関連しているというものです。それゆえ、建築的な想像力とは、目的をつうじて空間を分節化し、目的を空間たらしめる能力だということになるでしょう。つまり、目的に沿って形式をつくりあげるという能力です。逆に言えば、そうすることによってのみ、空間や空間感覚は、想像力が合目的性のなかに埋没してしまったような貧しい合目的なもの以上のものになることができるのです。想像力は、おのれが基づいている内在的な目的連関を粉砕するものなのです。

空間感覚といった概念がいかに容易に慣用句めいたものになり、最終的にふたたび美術工芸的なものに退化してしまうかということを、わたしも十分に承知しています。また、そうした概念は、すぐれた近代建築の数々にたいして強烈に目を開かせるうえできわめて有益なわけですが、それについて十分に明確なかたちで説明することができないという非専門家としての限界を感じてもいます。それでも、抽象的な空間イメージとは別のものである空間感覚が、聴覚の領域における音楽的なものに視覚の領域において対応しているのではないかと推測することは許されるように思います。音楽性は、たとえばメトロノームが時間を刻むことがなくても時間の単位を正確にイメージするという、確かに有益ではある能力のような抽象的な時間イメージに還元できるものではありません。同じく、空間感覚は空間的なイマジネーションにも限定されません。たとえ空間的なイマジネーションが、音楽家が総譜を読むように平面図や立面図を読むことができなくてはならない建築家にとって欠かせないものであるにせよ、空間感覚がそれに尽きるというわけではないのです。ともあれ、空間感覚はそれ以上のことを要求しているように見えます。すなわち、そこで要求されているのは、空間から何かを思いつくということなのですが、それは空間にたいしては無関心であるような、空間のなかにある任意のものではありません。同様に音楽家は、みずからの旋律を、そしてのちには音楽的な構造全体を、時間から、すなわち時間を組織する欲求からつくりださなくてはなりません。その際、具体的に音楽として生起するものにたいしては無関心なたんなる時間関係だけでは不十分ですし、時間構造と時間関係とがたがいに関連するかたちで考えられていないような個々の楽節や音の複合体を発案するだけでも不十分です。生産的な空間感覚においては、建築家が空間からつくりだす形式の構成要素にたいして、空間が内容という役割をかなりの程度果たすようになります。形式と内容のあいだの緊張関係なくしては芸術的なものは存在しませんが、この関係は目的をつうじて、まさに目的に縛られた芸術にたいして伝達されます。そのかぎりにおいて、建築が主観的な表現を直接的におこなうことは不適切であるとする新即物主義《ノイエ・ザッハリッヒカイト》的な禁欲は正しいのです。建築が主観的に表現しようと努めると、その結果として生じるのは建築ではなく、映画のセットです——もっとも、映画のセットが昔のゴーレム映画（六）のように良質であることもときおりあるわけですが。建築において、主観的な表現の場所は、主体にたいする機能によって占められます。建築は、形式構成と機能という二つの極端なものをたがいに内的に媒介すればするほど、ますます高い水準のものになるでしょう。

とはいえ、主体にとっての機能とは、その肉体によってきっぱりと規定された普遍的な人間にとっての機能ではありません。そこで狙いとされていたのは、社会的な具体性を備えた人々でした。経験的な主体は、押しとどめられた本能として、現代社会における人目につかない片隅や、考えられるすべての黴臭いもののうちに幸運を探し求めようとします。それにたいして機能的な建築が代表しているのは知性によってのみ認識可能な特徴であって、きわめて進歩的な意識によって把捉された人間の能力なのですが、しかしながらこの能力は内面にいたるまで無力な状態にとどめられている人々のなかで窒息させられています。人間にふさわしい建築は、人間たちに関して、彼らの実際の状態よりもよいものであると考えます。すなわち、技術のなかで具現された自分自身の生産力に応じた状態である人々とはどのような存在であるだろうかと考えるのです。建築がイデオロギーを永続化することなく要求に奉仕するや否や、それは〈いま・ここ〉における要求と矛盾します。建築はいまもなお、約七十年まえに出版された著作の表題でロースが嘆いていたように、虚空に向けて語られています。（七）ロースからコルビュジエ、シャロウンにいたる偉大な建築家たちが、彼らが設計した作品のうち、石やコンクリートをもちいた実際の建築物として実現できたのはごく一部にすぎないという事実は、建築依頼主や行政委員会の無理解という、確かに過小評価すべきではない原因だけでは説明がつきません。こうした事態は社会的な反目関係によって規定されているのであり、きわめて力強い建築であってもそれにたいしては無力なのです。つまり、人間の生産力を想像不可能なものへと発展させたのと同じ社会が、建築を人々に課せられた生産諸関係に縛りつけるとともに、実際には生産力である人々を生産諸関係の尺度にあわせて歪めているのです。このような根本的な矛盾が建築において現れています。消費者たちと同じく建築が、この矛盾をみずから取り去ることはほとんど不可能です。人々の意識と無意識は、自分自身にまつわる事柄と同一化することを阻んでいる未成熟さのうちに呪縛されたままであり、そのことによってどのみち彼らには不当なことが降りかかるのですが、とはいえ、正しいのはすべて建築であり、不当なのは人々のほうであるというわけではありません。建築が実際には自律的であるのみならず、同時に目的に縛られてもいるために、建築は、自律的なものとして、あるがままの人々のことを無視しなくてはいけないにもかかわらず、単純にそうすることができないのです。建築がありのまま《テル・ケル》の人々を飛び越えていくならば、胡散臭い人間学や、場合によっては存在論に順応してしまうことでしょう。ル・コルビュジエが人体モデル（八）を案出したのは偶然ではありません。生きている人々は、なおもきわめて未発達で、慣習にとらわれすぎているとしても、おのれの欲求——たとえ誤ったものであってもーーを満たす権利をもっています。真の客観的な欲求をめぐる思考が主観的な欲求を一顧だにしないで無視するならば、それは昔からある（ルソーが唱えた）全体意志《ヴォロンテ・ドゥ・トゥ》にたいする一般意志《ヴォロンテ・ジェネレル》のように、残酷な抑圧へと反転してしまいます。それどころか、生を営む人々の誤った欲求のうちにも、何らかの自由が働いているのです。すなわち、経済理論がかつて抽象的な交換価値にたいして使用価値と呼んだものです。人々にとって正当性をもった建築は、必然的に自分たちの敵であるように見えます。というのも、そのような建築は、人々がまさにおのれの性質に従って要求し、それどころか必要としているものをずっと与えないからです。

　このような二律背反《アンチノミー》は、文化的遅滞《カルチュラル・ラグ》という現象を超えて、芸術という概念の変化のうちに原因があるのかもしれません。芸術が完全に芸術となるためには、おのれ自身の形式法則に従って、自律的なものとして結晶化しなくてはなりません。それが芸術の真理内実を構成しているのです。さもなければ芸術は、その純粋な実存性をつうじて否定しているものに服従することになるでしょう。しかしながら、人間の手でつくられたものとして、芸術は人々から完全に引き離されることはありません。芸術はみずからが抵抗しているものを自分自身のうちに構成的に含みもっているのです。芸術が自分以外のもののために存在していたという記憶を完全に抹消するとき、それは物神《フェティッシュ》となります。すなわち芸術は、自分でつくったという点ですでに相対化された絶対的なものーーユーゲントシュティールはそうしたものをみずからの美として夢想したのですがーーと化してしまうのです。にもかかわらず芸術は、かつてその胡散臭さが見透かされていたものの犠牲になりたくなければ、純粋な即自存在になるべく努力するように強いられています。そこから代償《クイド・プロ・クオ》が生じます。おのれの仮想的な主体として、解放された自由な人間の類型ーーそれは変革された社会において初めて可能になるでしょうがーーに目を向けている行為は、現在の社会においては自己目的に退化した技術に順応すること、物象化を神格化することのように見えるのですが、物象化と絶対に相容れず、その対極をなすものが芸術なのです。ただし、このことは仮象であるというだけではありません。自律的芸術かいわゆる応用芸術かを問わず、みずからの形式原則のもとで自分自身の魔術的で神話的な起源から絶縁しようとする試みが首尾一貫していればしているほど、ますます芸術はそのようにして技術に順応することに近づいていくという危険に陥ってしまうのであり、芸術はそうした順応に対抗するための万物の説明理論を持ち合わせてはいないのです。ソースティン・ウェブレンのアポリアが繰り返されます。ウェブレンが一九〇〇年よりまえに人々に要求していたのは、自分たちが暮らすイメージ世界が撒き散らす人生にまつわる錯覚と縁を切るためには、純粋にテクノロジー的に、因果的‐機械的に思考すべきだということでした。それによってウェブレンは、彼の批判のすべてが向けられていたのと同じ経済様式に由来している、事物的な性格をもったカテゴリーの数々を認可してしまったのです。自由の状態において人々は、みずからのためにそこに存在している技術に自分を合わせることはなく、技術を自分に合わせることでしょう。しかしながら、現在の時代において人々は、技術のなかにどっぷりと入り込んでしまっており、あたかも自分たちのましな部分を技術に譲り渡してしまったかのように、技術から取り残されて抜け殻のような状態になってしまっています。彼ら自身の意識が技術をまえに物象化されており、だからこそ事物的な性格を帯びたこの技術という観点から批判されるべきなのです。「技術は人々のためにある」というもっともらしい命題は、取り残された人々の平板なイデオロギーと化してしまいました。そうした台詞を無批判に繰り返すだけで、あらゆるところで熱狂的な同意が得られるという点から、そのことが理解できるでしょう。虚偽の全体状況のなかで矛盾を調停してくれるものは存在しません。既存のものの目的連関とは無縁のところで自由に考え出されたユートピアは無力なものでしょう。というのも、そうしたユートピアは、おのれの要素や構造を既存のものから借用しなくてはならないからです。つまり、それは何の拘束力ももたない装飾にすぎないのです。それにたいして、図像化禁止の戒律のもとに置かれているように、ユートピア的契機を追放しようとするものは、たちまち既存のものの呪縛のなかに陥ってしまうのです。

機能主義という問題は、有用性への従属という問題です。不要なものが腐食されていることは言うまでもありません。機能主義が展開していく行程において、そこに美学的な不十分さが内在していることが明らかになりました。それにたいして、たんに有用なだけのものは罪連関にとらわれており、世界を荒涼させる慰めなきものの手段となっています。ですが人々は、みずからを裏切ることがない慰めを自分たちの手で我がものにしようとすることはないでしょう。このような矛盾を完全に消去することがすでに不可能であるとしても、かかる矛盾を理解することがささやかな一歩となるでしょう。有用性はブルジョワ社会において独自の弁証法を抱えています。そこでは、有用なものとは最高のものであり、人間的になった事物、客体物との有和であって、客体物が人間たちにたいして壁をつくって閉じこもることはもはやなく、人々が客体物に恥辱を与えることももはやないでしょう。幼年期において、テクノロジーがもちいられた諸事物は、利益関心とはまったく無縁であり、身近にあって手助けをしてくれるものというイメージとともに知覚されますが、そこで約束されているのはそのような状態です。かかる状態を構想することは、かつては社会的なユートピアと無縁のことではありませんでした。発展の最終地点として考えられているのが、完全に有用となった諸事物がみずからの冷たさを手放すような状態です。そのとき、世界がもつ事物としての性格のもとで人々が苦しむ必要はもはやなくなり、それとともに、諸事物もまた、おのれの目的を完全に見出し、みずからの事物性から解放されるや否や、おのれに見合ったものを与えられることになるというのです。しかしながら、あらゆる有用なものは、この社会のなかでは歪んでおり、魔法をかけられています。この社会はあたかも諸事物が人々のために存在しているかのように見せかけるのですが、それは嘘です。諸事物は利益のために生産されるのであって、それが人々の欲求を満たすのはほんの片手間にすぎません。欲求は利益関心に応じて呼びだされ、利益関心に従って調整されるのです。有用で人々の役に立つとともに、人々の支配や搾取から浄化されたものが正しいものである以上、現在における有用なものの姿ほど美学的に耐えがたいものは存在しません。諸事物はおのれとは正反対のものによって制圧され、内奥にいたるまで歪められるのです。ブルジョワ時代の初期以降におけるあらゆる自律的芸術の存在理由《レゾン・デートル》とは、ただ有用ではないものだけが、いつか有用になるかもしれないものを代弁しているという点にあります。すなわち、それは、有用と無用のアンチテーゼとは無縁のところで諸事物と関わるような幸福な使用を意味しているのです。事態がよくなることを望んでいる人々が実際的なものにたいして反抗するのはそのためです。ただし、人々が反作用として、そうしたことを過大評価して公言すると、敵陣に寝返ってしまいます。労働が何かを汚すことはないと言われます。ですが、ほとんどの格言がそうであるように、この言葉は逆の真理をかき消すものでしかありません。交換が有用労働そのものを汚しているのであり、その呪いが自律的芸術にも及んでいるのです。自律的芸術のなかには無用なものが、制約された局所的な形態のうちに保持されており、そうした形態にたいして有用なものがおこなう批判に無力に晒されています。その一方で、有用なもののなかで、ともかく現実において存在しているものが、みずからがもつ可能性にたいして頑なに身を閉ざしているのです。芸術のいかがわしい秘密とは、商品がもつ物神的《フェティッシュ》な性格です。機能主義は、芸術が巻き込まれているこのような縺れから脱出したいと思っているのですが、機能主義が縺れた社会に隷属しつづけるかぎり、おのれを繋いでいる鎖を虚しく引っ張っているにすぎないのです。

以上、みなさんにたいしていくつかの矛盾を意識していただくように努めてきましたが、その解決策を専門家ではないわたしが構想することはできません。こうした矛盾が今日において何らかのかたちで解決できるのかどうかは疑問です。それゆえ、わたし自身がみなさんから無用であるという批判を受けることを覚悟しなくてはなりません。それにたいしては、有用や無用といった概念をそのまま鵜呑みにすることはできないという命題を掲げることで自己弁護する必要があるのかもしれません。心を閉ざして自分自身の課題にこだわることが許された時代は過去のものとなりました。このような事態《ザッヘ》が、即物主義《ザッハリッヒカイト》は事象《ザッヘ》とは無縁だと非難するような省察を要求しています。思考することがよいとされるのは何のためかを正当化してくれる根拠を思考にたいして慌てて要求するならば、大抵の場合、まさに思考によってさまざまな洞察がもたらされるべきところで思考を沈黙させてしまいます。こうした洞察こそが、いつか思いがけずよりよい実践にも役立つようになるかもしれません。思考自体がもつ有無を言わせない原動力は、みなさんが素材に関わる仕事から熟知している原動力に劣るものではありません。目的に精通しているかどうかを問わず、芸術家の具体的な仕事は、もはや素朴なかたちで、すなわちあらかじめ指示されたレールのうえを進んでいくといったように遂行することがもはや不可能なのであり、その点において危機が顕在化しているのですが、この危機が専門家にたいして、たとえこの人物がなおも手仕事に誇りをもっていたとしても、手仕事を十分におこなうためには、みずからの手仕事を超えたところを見据えるように要求しているのです。しかもそれは二つの観点からしてそうなのです。すなわち、第一に、社会理論という意味においてです。芸術家は、みずからの仕事が社会においてどのような位置を占めるかについて、さらにはおのれがあらゆるところで突き当たる社会的な制約について釈明しなくてはなりません。このことが露骨に明らかとなるのが都市計画においてです。そこでは、建築にまつわる諸問題と、社会全体の主体といったものが存在するか否かといった社会的な諸問題とが対立しあっているのであり、それは復興建築が抱えるさまざまな課題といった点に限られるわけではけっしてありません。社会全体の目的ではなく特定の目的に準拠するような都市計画が不十分であることは説明するまでもありません。都市計画の直接的で実際的な観点と、社会的に非合理的なものとは無縁の真に合理的な観点が一致することはけっしてありません。そこに欠けているのは、都市計画が狙いを定めているに違いない社会全体の主体です。とりわけそれゆえに都市計画は、混沌状態へと退化するか、個々の建築の生産的な成果を阻止するかという危険に晒されているのです。

しかしながら、第二に、建築家であるみなさんに強調しておきたいのですが、建築は、そしてすべての目的芸術は、追放された美学的省察をおこなうことをあらためて要求しています。美学という言葉がみなさんにとっていかに胡散臭く聞こえるかについては承知しています。みなさんがこの言葉から思い浮かべるのは、天を見上げながら永遠にして不朽の美にまつわる形式主義的な法則をでっちあげるような教授連中のことでしょう。そのような法則とは、大抵の場合、はかない擬古典主義的なキッチュを調合するための処方箋以外の何ものでもありません。ですが、美学において起こるのはそれとは正反対の事態であると思われます。というのも、その名に値するすべての芸術家たちは、美学をもっているからこそ、さまざまな異議申し立てにたいして心底から嫌悪を感じているのですが、美学はまさにそのような異議を吸収しなくてはならないからです。美学が容赦のない徹底的な自己批判をおこなうことなく、これまでどおりアカデミックな路線で進んでいくならば、美学はすでにして有罪判決を受けていることになるでしょう。しかしながら、思考するべく努めることが、哲学を構成する不可欠の契機としての美学の原動力となっているように、最近の芸術実践は美学を必要としています。芸術家は、芸術における有用なものと不要なものといった概念や、自律的芸術と目的に縛られた芸術の区別、想像力、装飾といったものに従って、同意したり否定したりしながら自身の行為を調整しているわけですが、それより以前に、そうしたカテゴリーそのものが議論の対象となっているという事実が正しいとすれば、そこで実際に要求されているのは美学なのです。みなさんもまた、当面の課題を超越するような考慮を重ねるように強いられていると日々お感じになっているわけですが、たとえみなさんにとって好ましくない表現であろうとも、それは美学的なものです。つまり、みなさんは、モリエール〔の『町人貴族』〕に登場するジュルダン氏が修辞学の講義を受けたときに、自分がこれまでの人生でずっと散文を話してきたという事実を驚きとともに学習するのと同様の立場にいるのです。みなさんがおのれの行為によって美学的に熟慮することを強いられている場合、熟慮がもつ力に身をゆだねているのです。それは、純粋にして専門的な手堅さによって、好きなときに中断したり、ふたたび呼び出したりできるものではありません。美学的思考を精力的に追求しない者は、ディレッタント的な仮説を立てたり、自分の利益《プロ・ドモ》のために不器用な自己正当化を試みたりする羽目に陥るのがつねです。音楽の領域において、技術的な専門知識をもっとも備えた現代の作曲家の一人であり、いくつかの作品において構成主義を極端にまで推し進めたピエール・ブーレーズは、美学の必要性を強く主張していました。そのような美学は、それ自体において美しいものの原則や、それゆえにまた、それ自体において醜いものの原則を思い上がって吹聴することはないでしょう。こうした慎重な姿勢を取るだけでもすでに、装飾という問題にたいしても違った光が当たることでしょう。芸術作品は深いところでさまざまな矛盾を耐え抜いているのであり、今日における美の規準とはこの深さ以外には存在しません。作品が諸矛盾のなかを押し分けて進み、諸矛盾を克服するのは、諸矛盾を覆い隠すことによってではなく、諸矛盾に従うことによってのみなのです。たんに形式的な美は、それがどのようなものであれ、空疎でつまらないものでしょう。他方で、内容的な美は、鑑賞者の前芸術的で感覚的な享楽のなかで失われてしまうでしょう。美とは、力の平行四辺形の合力として存在するか、まったく存在しないかのどちらかです。変革された美学は、そうした美学にたいする欲求が切実に感じられれば感じられるほど、その綱領はいっそう明確に描かれることになります。かかる美学は、伝統的な美学とは異なり、芸術という概念をみずからの自明の相関物と見なすことはもはやありません。今日における美学的思考は、芸術について思考することによって芸術を超えていかなくてはならないでしょう。そして、それによって、鑑賞者よりも造り手のほうが苦しんでいる、目的に満ちたものと目的から自由なものという凝固した対立が超えられなくてはならないのです。

（1） Adolf Loos, Sämtliche Schriften in zwei Bänden, hrsg. von Franz Glück, Bd. 1, Wien, München 1962, S. 314f. を参照。
（2） a.a.O., S. 277.
（3） a.a.O.
（4） a.a.O., S. 282f.
（5） a.a.O., S. 278.
（6） a.a.O., S. 393.
（7） a.a.O., S. 345.
（8） Le Corbusier, Mein Werk. Vorwort von Maurice Jardot, Übers. von Lilly von Sauter, Stuttgart 1960, S. 306.
（一） アドルフ・アルント（Adolf Arndt: 1904-1974）西ドイツの建築批評家、法律家、社会民主党の連邦議会議員。一九六四年から六九年までドイツ工作連盟の会長を務めた。
（二） ドイツ工作連盟（Deutscher Werkbund）一九〇七年にドイツの産業生産の質的向上を目指して設立された団体。イギリスのアーツ・アンド・クラフツ運動を継承するかたちで、機械生産と芸術と職人技術を統合するという理念を掲げ、建築や工業デザインの分野で大きな影響力を及ぼすとともに、その理念はグロピウスのバウハウスに受け継がれた。一九三三年にナチス政府によって解散を命じられるも、戦後に再結成された。
（三） ヘルダーリンの後期賛歌の断片『かつて詩女神に尋ねたとき（Einst hab ich die Muse gefragt）』の一節。
（四） おそらくベルリン・ミッテ地区のアッカー通りが念頭に置かれている。一八六七年から一九一一年にかけて「アッカーホーフ」と呼ばれる集合住宅が盛んに建てられたことで知られる。
（五） 「今日私生活がどんな状態に置かれているかは、その営みの場である住居が如実にしめしている通りだ。実のところ、住める場所ではなくなってきているのである」(『ミニマ・モラリア』三光長治訳、法政大学出版局、一九七九年、四〇頁)。

(六)『巨人ゴーレム』パウル・ヴェーゲナー/カール・ベーゼ監督、一九二〇年。

(七) Adolf Loos, Ins Leere gesprochen 1897-1900, Paris/Zürich: Georges Crès et Cie, 1921. 邦訳は『虚空へ向けて(アドルフ・ロース著作集1)』加藤淳訳、鈴木了二/中谷礼仁監修、アセテート、二〇一二年。

(八) コルビュジエが黄金比と人間の身体の数学的な比率から考案した、モデュロールと呼ばれる建築の寸法基準のことを指す。

# ルッカ日誌

Zへ

南では人生は道路で演じられるとよく言われるが、それは半分しか真実ではない。それと同じく、道路が室内と化すのだ。狭さのために道路が廊下に変化するということだけではなく、とりわけ歩道が存在しないこともその理由である。車が何とか通り抜けられる場合であっても、そのような道路は車道と同じだというわけではない。車は運転されているのではなく、御されているのだ。それはまるで、運転手が手綱を素早く引いて馬車を停止させ、わずか数センチのところで通行人をかわすかのようである。生活がなおもヘーゲルが実体的と呼んだものであるかぎりにおいて、それはテクノロジーをも併合する。つまり、テクノロジーの有無が問題だというわけではない。南の道路の狭さはバザールの狭さであって、だからこそ幻影《ファンタスマゴリー》的なのである。それは河船のキャビンやジプシーの箱馬車のように野外で生活するのに似ている。戸外と屋根があるところの区別は、あたかも太古の遊牧生活の時代を想起するかのように忘れ去られる。店先に陳列されているさまざまな商品は、たとえみすぼらしいものであったとしても、財宝のような趣を呈している。それらを我がものにするためには、ただそのかたわらを通り過ぎるだけでよい。そこから放たれる魅惑は、それが約束している幸福に由来しているのである。

たとえありふれたとても醜い少女であっても、彼女たちが——心無いほど正確なドイツ語の新しい隠語をもちいるならば——お高くとまって〔zickig〕おり、もはやほとんど存在していない美徳が侵害されるという、同じく存在していない事態に拒絶反応を示すということは、イタリアでは想像しがたい。北の国々で、ある女性のスカートがめくりあがろうものなら、彼女は大急ぎでスカートの位置を直して、たとえ誰も望んでいなくとも苛立ちを表明するだろう。イタリア人女性の場合、それと同じ仕草が告げているのは、礼儀作法が品格《デコーロ》を命じるということである。しかしながら、自分自身の意思による動きであると主張することなく、ひとつの儀式として振る舞うことによって、まさに彼女は、人間らしい慣習に同一化するのと同じように、この身振りと同一化しているのである。彼女は逸脱と遵守という二つの可能性を残すのだ。そこから学ぶことができるのは、媚態《コケットリー》とは成功した文化における振る舞いだということである。とはいえ、ある女性店員が仕事終わりに一人で職場から自宅に急いで帰ってくるような場合、そこには同伴者のいない女性のアヴァンチュールのような意味合いが残っているのであるが。

イタリアでも女性の解放が阻まれるようなことはなかったが、にもかかわらず、女性たちを男性の意思のもとに従属させるような家父長的な生活秩序が特性として残存している。男性たちにとってそれは非常に快適であるに違いない。だが、おそらく女性たちはそのために多くの苦しみを味わっているのだろう。もしかすると、多くの少女たちの表情がきわめて真剣なのはそのせいなのかもしれない。

あまりに重大で、もしかすると悲劇的ですらある運命が約束されているかのように見える表情であっても、それはおそらく、かりにそれに相当するものが実際に存在していた場合に、そうしたものがあった時代の痕跡が残っているだけなのだろう。

偉大な過去を誇るルッカであるが、この都市が今日のイタリアでどのくらい重要な存在であるかという点から見れば田舎にすぎず、店や洋服もそのほとんどが野暮ったい。住民たちの意識はそれほど田舎じみてはいないと想像することはおそらく幻想だろう。だが、住民たちから受ける印象はそうではない。人々の民族性と特殊な土地柄によって育まれた伝統が、その外見や身振りにきわめて深く浸透しているために、彼らは陶冶されており、田舎の野蛮さから引き離されているのである。だが、それにたいして北の地域では、きわめて美しい中世の都市であっても、そこに暮らす住人たちに野蛮さへの抵抗力が与えられているというわけではないのだ。田舎は田舎ではないのである。

わたしがまだよく知らないパラッツォ・グイニージという宿で、果てしのない長談義をしたあとに。威厳に満ちたトスカーナ風の建物ではあるが、半ば荒廃しており、ウィーンの中心部にある宮殿のように漆喰が剝がれ落ちている。きわめて高い塔のうえには街の象徴であるトキワガシの木が植えられているが、それはトスカーナでもめったに見られないものである。一階部分は自転車やありとあらゆるガラクタで一杯だった。荒れ果てた輝きをもつ庭園の端へと通じる道が分かったが、それは前庭の陰鬱さが拒絶しているものを埋め合わせてくれた。灌木越しに一本の椰子の木が輝いていた。中世の宮廷が街のすべての大通りをかたちづくっているのだが、そのうちのひとつを囲んでいる、窓がないにもかかわらず殺風景ではない側壁がそのうしろにつづいていた。

イタリアのさまざまな状況で、説明しがたいかたちで人々が集まることがよくある。彼らはお望みのものにすぐさま参加し、できるかぎり仲間に加わろうとするのだ。人の輪から逃れることができないこともしばしばである。他方で、多くの人々は親切で、損得勘定がなく愛想がよい。事実にあまりこだわらず、誰も聞きたくない告白をたっぷりサーヴィスしてくれるような大言壮語する食わせ者なしには、植物園やボットーニ邸、その敷地の端にある古代劇場跡に行き着くことはできないだろう。嫌な気分と感謝すべきことが分かちがたく交錯しているのである。

ピストイアに向うバスのなかで。味気ないものと広告以外のすべてを避けようとする高速道路の努力ですらも、トスカーナ地方の風景の美しさを完全に隠してしまうことはできない。荒廃した実際に打ち勝つほどまでに、その美は力強いのだ。

ピストイアのきわめて貧しい路地、「豊穣通り《ヴィラ・デラッボンダンツァ》」。同じく、かつて〔ロンドンの貧民街の〕ホワイトチャペルで「ハイ・ライフ・バー」という看板を見かけたことがあった。

トスカーナ地方の街の観相学のために。圧倒的な建築物をともなう堂々たる聖堂広場が、網目状に張りめぐらされた街路のなかに、何のまえぶれもなく唐突に現れることが多く、きわめて侘しい街路であっても、聖堂広場に通じていたりする。悲惨さへと堕ちていく輝きが、観相学が教える象徴学や奇跡、恩寵のすべてに先立つようにして、無媒介的に現前しているのである。

ルッカの街は全体が塁壁に囲われている。ドイツの街と同じく、のちにそこにさまざまな施設が据えつけられたものの、塁壁は保護され、取り壊されることはなかった。塁壁は覆い茂るプラタナスの木に覆われている。それらの木々は、いつもポプラ並木で見慣れているようにいくつもの並木道を形成しており、その暗い色調はアンリ・ルソーが描いた夢の光景に似ていなくもない。きまって朝十時ごろに上空で戦隊飛行を繰り広げる飛行機は、その光景にそぐわないというわけではない。巨大な石造りの塁壁のうえには、小さな土塁が幾重にも積み上げられている。そこで目にするのは、夏のように温かい秋の日に浮浪者たちが安らかに寝ている姿である。そこには慰められるものがある。いつか、もはやいかなる貧困もない時代が来るとすれば、そのとき人類は、今日ではきわめて貧しい人々にしか許されないような無防備な眠りをむさぼることができるに違いないだろう。

それとは逆であってしかるべきなのに、いかに多くの人々がこの国から逃れて、カナダや合衆国やアルゼンチンに移住したかを想像する。絶え間なく、あたかも儀式であるかのように、楽園からの追放が繰り返され、パンを食べるのに額に汗しなくてはならなくなる。そのような事態をまえにして、理論的な社会批判のすべては余計なものになる。

ピサやルッカの建物を見ると、美術史の素人にすぎないわたしには、数多くの反対例があるにもかかわらず、バロック時代の五百年まえにすでに装飾が解放されたような、放埒なまでに形態に富んだ外観と、単純なバジリカ式の天井をもつ内部とが不釣り合いであるように見える。それはおそらく成立年代の違いとして歴史的に説明がつくのだろう。教会は例外なく広場に面して前ロマネスク様式により近い姿でそびえ立っており、おそらくはこの様式の構造のなにがしかを保持しているのである。それにたいして、音楽家の立場からすると、かくも多くのイタリアの楽曲において、他の次元にたいして上声部の旋律が優越していることに気づく。ホモフォニー的建築である。芸術作品が構成されるとき、そこではいつも自然支配的な契機が強く存在しており、それは自然の抵抗にあうことで強化される。自然があたたかく豊富であるならば、構成への欲求は弱いままでいることが許される。ラテン民族の多くの天分を備えた形式感覚はまさしく無 - 構成的であり、リラックスしているように見える。だからこそ改宗は北イタリアよりもスムーズかつ無難に進行したのである。

発見——以前に誰かほかの人がすでに指摘していたかもしれないが。サン・フレディアーノ聖堂の洗礼台の浮彫は、角張った大きな目が特徴的な正面を向いた人物と横向きの人物が、幾何学的なかたちで同時に描き出されている。この浮彫は、生きている人々とのあらゆる類似性を捨て去るように様式化されていることで、魅惑的な古風さを湛えた表現を醸し出している。それは否応なく、後期ピカソを連想させる。ピカソはこの奇抜な彫塑のことなどほとんど知らなかっただろう。先に触れたように、ラテン人の生活には実体的なものが備わっているが、それは伝統が忌まわしいものとなるところまで、秘密の伝統を育んでいくのである。

有名な教会の向かいのバー・サン・ミケーレのまえの広場にて。日もすっかり暮れて寒くなった時刻。いつでも倒壊するかもしれないと言うかのような無防備さで、無人の五階建ての建物の正面《ファサード》が青灰色の空に向って伸びている。突如としてわたしは、何の機能ももたないこの建物が、建築的な見識に反して、なぜかくも美しいのかを理解した。それが示しているのは独自の無機能性であり、装飾であるということ以外のことは一瞬たりとも要求していないのだ。剝き出しの仮象はもはや仮象ではなくなる。すなわち、贖罪するのである。

# 悪用されたバロック

ニコラス・ナボコフ[一]のために

バロックは威厳をもった概念である。この名前をつうじて、あたかも扉を通り抜けてくるように、遅くとも《薔薇の騎士》以降、文化のなかに文化産業が入り込んだ。すでに一九二五年にカール・クラウスは、『炬火《ファッケル》』に「バロック時代から」という論考を掲載し、そのなかである外交官夫人の回想録を例に、この〈バロックという〉言葉を利用するような、いつのまにか完全に映画に割り当てられるようになった領域を弾劾した。「ザルツブルクの夏で、バロック、深紅の使者、〈黄金の微光を発するファンファーレ〉、教会の鐘、オルガン、どよめくような振動とともにまさに起こっていることは、あらゆる記述を嘲笑しているので、いかなる記述ももはやそれを嘲笑することはできないのだ」[1]。バロックとは、もともとはヴェルフリンとリーグルが彼らの流儀で明確に規定した美術史の一時代をあらわす見出し語であるが、この時代に関するさまざまな著作が刊行されて以降、それがイデオロギー的な機能を帯びることもしばしばだった。今日バロックについて夢中で語るような人は、それによって自分がとりわけ文化の側に属しているということを立証しようとしているのである。この人物が示す熱狂は、自分が何に熱狂しているかどうかはまったく意に介さないような中和された意識が示す熱狂であることも多い。それがもっとも明確にあらわれているのが音楽である。バロックという術語は、まずはクルト・ザックスによって、つづいて——きわめて大きな影響をともなうかたちで——フリードリヒ・ブルーメ[二]によって遅ればせながら音楽に移植された。ブルーメは音楽上のバロックという概念を過度に狭い意味でもちいないほうがいいと述べている。音楽素材についての豊富な知識からこの人物は、そのような呼称が音楽的にどれほど異質なものを抱え込んでいるかを学んでいる。彼自身の叙述に従うならば、対立にまつわる一般的な原理を除けば、もはや〔バロック音楽の〕共通点とされるものは何も残らない。それでもなおブルーメはこの言い回しを擁護し、次のように主張することも躊躇しない。すなわち、バロックにおいて詩と音楽は、絵画において裸体を扱う技法と同じく、「感覚的な刺激と苦痛に満ちていながらも甘美なしなやかさを備えた、きらめくような言語」[2]を発達させたというのである。しかしながら、そのような役割は、バロック音楽について現在の愛好者たちが抱いているイメージだけでなく、実態そのものとも矛盾する。バロック音楽は《トリスタン》でも《サロメ》でもドビュッシーでもなく、その全体的な特性からしてきめ細かさとはほど遠いものだった。最近になってバロック音楽が息苦しくなるような人気を博したのはむしろ、がっしりとした簡素さが理由だった。聴覚芸術と視覚芸術において同一のバロック的精神が存在するという主張に固執することは、これらの芸術がとる具体的な形姿がたがいに相容れないものであるという点を、あまりにも性急に見逃してしまう。だが、もしも当時の音楽を復活させることが困難だったならば、バロックという概念によってトゥーンダー[三]やブクステフーデ[四]、シャイン[五]やビーバー[六]、その他の無数の作曲家たちに、フィッシャー・フォン・エルラッハ[七]やバルタザール・ノイマン[八]の建築の反照が与えられることはなかっただろう。バロックが現代人の意識にとって印象が薄かったのは特色がなくて曖昧だからであるが、ただそのような性質のみが、バロックという名前をあらゆる分野で使用することを可能にしているのである。

こうした意識は、それが無条件の信頼を寄せている文化とうまく合致する。バロック音楽のストックのなかで個々の作曲家と作品をそれほど区別しなくとも、自分がバロック音楽の信奉者であると悠然と認めることができる。実際、これらの作品は、創作の幅という点で、特色のなさによって――学術的に言えば、個人的な様式が後退していることによって――不吉なまでにたがいに似通っている。美術史がバロックを扱う場合はなおも、さまざまな質の違いを知覚するという決定的な点がつねに認められるが、音楽ではその要因となるものがほとんど存在しない。おそらくは対象が抱えるさまざまな欠陥が、いまだ主観主義的な堕罪によって台無しにされていない超個人的な存在を保証するものとして、なおもバロックの利点に数えられているのである。だが、その一方で同時に、バロック的なものという理念そのものにおいて、ルネッサンスという檻から主観性が忽然と出現したことが倦むことなく讃美される。退屈さによって魅了されるという流行を媒介しているのは、規格化された「分かった」という体験であり、つねに同一のものを再認するという子どもっぽさであろう。ラジオでチェンバロかクラヴィコードがチャンチャンと鳴り、これらの楽器が動機の戯れを熱心に繰り返し披露するとき、オルガンの響きによって《宗教》が、キイキイと音をたてるシンコペーションによって《ジャズ》が喚起されるように、《バロック音楽》がぱっと光るのである。バロックの場合、先に述べた反応方法は、ユルゲン・ハーバーマスが沈む中間層のイデオロギーと呼んだものと合致する。おそらくは十九世紀の音楽やロマン主義に反対して、自分は通奏低音音楽を支持していると眉をつり上げて断言してみせる人は、みずからの趣味を客観的な判断能力においてテストする必要もないままに、厳格な趣味によって選り好みをしていると気取っているのだ。バロック音楽のファンと呼ぶことができるような女性が、この音楽をとりわけ官能的な刺激に満ちたものと見なしていた一方、バロック音楽の復活を代弁する人々は、まさに表情に富んだ官能的な表現が禁欲的に控えられているという点によってこの音楽を基礎づけている。そのような段階まで中和は達しているのだ。よく知られているように、バロックという言葉には「歪んだもの」という意味があり、きわめて対称的《シンメトリー》なもののなかに非対称性《アシンメトリー》が入り込むことをあらわしているのだが、音楽においてそのような意味がまったく根拠をもたないことを気にする者は誰もいない。視覚的な基本形式には当てはまるものの、そこでもとくに適切だというわけではない特徴から逸脱せざるをえない場合、リーグルが他の人々と同じく「奇妙な、並外れた、非凡な」[3]と呼んだものへと行き着くことになる。このすぐれた美術史家はすぐに、すべてに通用するような定義が不十分であることに気づく。「だが、およそ非凡というものは、あらゆる古典主義およびローマ芸術の、またルネッサンスの目標でもある」[4]。芸術は、それがたんに存在しているという点によって、ブルジョワ的な意味で規範的な自己保存という単調なものから際立っている。規範的ではないものが芸術のアプリオリであり、芸術自体の規範なのである。リーグルは、バロックにおける非凡なものという理念を、〈おのれのうちで矛盾に満ちているもの〉という理念によって具体化するのだが、それはおそらく〈それ自体のうちで弁証法的なもの〉と呼ぶことができるだろう。しかしながら〔バロック〕音楽は、バロックの名声のおこぼれに寄生的に与っているにせよ、最初から正常なものの側に立っているのであって、非凡なものの側ではない。バロック音楽は反‐セックス・アピールを発しているのだ。

十六世紀後半から一七四〇年ごろにかけて、造形芸術と音楽が関係しあっていたことは、一般的にはまったく否定できない。華美なものに向かう傾向や、移行のないアンチテーゼ的な造形法といった類似点がおのずと心に浮かんでくる。さまざまな芸術ジャンルが非同時的に展開すること――とりわけ音楽の展開が本質的に遅れをともなうこと――が確かめられていると承知している者であっても、統一性という点に関しては、さまざまな時代自体が、それぞれの構成的な特徴や歴史的にアプリオリなものに応じて、そのなかでは統一的であると期待していることだろう。一見したところ、深さの次元に応じて数多くの面をたがいに際立たせるという、リーグルがすでにミケランジェロにおいて析出していた技法は、いわゆるテラス型強弱法[九]、すなわちバロック時代の協奏曲において、はっきりとした対照《コントラスト》をなすまとまった音の集合体を積み重ねていく手法と似通っているように見える。だが、それはたんに一見したところにすぎない。そのような共通点は、さらに追及していくと揮発してしまう傾向をもつ。バロック時代の絵画は、少なくとも対照《コントラスト》形成の手法と同程度に、明確に輪郭づけられたものを解消し、雰囲気のなかで混ぜこぜにするという移行の技法、すなわちスフマートを知っている。だが、同時期の音楽にこの技法に相当するものは存在しない。バロックにおいて一般化して語ることは、厳密な意味における虚偽意識のイデオロギーであり、おのれが喧伝する現象を暴力的に単純化することなのである。

バロックがもつ権威の中心をなすのは、様式という理念がもつ権威である。バロックは美術史が記録している強力にして典型的な最後の様式だった。ロココ——音楽においてそれに相応するのはギャラント様式だろう——が付録として一緒についてくる。バロックがもつ集団的な力にたいして、そのあとに登場してくるアンピール様式とビーダーマイヤー様式には、虚構的なところや、諦めて狭い私的な世界へと退却したようなところがある。バロック崇拝と様式崇拝を端的に同一視したとしても、バロックの真正な芸術作品やそこに現れている様式の理念を毀損することにはならない。バロック崇拝は、様式を形成する力が消滅したという命題とともに出現した。この命題は、ヴィルヘルム時代とフランツ・ヨーゼフ時代の折衷様式を反映したものだった。様式が優勢である場合には美学的等級を認識することが難しくなることも多いが、様式のみが美学的等級を保証しているわけではない。先入観にとらわれていない目の持ち主であれば、南ドイツ、オーストリア、イタリアにも過小評価されたバロック建築がいかに多く存在しているか、また、アトリエでルーティーンとして制作された——偉大な芸術家の署名があることもしばしばな——寓意的なこけおどしが美術館をいかにたくさん埋め尽くしているかを確認すれば、様式のみで話が終わりというわけではないことに気づく。様式が名声を獲得したのは、様式がそれなりの根拠とおのれの罪とともに融解したあとになってのことである。様式がもつ暴力的な力はつねに、おそらくは盛期ゴシック建築においても同時に暴力行為だったのであり、時代精神から自発的に溢れ出たというだけではなく、命令され、組織されたものでもあった。その点については、あらゆるところでバロック化の波がもたらした荒廃に遭遇している中世の教会の修復技術者たちが、いくつかの報告すべき事柄をもっていることだろう。バロックが反宗教改革と手を組んでいたかぎりにおいて、そこには芸術意志とは異なる意志が働いていたことは見まがいようがない。教会から逃げ出した大衆に感銘を与えることで、ふたたび彼らを捕まえようとしたのかもしれない。バロック批判がなおもあえて判断を下そうとしていた時代に強調していたのは、効果が過剰であり、理由もないのに過度に働きかけるという点であるが、それは先に述べた意志に由来している。この意志が優勢になると、内在的な質が疑わしいものとなる。それゆえバロック化の波は、それぞれの水準に相違があるにもかかわらず、今日新機軸と呼ぶことができるようなもの、すなわち文化産業の奥付のもとでつくられる、様式を要求することが困難なものと、げんなりさせられるような比較をおこなうことが可能である。つまり、明らかに抵抗できないように見える欲求、ぼんやりと感じられたアメリカ的な〈最新式《アップ・トゥー・デイト》なもの〉の見本が、構成や構造の要求などお構いなしに熱心に追求されるのである。それはたとえば居酒屋を改装するにあたって、実態に即した論理に従うのでもなければ、訪れる客たちの快適さだけを考慮するというのでもなく、ジュークボックスの音やコカ・コーラの味からどこか雰囲気が浮いてしまうのではないか、そのうえ客たちがずっと居座っておしゃべりしたくなってしまうのではないかという怖れのみを優先させるようなものである。今日新たに勃発した様式——むしろ反‐様式と言うべきだろうが——が統一性をもっているのは独占企業が命令したからであり、不当に賞賛された世界観によるものではないのだが、そうしたことに鑑みるならば、様式にたいする判断を修正しなくてはならないだろう。美学的に見て、様式がないことは根底的に悪いことだというわけではもはやなく、様式のなさが不吉な統一性をなしているのである。このことは、様式がいまだ自分自身のパロディではなかった時代にたいしても遡及的な力をもつ。イデオロギーとしての様式をあらわす一般的な決まり文句が〈バロック〉であるわけだが、それは現在の状況にたいして厳密に非対称的《コントラポスト》な均衡をなしている。現在の状況は芸術にたいして極度の唯名論を要求する。すなわち、それ自体において完全に調和するようにして形成された作品が、一般的で抽象的なあらゆる指示、まえもって与えられたすべての形式規範よりも優先されるのである。美学的主体がおのれを通り抜けていない形式の客観性を非難したあとでは、そのような形式はたんに反動的な悪行にすぎないものになる。様式としてのバロックを讃美することは、社会的で美学の内的な発展の背後に置き去りにされている衝動に答えているのであるが、それと同じく、社会的な発展そのものが、そうした退化を促進しているのである。

今日流行しているバロック・イデオロギーは、様式がもつ真理内実によって引き裂かれており、たやすく自己矛盾している状態への導きとなる。バロックという概念をクリシェ的に無理やり引き伸ばすことで、一方で意味に満たされた丸天井の世界という熱望された状態を、他方で主観による解放や無限性の衝動といった大胆さ——そのなかに人々は、近代の不可避的な特徴とともに自分自身の姿を再発見して得意になる——をこの概念になすりつけることが可能になる。このような二重の機能は、バロックよりも現在の時代についてより多くのことを語っている。それは意識の他律性が増大していることを反映しているのだ。主体であるはずの人々は、物質的な自由に合致しておらず、自分自身の性質にも対応していないおのれの形式的な自由に喜びを覚えなくなる。絶望した彼らはメソメソ泣きながら、市民《ブルジョワ》社会によって取り戻しえないかたちで解消されたかつての絆を求める。にもかかわらず彼らは、おのれの後期市民《ブルジョワ》的な意識を飛び越えることができない。彼らの意識にとってそのような絆はもはや実質的なものではないのだが、しかしこの意識は——それが生産力をもっているかぎりにおいて――精神的に所与のもの、あらゆる形態をとった存在論を超えていこうとするのだ。軟体動物のようなバロック概念は、とりわけそれが音楽に適用される場合、矛盾するものへと好き勝手に適用することが可能なのであり、それは気ままな空想と称されるものや、ピラネージによる想像上の牢獄（一〇）を準備するようなシュルレアリスムさながらのショックから、通奏低音をもちいた作品の不動のドスドス音にまで及んでいる。バロック音楽の硬直した進行に従うことは、ジャズの基本拍節《グランド・ビート》と同じくらい多くの快感をもたらすのであって、まさにいわゆる前古典期の音楽が好んでジャズに編曲されるのは偶然ではないのである。

精神史において真の照応関係《コレスポンダンス》が存在していることは疑いない。表現主義の時代にグレコについて語った人は、それまで絵画においてはほとんどと言ってよいほど受け継がれることがなかった反自然主義的な衝動との親和性を感じていた。最近のマリエリズムへの関心は、それとは根本的に異なっている。むしろそれは、学術的に確立された精神史が最近の諸現象をまえに困惑しているという事態と併せて考えられるべきなのである。マニエリズムの諸現象が〔最近の諸現象と〕ある種の類似性を示しているとはいえ、現代芸術のもつ奇異なところ、処理上の分類に逆らうようなところを軽視し、そうした特徴を歴史的な連想によって順応させようとする思考方法は、説得力を欠いている。今日生じていることについての特殊な認識は、まさに過去と現在における内容の相違のなかに足がかりとなるものを探したうえで、そこから双方の現象の相違そのものを導き出さなくてはならないだろう。遠く離れた二つの時代の芸術においては、感覚的に似通っているものが完全に対称的なものを意味している可能性がある。近代《モデルネ》の基盤となる層に到達するのは、近代《モデルネ》という時代がもつ特殊なもののなかにどっぷりと沈潜するような視線であって、それぞれの独自性を犠牲にして異なった時代をカヴァーするような一般的な概念へと総括的に平準化することではない。だが、かつては近代的であったものの、すっかり年を取ってしまった画家たちの多くが最近になってそうするように、絵画にまつわる講演をつうじてであれ、解説に従ってであれ、バロックへの野心が燃やされるところで問題になっているのは仮晶〔Pseudomorphose：鉱物の結晶体が保たれたまま、中身が別の鉱物によって置き換わる現象〕であって、照応関係《コレスポンダンス》ではない。アロイス・リーグルのさまざまな功績のなかで、ミケランジェロを扱う際にすでに、バロックの諸原理を「構造的」なものとして、すなわち構成のなかで証明したことはごく些細なものではない。バロックにはあらゆる領域において華美なものへと向かう傾向があり、その単調さが何度も繰り返し嘆かれてきたわけだが、にもかかわらずバロックとは様式であり、石膏が浪費されているとはいえ、それがたんなる飾りではないことは、先に触れた構造的な諸契機が理由である。どんな領域においても、残存している視覚的なバロック作品では、感覚的な作用がこのうえない説得力とともに生じるのは構成のおかげであり、そうした作用は構成ともっとも深いところで有和しているのではないかという仮説は誤りではないだろう。近代絵画のバロック的な身振りには、こうした点は何も残っていない。そうした身振りは、セザンヌ以降に抗いえないかたちで前景化された構成にまつわる諸問題から逃げ出して、みずから絶対的なものと化す。身振りだけにとどまり、皮下にある骨格を明らかにしなくては、そうしたことを遂行することはもはやできないのであり、そのためにバロックから教育上の借り入れがおこなわれる。そうした絵画は――たとえ明確に祭典のために注文されたものではなかったにせよ――装飾画であり、付随的で派生的なものを示すあらゆる表章を備えている。装飾画が舞台作品では度外視することができない作用連関によって測られるかぎり、そのような表章を手放すことができないことは明らかである。ネオ・バロックは、十九世紀のネオ・ゴシックとしてはもはや役に立たない。近代的な溶解と歴史的に由緒のある曲線を混ぜこぜにした舞台装飾画は、第二次世界大戦以降の舞台観客のあいだでラインハルトの時代と同じように大きな反響を呼んでいるが、それは内奥にいたるまで脆いものであり、五十年まえはなお無害な無力さのなかで明らかな様式のコピーで満足していた美術工芸品によって腐食されている。ロウソクの灯りを模した照明は、当時はそれに合わせて絵画のように飾り立てられたチェンバロ奏者たちが城のセットで人気をあおっていたものだが、いまではそれが偉大な老人たちの絵画のなかに入り込んでいるのであり、そうした絵画はまさに絵画であることをやめているのである。彼らの実践方法は文化産業と一致している。いずれにせよ文化産業は全体性へと向かう傾向をもっており、文化財と呼ばれるものに利用目的で手をつけ、呑み込んでいく。このような同化吸収の過程の舞台となるのが人工的に設えられた自然地域である。工場のない地域、とりわけカトリック信仰がある程度まで揺るぎない地域は、その希少価値によって独占的な性格を帯びるのであり、それ自体が贅沢品となり、産業主義――その中心でこうした地域は栄える――の相補物になる。彼らのいうバロックは、ツーリズムたいして全体主義的な文化を宣伝するポスターとなるのであり、そのことがバロック自体の美を損ねている。バロックの美は、非商業的なものを商業化するという営みから社会的・経済的な基盤が剥奪されたあとに初めて復元されうるだろう。バロック・イデオロギーは政治的にも不信の目で見られなくてはならないというのは、まったくのこじつけではない。前衛的な手法による冒険に乗り出したものの、そのあとみずからの勇気に不安を覚えるようになり、おのれの約束を破るにあたって、自分は南ドイツのバロックにあまりにも深く根ざしていると自己正当化した音楽家がいた。彼の反応は、根なし草であるとして非難したものに怒りをぶちまけるという、それほど昔ではない時代に見られた反応と親和している。

　この根ざしている男にとって問題なのが音楽であることは言うまでもない。音楽のなかでバロックの概念は、造形芸術をその反対物によって補足する。理想とは、感覚的な芸術の理想でも、美食家的なものでもなく、拒絶するものである。バロックという概念の用法のなかに客観的な非真理が潜んでいるのでなければ、バロックがかくも相違するもののイデオロギーとなることはできなかっただろう。最初にこのことをはっきりと強調したのが、マンハイム美術館前館長のＧ・Ｆ・ハルトラウプ（二）による一般にはまったく知られていない『芸術への問い』という書物である。ハルトラウプの主張がいっそう説得力をもつのは、決定的な差異を具体的に可視化するべく、バロックという包括的な概念が真理の契機を孕んでいることを容認しているからである。表題ではバロック音楽——ちなみに、すでにリースマンがこの概念に不信の念を抱いていた——という言葉のあとに疑問符が置かれているが、それにつづく記述では、著者自身がごく慎ましく疑問形で表明している命題が示される。「音楽芸術において、同時代の造形諸芸術のバロックを想起させるすべてのものは、むしろ〈古バロック的〉な段階に位置しているのではないだろうか」[5]。ハルトラウプの論拠の核をなしているのは、ザックスによって音楽に移し替えられたヴェルフリンの〔バロックとルネッサンスという〕アンチテーゼをなす対概念が音楽には当てはまらないという指摘であり、それは実際に音楽史に関する研究が個々のカテゴリーを手掛かりとして証明したものである。ハルトラウプにとって正しいように思われるのは、「一五七〇年から一七四五年ごろにかけての音楽は、かりに美術史から得られた様式カテゴリーをさしあたっては応用するとしても、全体としてなおも太古的な表現方法が最後に偉大な展開をみせたものとして捉えるのが唯一の正しい理解である」[6]という見解である。〔バロックという概念をめぐる〕論争において何が問題になっているかという点を、ハルトラウプはあるモデルをもちいて明確にする。「サルヴァトール・ローザ[一二]の絵画を見たことがある者であれば、歴史的な予備知識がなかった場合、マドリガル作曲家としての彼から、最初はまったく違った種類の音楽を期待しないでいられようか！　音楽家としての作品と画家としての作品との様式上の食い違いは途方もなく大きいように見える。まさに同一の芸術家が背後にいるのかどうか疑わしくなるのだ」[7]。シェイクスピアにおける——『ヴェニスの商人』の最終幕でのような——音楽の理想像《イマーゴ》と、それにたいしてエリザベス時代のヴァージナリストたちによるきわめて原始的な楽曲を比較すると、そのような疑念はさらに高まるだろう。バッハの途方もない作品を反例として持ち出したとしても、まったく役に立つまい。ブルーメのように音楽におけるバロック概念をきわめて雄弁に擁護する人々の見解からしても、バッハをこの概念のもとで捉えることはできない。そのことは様式概念の優位そのものをぐらつかせるのに十分である。ある芸術ジャンルを代表するきわめて偉大な芸術家たちが彼らの時代の様式と相容れない存在であることが証明されるような場合、様式概念の出る幕などあるだろうか。そのとき様式は凡庸なものに取って置かれることになるだろう。そして様式を美学的な通行証として扱うような人々にあっては、凡庸な作品に共感するような感情から逃れられないこともしばしばである。あまりにも安直に、教会合唱団や地方の美術学校が、集団主義者たちの仲介によって、偉大な芸術に比べてより客観的なものとして呈示されてしまう。それはあたかも、力強くおのれをもぎ取っていく主体を介することなく実現されるような芸術上の客観性が存在しているかのようだ。ハルトラウプがかつての情動を刺激する音楽によって失望させられた経験について語っている次の記述はきわめて正当である。「半音階や掛留不協和音、大胆な転調にもかかわらず、それらすべては、後古典期–ロマン主義の作品と比べるならば、萌芽や蕾の段階にとどまっているものにすぎない——画家や彫刻家たちの極端な手法とは正反対なのだ！　バロック時代の彫刻という一方の極には少なくとも、制約されたすべてのフォルムが完全に溶解し、沸きあがり、おのれを喪失して、動きのある素材上の混沌へといたろうとする密かな自己破壊的憧憬が宿っている」(8)。だとするならば、通奏低音の時代につくられた、過剰であるというよりも規律を課すような音楽にたいしても、バロックという術語をもちいることを避けるべきだろう。この術語は、バロック音楽の現在のイメージを特徴づけたもの、少なくとも北ドイツのプロテスタンティズムにとっては異端なものをともなっているのである。

ハルトラウプが攻撃しているのは、拡張されたバロック概念が、明確な技法的規準を欠いたままにみずからの領域を要求しているところ、すなわちバロックの精神にたいしてである。彼が証明しているのは、この時代の音楽が、歴史的な偏見をもたない生きいきとした意識の持ち主にとって、バロックの精神とは反対のものを含意しているという点である。そのような相違は、まさに音楽一般にたいしてバロック概念をもちいることを拒否するという結果となるのだが、その根拠とされるのは諸芸術の展開の非同時性であって、他方でそうした傾向はそれぞれの芸術の特質に由来している。「人間の心のなかで音楽に対応している深い内面的な本質は、なおも束縛された状態にあった。その一方で、造形芸術において表現されるより周辺的なものは、すでに溢れ出て、解消されることを求めて突き進んでいった。造形芸術において真のバロック現象を（さらに、それとともに疲労の徴候も）もたらしたに違いない衝動は、音楽ではようやく太古的なまとまりや秩序を実現することができたにすぎない」[9]。音楽の「深い内面的な本質」という命題は、それ自体が感覚的な外化へと向かう衝動がなければ存在しないが、それは確かに、内面性を全部ひっくるめて崇拝するような見解と同じく、反駁可能である。ハルトラウプ独自の議論によれば、主体化とは歴史上の産物であり、不変のものではないことは確かである。にもかかわらず、音楽が他の芸術よりも遅れて発展したという、かつてブゾーニが初期の音楽に信頼を寄せる理由となった特徴は、なおも効力をもちつづけている。諸芸術と芸術の弁証法は、歴史を貫徹して作用している。それは個々の現象にたいして、それ自体における二律背反性《アンビヴァレンツ》を付与する。ハルトラウプは音楽と造形芸術の構造的関係が濫用されていることに反抗したわけだが、こうした関係が彼の見解よりも広い射程をもっていることは疑いない。視覚芸術が人を欺くような効果をもつのにたいして「通奏低音時代のあらゆる音楽――型どおりのもの、月並みなもの（たとえば反復進行におけるような）が見まがいようのない場合も含めて――の特徴をなす、信頼感が呼び覚まされるような感覚、真正さや職人的な連帯感を証言しているような感覚を感じない者がいるだろうか！[10]」といった主張は反駁可能である。装飾的な契機がバッハの作曲法のなかにも入り込んでおり、音楽的な現象と実際に遂行された動機労作のあいだに断絶が見られることが明らかになっているが、この断絶はバッハ自身がギャラント様式を――そう言いたければ――擬古典主義的に拒絶したこととは矛盾している。《平均律クラヴィーア》第一巻の嬰ハ短調の三重フーガは五声からなる楽曲であるが、そこには疑似十声的と呼ばれた迫奏《エングフュールング》（一三）が見られる。主題の出だし《アインザッツ》がつねに新たに重ね合わされることで、存在しない声部の多様性がまことしやかに現れるのだ。このような技巧は、軍隊が行進する場面で、いったん退場した兵士たちが舞台の背後を回って再登場してくるという小劇場の昔の慣習を想起させる。支配的な見解がきわめて厳格であると見なしているフーガのただなかに、バロック建築のトリックに匹敵するような錯覚原理が巣くっていたのであり、その後この原理はウィーン古典派に深い影響を与えることになった。このような複雑な問題系に、おそらくはさらに、バッハ以降、バッハをつうじてフーガの教科書のなかで尊重すべきものとされたものの、フーガを首尾一貫したものとして捉えるような見解とはうまく合致しえない方法を付け加えることが許されるかもしれない。すなわち、多くのフーガの展開部が主題の一部――大抵は冒頭の部分――しかもちいないことである。そこでは確かに動機の経済《エコノミー》的な効果、いわゆる論理が取り入れられているが、しかしながらそのようなご都合主義の義務のなかでこの論理が完全に尊重されているわけではない。こうした事態に関して、ヘンデルは考慮の外に置くことができる。というのも、ヘンデルのフーガは、作品の組織の徹底的なアーティキュレーションを許さない厚塗りの様式をもつために、フーガの原理を守るという義務にまったく縛られていなかったからである――とはいえ、それによってフーガがよくなったというわけではないのだが。こうした観察は、些事に拘泥しているように聞こえるかもしれないが、かなり大きな射程をもっている。音楽は何も描出しないがゆえに、何の見せかけもおこなう必要がないと考えたくなるものの、にもかかわらず音楽は錯覚的な性格、すなわちドイツ観念論の思弁がこのあと美学的仮象と呼ぶことになったものに関与しているのである。

このような関与は爆発的な弁証法を隠しもっている。その媒体となったのは、音楽が内側へと転回し、主観を仲介するものになったことである。音楽は、それが主観的な心の動きを表現するものであるように見えるかぎりにおいて、みずからを主観の言語として構築した。とはいえ、そうした心の動きとは、音楽によって想像され、疑似的に描写され、実体が失われたものにすぎない。先に触れた錯覚原理から、飾り立てるもの、装飾的なものが展開していったのだが、それはのちに素材上の整合性の要求と衝突するようになり、最終的に錯覚原理に全面的に貫かれている調性的な特殊語法《イディオム》の破棄を無理強いすることになった。それぞれが我が道を行こうとする〔音楽と絵画という二つの〕芸術ジャンルの統一的な契機を知覚するためには、ともあれそのような複雑な問題のなかに身を沈めなくてはならないのであり、様式という概念が自足している表層——それがバロックにおいては文字どおり優位を占めていた——で満足することは許されない。偉大な美術史家たちはそうした契機に立ち向かったものの、これまで学術的に構築された音楽学は、この問題をまえに無力を曝け出してきた。ハルム（一四）、クルト（一五）、シェンカー（一六）といったアウトサイダーたちのみが技法に全面的に関連している洞察を得るべく努めたのだが、それは作品の整合性ないし非整合性〔の判断〕を遂行するものとして、同時に批判でもあるかもしれない。その場合、技法分析という言葉から考えられるべきは、全般的なジャンルの特徴を——様式理念に完全に従順な姿勢で——記述することではなく、つまり合奏協奏曲《コンチェルト・グロッソ》、ダカーポのアリア、フーガ、さらには通奏低音の処理すらも含めたものの一般的な図式や特徴ではなく、作曲されたそれぞれの作品と、その取り違えようのない特殊な合法則性にたいする微視的な洞察である。音楽の精神が——おそらくはまた、それぞれの芸術の精神が——生じてくるのは、特殊な作品からであり、区分されるジャンルとの関わりや逸脱、それぞれが織りなす関係からであることは言うまでもない。音楽の精神は作品のうえを自由に漂っているわけではないのだ。ジャンルの特徴に抽象化されるなかで、音楽の精神は揮発してしまう。学問がそのような認識にいたるためには、いまでは芸術との親和性を——いうなれば制作者の側の視点に立つことを——必要としているのだが、しかしながら学問は、おそらくはまさにおのれの学問性の名誉のために、この〈学問から逃れるもの〉を禁じるのである。学問にとって、作品についてあまりに正確な知識をもつことが疑わしく感じられることもしばしばである。リーグルがつねになおも人をひきつけるのは、彼がバロックの構造上の本質を確認することに甘んじることなく、問題になっている構造的な諸契機を細部にいたるまで立証したからである。それにたいして、フリードリヒ・ブルーメのようにバロック時代のあらゆる音楽に精通していることにかけては比類のない人物ですらもそうした立証作業をおこなうことを拒絶するのは、おそらく音楽上のバロック概念が細密な技法分析に耐えられないことを恐れているためだ。ブルーメははっきりと、リーマンに反駁するなかで、「たんに技法的な性格しかもたない名称」を非難している。[11] ブルーメによれば、音楽におけるバロックとは様式史上の概念であって、作曲技法上の実態ではなく内実を指向している。「経験的な様式の諸形式」から導出される技法的なカテゴリーの数々――ここで考えられているのはまさにヴェルフリンの〔バロックとルネッサンスという〕対概念である――は、それらの「表明価値」[12]――とブルーメは文字どおり書いている――に遡らなくてはならないというのである。そのような内実が美学的現象をどのように媒介しているのかという、美術史家にとっては当然の中心的な問いが雲散霧消してしまう。かかる見解は音楽学においておそらく優勢であると思われるのだが、その根底にあるのが、いうなれば即自的に存在している精神的な内実という、少なくとも拘束力のある規定からは逃れるようなものを無省察に想定することである。それにたいして技法は外面的で、副次的で、音楽史的な考察に相応しくないものと見なされる。そうしたことがおおっぴらに宣言されるわけではないが、そのようなニュアンスは明確に感じられる。実態に触れないことが、先を見とおす卓越した歴史的まなざしであるように感じられるのである。技法にまつわる事柄が登場するのは、外面的な様式上の特徴という好ましくない名称のもとである。そうした名称と対置されるものとして哲学から借用されるのが、「時代精神」という内実を目指すような名称であるが、それ自体が哲学的にあらためて検討されなくてはならないだろう。ブルーメはさらにこう説明する。「外面的な様式上の特徴という点に関して、音楽上のバロックが他の諸芸術と多少なりとも怪しげな一致を示しておらず、むしろひとつの時代精神として内面的な統一のうちにあるという洞察によって、文献のなかにしばしば登場し、ニーチェにまで遡るような、音楽と諸芸術の同時性にたいする疑念は消滅する。ここでの「時代精神」とは、即自的・対自的に説明がつかないかたちで、ある時間やある空間に属する人々を、思考、感覚、外観の共通の形式をとるよう強いるような作用因という意味において理解されるだけではない。むしろそれは、ある時代に属する人々がおのれ自身をどのように見ているか、物理的・形而上学的な世界とどのように関係しているかという点にまつわる特定の方法という意味で理解されるのである。真の同時性とは、絵画や文学の何らかの外面的な様式上の特徴と音楽のそれとの類似性が示されることによって証明されるようなものではない[13]」。具体的な技法と関わることなしに、ブルーメも懐疑的に「曖昧な企て」と呼んでいる方法を超えていくためにはいったいどのようにするべきか、おそらく知りたくなるだろう。具体的な技法との関わりを拒絶することの背後にあるのは、字句にたいする優位が精神に与えられて当然だと頭から信じ込むような教育イデオロギーとの示し合わせである。ブルーメが音楽上のバロック概念の擁護に専念している節では、次のように述べられている。「結局のところ、精神現象をカテゴリー化しようとする試みのすべては、現実の生という不安定な充溢から事後的な抽象化をおこなうことなのだから、音楽が技法史のなかに隔離されてしまっているという現状を克服し、音楽をその時代が駆り立てた精神的な諸力の産物として理解させることに役立つのであれば、そうした不明瞭さを甘受することができるだろう。そこから判明するのは、美術史や文学史の研究が先に進んでいることによって〈バロック〉という言葉が精神史の特定の潮流や諸力の内容によって満たされたあと、この概念を音楽史に導入することは必要不可欠というわけではないが、有益だということである」[14]。しかしながら、ある時代の音楽を駆り立てている諸力が見出されるのは、そこでもちいられている技法のなかでしかない。かくも多くの音楽史に精神が欠如している理由について、それらが精神史という概念をめげることなく引き受けているという点を挙げて説明するのは矛盾している。精神史の概念は、ヴィルヘルム・ディルタイによる精神史の哲学的な規約のように脆弱である。それゆえ「心や精神の基盤」について語ることはお飾りの約束のままにとどまるのであり、かつての偉大な美術史家たちが絵画や建築物のなかで実証したのと同様に楽曲のなかで裏づけられるわけではない。芸術の精神的な内実を重く受けとめ、非拘束的な上部構造――それは観察にいっそう高次の荘厳さを付与するとされており、おそらくは畏敬の念から分析のなかに引き入れられることはない――としてではなく、真理内実として解する者であれば、芸術作品において中心的なものを、その内在的な構成や形式規則のために、透明な関係のなかに移すことを要求しなくてはならない。芸術哲学はみずからの精神の構成に専心するのであり、精神史よりも技法により近いところに位置している。芸術作品において精神が占める場所となるのは、芸術作品を技法をつうじて現実化することである。シェーンベルクをはじめとする作曲家たちと哲学の双方にとって疑わしいものであった様式概念は、その代用品を提供しているにすぎないのである。

少なくとも音楽において、様式概念が優位に置かれていることが、それだけが肝心であるはずのものをいかに醜く損ねているかは、この概念が芸術作品の質をめぐる問いを抑制しているという点に示されている。質についての問いは、真理内実についての問いと不可分である。この真理内実がすぐれた作品の等級を決定するものの、しかしそれがおこなわれるのは、現実化されたものとの関係という、ともかくも緊張感と矛盾を孕んだもののなかでしかない。美学的な質にたいする精神科学の無関心さ――シェーラーであればそれを世界盲目性と呼んだことだろう――については、すでにリーグルによる有名な芸術意志というカテゴリーに責任の一端があるかもしれない。このカテゴリーは、たとえ質が劣った芸術作品であっても、それが芸術意志の——つまりは様式原理の——表現をなしているかぎり、作品自体の整合性について顧慮することなく認可するという目的のために悪用されるおそれがあるのだ。その場合、美学的な質は相対主義の手に落ちてしまうことになるのだが、すでにディルタイにおいて弱々しいキンキン声をした精神史と相対主義とが結びついていた。些事に拘泥する学術業界の姿勢と非合理主義のあいだで、密かな結託関係が幅をきかせている。すなわち、学術業界は、確実なことはまったく何も主張できないという口実のもとに、事象の内面とは完全に無縁の、まったくもって外面的な事実内容にしがみついており、その一方で非合理主義は、創造の秘密については沈黙するとうそぶきつつ本質的なものを締め出したうえで、それを感情に——それによって盲目的な好みに——ゆだねてしまうのである。作品の整合性の真骨頂をなす技法が明らかにされるや否や、芸術作品の等級は相対的なものにすぎないという仮象は滅び去る。支配的なバロック・イデオロギーがそうした事実を認識させることはほとんどない。このイデオロギーの主唱者たちは、いかなる文学史家もゲーテとシラーを並べるという危険をもはや冒さないようなったにもかかわらず、動じることなくバッハとヘンデルを同列に並べる。この二人が作曲家としての力量に懸隔があるということは、みずからの技能《メチエ》について理解している音楽家であれば誰でも気づく。すでにモーツァルトが〔ヘンデルの〕《メサイア》を編曲するにあたって、シェーンベルクの言葉によればメートル単位で反復進行をカットする必要があると考えていた。作品の内実に関心があると自称する音楽史は、価値とは無縁の学術的な思慮分別から、二人のあいだの懸隔を心にとめることはない。そこでは、バッハとヘンデルという同じ様式の時代に属する対極的な二人を平和裏に音楽史に包摂させるという安楽な傍観者じみたお定まりの見解が、とくに吟味されることもなく優先される。それと同じく無邪気にもバッハとシュッツがつづけざまに名指される。質にたいして聞く耳をもたないことは、固い信条を抱いている聴衆のちょっとした抵抗や、レコード市場のバロックのベストセラーを買い求める消費者たちに迎合しているのである。テレマンとその弟子たちのような音楽の工場制手工業《マニュファクチュア》と、生前はテレマンよりも人気がなかったバッハとのあいだの境界がぼやけてしまう。音楽的な判断能力が崩壊した結果としてもたらされるのは聴取の野蛮化であるに違いなく、それを阻止するというためだけでもすでに、バロックがイデオロギー的に悪用されていることを遠慮なく指摘すべきときが来ているのである。

歴史主義にたいする異議申し立ては、かつては生命をもっていた精神を死せる所有物へと浄化してしまうことの不毛さに反対する過去の議論よりも、さらに先へと進んでいかなくてはならない。歴史主義が、とりわけ音楽において芸術実践にたいする後見人という地位を要求すればするほど、それはみずからが修復すると申し出ているものとますます矛盾する。歴史的に過ぎ去ったものは、直線的な進歩がほとんど存在しないとはいえ、おのれが抱える欠陥によって没落の憂き目にあったのであり、それを修復するのは意志ではなく、最終的に精神の宇宙への欲求――そのような見せかけは生産力の強化によって破砕されたのだが――だといった主張は、世界観を示すべき普遍的な歴史哲学上の命題ではない。過去のものや転落したものが復元不可能であるという事実が具体的に示されるのは、復元対象をまえにした修復の試みの不合理さにおいてである。過去の真正な芸術作品にたいする正当な関係とは距離であり、そうしたものには到達不可能であるという意識であって、そのような芸術作品を求めて手探りし、大袈裟な身振りで冒瀆するような感情移入ではない。バロック音楽と称されるものにそうした事態が生じるのは歴史的な解釈実践をつうじてであるということに誤解の余地はない。音楽史そのものがこうした問題に突き当たっており、最近出版された文献のいくつかにおいて、十九世紀以降に通用するようになった概念の意味における管弦楽法は当時まだ存在していなかったことが確認されている。バロックの響きと呼ばれているものは、作曲する主体を通り抜けてはおらず、想像力――それは音色を独自の権利を備えた作曲手法として扱っただろうが――に従ってはいない。バロックの響きはむしろ、自由に使用できるものがもたらした結果だったのであり、そのかぎりにおいて歴史的に必然的だったことは確かであるが、個々の作品という点から見ると偶発的である。多くの人々をこの時代におびき寄せている楽器編成の多彩さが由来しているのは、音楽的な色階という理念ではなく、楽器製造技術の状態という、音楽とは無縁のほとんど太古的なものである。楽器の数や種類は、同じ時代に――平均律の時代に――はじまった批判的な合理化とともに減少した。舌なめずりして復活させられるような音色は不透明で貧弱であり、より純粋で光度をもった音色によって時代遅れなものになっている。当時の音楽にとって音色はまったく本質的なものではなかったのであり、それはさまざまな種類のホルンやクラリネットが十九世紀や二十世紀のオーケストラにとって重要ではないのと同様である。バッハが《音楽の捧げもの》と《フーガの技法》という最円熟期の二つの作品において、どのような楽器で演奏するかをまったく、あるいは部分的にしか指定していなかったという事実は、そうしたことをもっとも明確にあらわしている。近代の演奏にとって大きな悩みの種だった「音楽そのもの」としてのそうした記譜法が、最終的に「イメージ」したものが自分にとって利用可能な音響手段では実現できない」という天才の批判的な意識から生じたものであるかについて思弁をめぐらせることは許されるだろう――「表意文字」を求める最近の作曲家たちがふたたび直面している難問である。このような事態に鑑みるならば、十七世紀の音楽や十八世紀前半の音楽の楽器編成について、当時はそれが習慣だったといったように説明することはナンセンスだろう。和声的な即興演奏では通奏低音の原理が自由にまかされていたことだけでもすでに、通奏低音音楽において一般的だった響きが拘束性をもっていたという主張に不利な証言をなしている。歴史的な真正さは、一義的に真正な作曲がまだ完全に確立されていないところでは、ほとんど役に立たない。作品にたいする忠実さという名のもとで、人々は別の極端なものから、扮装したものという点で同一の領域へと、知らないうちに入り込んでしまう。すなわち、ロマン主義的だとして熱心な反対運動が繰り広げられる、スポットライトが当てられた音楽祭用の音楽という領域である。そのような忠実さと称されるものは、みずからが純粋に再現演奏していると信じ込んでいるものを覆い隠し、横取りすることによって不忠さと化す。つまり、美術史家が視覚的なバロックの本質として規定した構造的な諸契機という作曲の質を左右するものが覆い隠されてしまうのである。敬意に満ちた退屈さが今日かくも大きなマゾヒズム的歓喜をもたらしていることには客観的な理由がある。バロック化する再現演奏は、音楽そのもののなかで生じている血管や皮下にあるものの動きを故意に聴こえないように押しとどめてしまう。〔それにたいして〕アクチュアルな演奏があるとすれば、バッハにあって特殊に作曲されたもの、すなわち限りなく小さなレヴェルにまで広がっている潜在的な動機連関をきわめて明確に示すような演奏のみだろう。それは、リーグルによれば、バロックの偉大な造形芸術における構造的な諸契機が、おのれが規定している現象のうちに現前しているのに似ている。そのような構造的な諸契機はみずからのために効果を及ぼすに違いないのだから、演奏はそうした契機をあまり露骨に示してはならず、解釈によって特殊化することは一切やめて、音楽現象に語らしめるべきだ、といった純朴な議論は間違っている。あらゆる調性音楽がもつ言語に似た特殊語法《イディオム》的な側面——調性的な秩序を略記法で示すような記号体系をもつ通奏低音時代の音楽ほど、調性によって規定されていたものはほとんど存在しなかった——は、言語に似たアーティキュレーションないし〔ルドルフ・〕コーリッシュ(一七)がそう呼ぶところの句読法を要求する。構造的に演奏することは、ヴェーベルンが《六声のリチェルカーレ》〔=バッハの《音楽の捧げもの》をオーケストラ編曲したもの〕でおこなったような新しい楽器編成において頂点に達するのであるが、それは本質から明確に分離された現象が存在しているという盲信を抹消する。いまでは最高のチェンバロ奏者たちが欠かせないものだと感じているように、たとえフレーズを区切って演奏するだけでも、その奏者はすでにある契約書に署名している。その帰結として要求されることとはまさに、古い演奏習慣を模倣するという、とりわけなおも虚構的であるような理想を打ち立てている訓練の限界を侵犯することにほかならない。音楽のなかで現象のみが再現され、音楽構造を明確化することを断念するならば、結果として生じるのは訳の分からぬ代物であるが、それはかつて「非音楽的」という言葉によって実にうまく表現されていたものの原型をなしている。十七世紀や十八世紀の偉大な音楽をその固有の意味に応じて適切に演奏することは、そこでたんなる様式にすぎないものをおのれ自身の力によって打ち破ることと同じである。それによってはじめて、様式の悪用にたいして相応しい復讐が果たされることになるだろう。

バロックがユーゲントシュティールの勃興と同時期に再発見されたとき、リーグルの言葉を借用して、バロックとは「近代芸術の前段階」にあるものにすぎないという異議が述べられた。それから五十年以上が経過するなかで、それとは正反対の健全な世界という危険な願望像がそこから生じていった。だからこそ、この時代にたいして主観性や客観性というカテゴリーを適応することが重ねて批判に晒されるのである。バロックの原理としての対立というまったくもって空疎な定式は、バロックとは〔次のような二つの見解のあいだの〕矛盾を抱えたものであると単純に主張することにお墨付きを与えるものではない。すなわち、一方では、形式規範にたいして主観性が強化されているという見解であり、他方では、立派な地位にある一人の文学史家の何とも言いようのない表現を借りるならば、ドイツのバロック文学において主観性はなおも「力を発揮して」いないという見解である。バロックについての決定的な問いに迫ることができるのは、主観的か客観的かという大雑把な二者選択に屈することもなければ、「一方ではそうではあるが、他方で」といった慎重姿勢で相手を丸め込むのでもなく、これら二つの契機が弁証法的に媒介しあっていることを認識する者のみである。音楽学において、そのことを示すものには事欠かない。ブルーメは、バロック音楽についての基礎的な論文のなかで、この弁証法的な媒介という点を、ルネッサンス時代に成立した音楽の自己法則性にたいする反動として解釈した。純粋に内在的な音楽構造にたいして、「一部は外的な模範（動き、出来事、騒音など）を、一部は内的な心の動き（精神状態、情動）を表現すること」[15]で抵抗したというのである。ブルーメは模倣や情動にまつわる教説を、通奏低音音楽を解明する鍵となるカテゴリーとして捉えているが、ちなみにそのことは当時の美学やカッチーニ以降の音楽上の宣言の数々〔一八〕をつうじて雄弁に裏づけられている。ブルーメがつづけて主張するところによれば、「修辞学を音楽へと一貫して応用することが、情動的な様式の発展にとって主要な手段になった」[16]。それによって、まずもって主観的な契機が登場してくることは疑いない。音楽は人間のように表現力に富んだ存在になりたいのだ。しかしながら、音楽的な修辞学が演説の伝承されてきた比喩形象に同調することによって、ただちに音楽は、個々の音楽上の形象――ブルーメによれば、それらはたとえば動機の概念に対応している――が修辞学的な比喩形象に組み入れられるために、形式的な性質を帯びることになる。[17]音楽の主観化は、その対極をなす音楽上のトポスと最初から手を握っている。そのあと、音楽上のトポスは、ウィーン古典派全体に蔓延していく。ある意味においてウィーン古典派とは、いうなればそのような定式表現の万華鏡的な組み合わせ――それは実に巧みに高められたものであり、絶えず生成する仮象によって隠蔽されている――であると言うことができるだろう。これらの定式は、ロマン主義が作曲上のトポスにたいして次第に過敏になっていくまでは、より以前の情動音楽における原型からさほどラディカルに逸脱しているというわけではなかった。それゆえ、音楽の主観化と音楽における機械的な要素の拡がりは、別々の側から生じたものではなく、たがいに結びついていたと言えるだろう。それらは根源において同じものの二つの側面なのであり、近代哲学において主観化と物象化という〔二つの〕極端なものが統一されているのと同様である。十六世紀から十七世紀への転換期に活躍したデカルトの場合、思考する自我の解放された自己確信と機械論の強制力がたがいに手を組んでいた。

音楽上のトポスが、情動的な契機と構造的な契機を架橋したのだ。さまざまな情動が、客体化された芸術作品におけるおのれの代弁者として、みずからを表現するトポスを必要としているように、トポスのほうもまた、自身が賭札になっている情動にたいして同じく暴力を行使するのであり、そのために、成功した最後の様式であるバロックは失敗の傷跡を抱えていた。リーグルは視覚的なバロックを例に意志と意志との抗争という契機を確認した。すなわち、客観性、感覚、主体の対自存在への外化という契機であり、手短に言えば内面と外面の離反という契機であるが、そのような対立は音楽にも本質的に備わっている。それによって、まとまりをつくりだした主体を代償として、音楽のまとまった〈即自〉という過大評価されている仮象が生み出されることになる。作品の表層が従順になればなるほど、そこで隠されているものはますます引き裂かれる。客体性をみずからの問題とし、おそらくは現実のものをおのれの生産物にする主体は、このような生産物のなかで自身を忘却する。主体にたいして生産物は、〔主体から〕流出し、自立し、物神《フェティッシュ》化されたものとして対峙する。自分がつくりだしたものの客体性は、それがたんに自分でつくりだしたものにすぎないという事実をかき消してしまう。近代において認識を徹底的に支配している合理性は、それ自体が合法性という意味で解釈されるのであり、そのような合法性は必然的で普遍的なものという基準を範とするとともに、この基準によって生きている主体から疎遠となり、主体を抑圧するようになる。こうした過程は、孤立した哲学的省察がたどる過程ではなく、社会的な生産諸関係の——それとともに人類の歴史的経験の——基層にまで達している。それは芸術をも貫徹する。ただし、主体によって対象化された世界にたいして無媒介的な生のイメージを対置するような芸術のなかでこの過程が明らかになることはほとんどない。主体は、みずからの市民《ブルジョワ》的な自律性を手探りで求めつつ、おのれ自身を吐露したいと思っており、さらにそれを成し遂げる能力を得るために、あらかじめ与えられた客観的な特殊語法《イディオム》を破砕するのだが、その一方で、自身を伝達するために、そうした特殊語法《イディオム》を必要としているのである。ただし主体は、それが実際に自由であるのと同じように、自由の言語を持ち合わせているわけではない。主体は、まずは自分のために特殊語法《イディオム》をつくりだすか、あるいは合理性――それは市民階級《ブルジョワ》の解放を可能にしたものであるとともに、中世の秩序《オルド》の崩壊をともなう市民階級《ブルジョワ》の解放をつうじて発生した空白をふたたび埋めるべきものであるとされた――によってそう見せかけなくてはならない。主体は、この新たな特殊語法《イディオム》にたいして、外側から措定されたもの、硬直していてガタガタと音を立てるものという特徴が備わっていると非難するのだが、それは十七世紀以降の音楽上のトポスを苦しめているものである。それ以来、こうした特徴から脱することが音楽的な進歩の仕事となった。かくも多くのバロック音楽の聴衆が慰めと感じている客観性とは設えられたものであり、つねにすでに欺瞞だった。バロック音楽へと向かう集団的な傾向は、もっとも深い内面において不法に入手されたこの客観性が、意識の現在の状態、すなわち三百年のあいだに極端にまで高められた唯名論のなかで、人々にたいして政治的にも重大な結果を招くような密かな願望像となったということで説明がつくかもしれない。バロックにおいて人々は、主体化の過程とともに括弧に入れられた事物的な秩序という原現象に反応しているのであり、それは最終的に、管理された世界から勝ち誇ったように彼らにニヤニヤと笑いかける。人々にたいしてバロックは、そのような秩序とは太古の時代からの損なわれていない形姿であるとして正当化する。人々はバロックから意味のアウラを借り受ける。無骨であったりゴロゴロ鳴ったりするような動機進行によって反動的な憧憬が満たされるのであるが、そのような動機とは集団的な合意にもとづく定型表現であって、この合意そのものの原理が、動機によって告げられている拘束的なものを否認しているのである。そのかぎりにおいて、ブルーメによって導入されたバロック音楽の他律性という概念は、当該の個所が言わんとしていたことを超える方向を指示している。この概念は批判的なものにならなくてはならないだろう。バロックの悪用を進める者は、自律性からそのような他律的なものを、誰もまともに信じていない生半可な自由から不自由を選び出す。批判的な美学的意識とは世界を脱魔術化するものにほかならず、その犠牲にされたのが装飾だった。どのみち衰弱した人々の意識は、管理された世界に甘んじようとする。この世界は、脱魔術化された世界として、事物の世界でありつづけるのだが、しかしそれは商品の世界である。人々にとってバロックとは、抑圧された熱望の対象である装飾を保証するものであり、装飾を許容するとともに必要とするような様式として、人々が良心の呵責を覚えることがないようにする。だが、人々の避難所となっている毀損されていないとされる装飾とは、彼らが逃げ出す原因をなしているものと同一の原理の表現なのである。人々がバロックに引き寄せられるのは、そこで市民《ブルジョワ》的なものと絶対主義的なものが統一されているからだが、彼らの目に映ったこの秩序とは死をもたらす秩序の比喩なのであって、そこでは市民《ブルジョワ》社会のからみあいが全面的な抑圧へと反転することになるのである。

（1）Die Fackel, XXVII. Jahr, Nr. 697-705, Oktober 1925, S. 86.

（2）Friedrich Blume, Syntagma musicologicum. Gesammelte Reden und Schriften, hrsg. von Martin Ruhnke, Kassel, Basel, London u. a. 1963, S. 73.

（3）Alois Riegl, Die Entstehung der Barockkunst in Rom. Aus seinem Nachlaß hrsg. von Arthur Burda und Max Dvořák, 2. Aufl., Wien 1923, S. 3.〔アロイス・リーグル『ローマにおけるバロック芸術の成立』蜷川順子訳、中央公論美術出版、二〇〇九年、一〇頁〕

（4）a.a.O.〔同書、一一頁〕

（5）G. F. Hartlaub, Fragen an die Kunst. Studien zu Grenzproblemen, Stuttgart o. J., S. 165.

（6）a. a. O., S. 169.

（7） a. a. O., S. 168f.

（8） a. a. O., S. 171.

（9） a. a. O., S. 182.

（10） a. a. O., S. 170.

（11） Blume, a. a. O., S. 78.

（12） a. a. O., S. 77.

（13） a. a. O., S. 76.

（14） a. a. O., S. 79.

（15） a. a. O., S. 80.

（16） a. a. O., S. 81.

（17） Vgl. a. a. O.

（一） ニコラス・ナボコフ（Nicolas Nabokov: 1903–1978）ロシア出身のアメリカの作曲家。作家のウラジミール・ナボコフの従弟。一九三三年にドイツからアメリカに亡命。戦後にドイツに戻り、しばらくはアメリカ占領軍政府の文化行政官として活動。一九六三年から六六年にかけて、この講演がおこなわれたベルリン芸術週間のディレクターをつとめた。

（二） フリードリヒ・ブルーメ（Friedrich Blume: 1893–1975）ドイツ・プロテスタントの教会音楽を専門とするドイツの音楽学者。一九二五年にベルリン大学で教授資格をとり、一九三四年にキール大学教授に就任。ナチス時代は人種主義的なイデオロギーにもとづく音楽学を提唱するも、戦後はドイツ音楽学で指導的役割を果たし、ドイツ音楽学会会長、国際音楽学会会長を歴任した。『ルネサンスとバロックの音楽』『西洋音楽史』（全四巻）の邦訳が白水社から刊行されている。

（三） フランツ・トゥーンダー（Franz Tunder: 1614–1667）十七世紀ドイツの作曲家・オルガニスト。北ドイツ・オルガン楽派の中心人物の一人。初期バロック音楽から盛期バロック音楽の移行期に活躍した。

（四） ディートリヒ・ブクステフーデ（Dieterich Buxtehude: c.a.1637–1707）リューベックで活動した十七世紀ドイツの作曲家・オルガニスト。バロック期の教会カンタータとオルガン音楽の作曲で知られる。

（五）　ヨーハン・ヘルマン・シャイン（Johann Hermann Schein: 1586–1630）十七世紀ドイツの作曲家。イタリア・バロックの様式をモデルに、《イスラエルの泉》（一六二三年）をはじめとする宗教音楽や世俗音楽、器楽曲を作曲した。

（六）　ハインリヒ・イグナツ・フランツ・フォン・ビーバー（Heinrich Ignaz Franz von Biber: 1644–1704）オーストリアの作曲家・ヴァイオリニスト。ザルツブルク宮廷楽団の楽長を長年にわたってつとめた。《ロザリオのソナタ集》などのヴァイオリン作品が有名。

（七）　ヨーハン・ベルンハルト フィッシャー・フォン・エルラッハ（Johann Bernhard Fischer von Erlach: 1656–1723）バロックを代表するオーストリアの建築家。少年時よりローマで建築を学び、一七〇四年にウィーンの宮廷建築家になった。

（八）　ヨーハン・バルタザール・ノイマン（Johann Balthasar Neumann:c.a.1687- 1753）ドイツを代表するバロックおよびロココの建築家。ヴュルツブルクの司教宮殿の設計で知られる。

（九）　テラス型強弱法（Terrassendynamik）とは、クレッシェンドなどが一般的ではなかったバロック時代において、徐々に音の強弱を変化させていくのではなく、演奏する楽器を増やすなどして段階的に音量を増減させる手法のこと。

（一〇）　ヴェネチア出身の画家ジョヴァンニ・バッティスタ・ピラネージ（Giovanni Battista Pirannesi: 1720–1778）が一七六一年に出版した版画集『幻想の牢獄』を指す。

（一一）　グスタフ・フリードリヒ・ハルトラウプ（Gustav Friedrich Hartlaub: 1884–1963）ドイツの美術史家。一九二三年にマンハイム美術館長に就任。一九二五年に開催した展覧会で「新即物主義《ノイエ・ザッハリッヒカント》」という呼称を初めてもちいたことで知られる。『芸術への問い』は一九三〇年に刊行。

（一二）　サルヴァドール・ローザ（Salvator Rosa: 1615–1673）ナポリ出身の画家にして詩人。作曲家でもあったとされてきたが、現在では誤りであることが明らかになっている。

（一三）　迫奏（Engführung）フーガにおいて主題が完結していないのに応答部が現れることを指す音楽用語。ストレッタとも。

（一四）　アウグスト・ハルム（August Halm: 1869–1929）ドイツの作曲家・神学者。音楽ライターとしても活躍した。

（一五）　エルンスト・クルト（Ernst Kurth: 1886–1946）スイスの音楽理論家、音楽心理学者。主著である『音楽心理学』

（一九三〇年）で知られる。

（一六）　ハインリヒ・シェンカー（Heinrich Schenker: 1868–1935）オーストリアの音楽理論家、作曲家。楽曲分析のためのいわゆるシェンカー理論の創始者。

（一七）　ルードルフ・コーリッシュ（Rudolf Kolisch: 1896–1978）ウィーン出身のヴァイオリニスト。ウィーン弦楽四重奏団のリーダーとしてシェーンベルクとその弟子たちの初演を数多く手がけた。アドルノとは一九二〇年代より生涯にわたって交友関係をもちつづけた。

（一八）　ルネッサンス末期に活躍したイタリアの作曲家ジュリオ・カッチーニ（Giulio Caccini: c.a.1545–1618）が、一六〇一年に出版した通奏低音とマドリガルのための曲集『新しい音楽』の序文で、まさに「新しい音楽」としてのモノディ様式（単声でうたわれる独唱形態）についてみずから説明したことを指す。

# ウィーン、一九六七年のイースターのあとで

ロッテ・トービッシュ・フォン・ラボティンに

一九六七年のウィーンの憂鬱とは、ウィーンの憂鬱がもはや存在しないことである。そのことがもっともはっきりと感じられるのは、プラーター公園においてである。この場所はまさにその独特の雰囲気を失ってしまったのだが、なぜそうなってしまったのかを述べることは容易ではない。おそらく戦争中にこの公園に生じたことが原因であり、ベルリンのティーアガルテンのように傷口はまだほとんど塞がっていない――樹木がふたたび成長したにもかかわらず、伐採されてしまったという感覚が残っているのである。ニューヨークのセントラルパークのように道がアスファルトで舗装されたこともこうした罪の意識の理由のひとつなのかもしれないが、中央通り《ハウプトアレー》ですらもなおも車の乗り入れが禁止されているのは相変わらずである。かつてのプラーターは一種のブローニュの森だった。いまやプラーターで地面が人に踏まれてぐちゃぐちゃになることはないものの、この場所が醸し出していた幸福感に寄与していた森林の痕跡は抹消されてしまっている。プラーターの時代が過ぎ去ったことは、この公園が表現しているものにプラスに働くことはもはやなく、むしろその嘘を暴露する。「アスファルトで舗装することは経費削減につながるんですよ。そうしないと道を整備するための人件費が払えませんから」という納得のいく説明を受けた。宮廷風の回りくどい書き方で、落下した枝に当たって通行人

が怪我をする危険があるという旨の注意書きが木々に貼られているが、それはまるでプラーターが人に危害を加える機会を狙っているかのようだ。古臭いバスに乗って戻ってくるとようやく、昔馴染みの街だという感情がふたたび生じてきた。そうした感情が激しく中断されたのはまさに、かつてこの街が自然とやさしく結びついていた場所においてだったのである。

Lの話によれば、七歳か八歳の子どもだったころ、サクレ・クール小学校に通っていた彼女は、乱雑な書き方をしてノートにインクの染みをつけてしまった。授業をしていた修道女は彼女にこう警告した。「そんな書き方をしていると、愛するイエスさまが気を悪くされますよ」。すると彼女はこう答えた。「それじゃあ何もできなくなっちゃうじゃない」。この発言を理由に、彼女には敬虔な学校から退学になった。しかしながら彼女は、ウィーンの形而上学にたいして、その主張を完全に反映させた表現を与えたにすぎなかった。彼女が疑問視したのは、愛するイエスさまのことでもなければ、イエスさまが彼女のノートがきれいかどうか気にかけているという点でもなかった。ただ彼女は、カトリックの秩序を超えた、より高次の秩序の存在を想像しただけだった。すなわち、見通すことができない階層秩序《ヒエラルキー》のうちに位置している、無頓着さというウィーンの運命《モイラ》の女神であって、この女神に対抗できるものは何もなかったのである。神の彼岸にある宿命が、実生活の導きとなる。懐疑が絶対的なものを揺さぶるのではなく、懐疑そのものが絶対的なものとして王位につくのだ。この世のなりゆきとは閉鎖された役所のようにどうしようもないものであって、すべての人はそのまえに屈服するよりほかはないのである。

無頓着さは、ドイツの労働世界の緊張状態と、メーリケの言葉を借りれば、「大変性〔Sehrhaftigkeit〕」にたいして、かつてと同じく今日でも慰めを与えてくれるのだが、それはまた「こんなはずじゃないのに」という言外の響きとともに災いと自己同一化してしまうような、いささか不吉なものも孕んでいる。ウィーンでは、穏やかで繊細で強情な知識人たちのあいだでも、一人の愛する人間の死――そこで無頓着さは逆に、誰にも好ましいものというよりも、罪を背負ったものであるのだが――をあまりにもやすやすと受け入れてしまうという傾向を認めることができる。寓意的《アレゴリー》な死神の分別のある説得によって鉋を置いてしまうファレンティン(一)は、他人の死に際しても同じく分別がある。避けえないものを甘受することが、それを推奨することに変化してしまうのだ。他人の不幸にたいする喜び《シャーデンフロイデ》はそこから遠くない。ウィーンの精神が面白がるだけでなく、実際にウィーンにおいて趣味嗜好とともに開陳される陰惨さは、明朗さと対照をなしているのだが、こうした性質はそこから説明がつくかもしれない。物事を重く受けとめない人は、重大なことであっても成り行きにまかせる。その点にかけてこの街の客観的精神はかぎりなく生産的である。数年まえにオペラ座の迷宮のなかでバレエ学校の女生徒を誰にも邪魔されることなく刺殺した学生は、ヴァインヴルム《ワインの虫》という名前だった。

「カミカミ取ってきて。カミカミですよ」という命令にたいして、色つやのよい興奮したボクサー犬であるダゴベルトは、大慌てで立ち去ると、口輪をくわえてきて、それを飼い主である美しい女性に渡す。自主規制〔Freiwillige Selbstkontrolle〕の原型である。もっとも、神学者たちがそのために努力するということはないわけだが(二)。

三月三一日の《売られた花嫁》。マリーを歌ったのは、この役柄において同世代のソプラノ歌手ではもっとも偉大なイルムガルト・ゼーフリートだった。隣の桟敷席には彼女の子どもたちが座っていたが、舞台上で類まれな技を披露する母親を賛美できる彼らのことが少し羨ましかった。指揮をしたのはチェコ風の名前をもつ常任指揮者だったものの、わたしがイメージしていたほど本物の音ではないように思われた。それはとりわけ、たとえば第一幕の「穏やかに速く《アレグロ・モデラート》」とスコアに記された四重唱のように、「活発に《ブリオ》」と対比させるためにときおり必要とされる、音をとどまらせるという能力が欠けていたからだった。この音楽が独創的なのは、旋律と和声のバランスのためである。さまざまな旋律のうちに和音が反映されていなくてはならないわけだが、そのために調和する複数の響きが時間のなかで展望を得るようにして繰り広げられる。かくして、まずは情感が表現される。《売られた花嫁》では集団に束縛された主観性が感動的に目を覚まし、ためらいながらおのれを支配するようになる。目覚めたばかりの情感はきわめて深いために、間抜けな恋がたきであるヴェンツェルにたいするフォークロア調の粗野なあざけりを忘れてしまうほどである。舞台装飾は自然主義的だった。それが気に入ったことを恥ずかしいとは思わない。村を描いた背景画の数々は一形式としての舞台装飾の秘密を心得ていた。すなわち、はるか遠くにあるものを、遠さという雰囲気が減じられることのないままに、あたかもそのなかに自分がいるかのように思わせるほど近づけるという秘密である。

作品全体のなかでもっとも美しい曲である《もう少し考えて、マリー》という「遅く《レント》」で歌われる重唱は、打算的な結婚の愚かさからマリーを守るとともに、その最後では彼女の声が親戚たちの声を情熱的に飛び越えていく。不思議に思うのは、わたしがこれまで鑑賞したすべての上演において、この傑作が音楽的な想像力の後塵を拝しているという点である。この曲は、きわめて透明で澄んだ声によって、ほとんど魂がないかのように歌われることで、魂のこもった声がそこから解放されるという具合にすべきなのだ。このような不満足な点についてのLによる説明は正鵠を射ていた。楽器による演奏がたんに支えとなっているだけの重唱においてそのような効果を得るためには、脇役であってもきわめて優秀なソリストを配役しなくてはならないものの、経済的なことを斟酌するとそれはできない相談だというのである。このことは、レパートリー音楽劇場が今日、まさにそれがもっとも純粋に擁護されているところで逢着する、さまざまな困難の核心に触れている。

われわれが滞在していた屋敷はオペラ座から数分のところにあり、いうなれば街の中心に位置していたが、公園のなかにあるために、通りの騒音は遠いざわめきのようにしか聞こえてこず、自然の音のように響く車の音が眠りにつく際の助けになった。公園は散歩できるようになっており、池や破損したロココ様式の神々の彫像はあたかも雅な宴《フェート・ギャラント》から抜け出してきたようであって、そのかたわらを通り過ぎていくと、階段を上がって構内のさまざまな場所に出られるようになっていた。枯れ枝が燃やされていた。道の最後で停止を命じる壁が、ベルヴェデーレ庭園とこの公園を隔てている。かつてはさまざまな道具が収納されていたと思しき隣接の建物は、今日ではどこかの役所が陣取っているが、そこには小さな緑色の扉がついていた。われわれを招待してくれた女性がこっそり教えてくれたところによれば、この扉の向こうには大通りに直接出られる通路があって、自分の家に行く際にとても近道になるとのことだった。まさにそのような記述が、プルーストがフォーブール・サン・ジェルマンについて描写した文章のなかに出てきてもおかしくないだろう。プルーストに何らかの正しさがあるとすれば、それは、自分の書物はあらゆる人々の自叙伝をなすべきだという要求のなかにある。

社会学で知られている個人化という現象が指しているのは、疎外され硬直化した諸関係や、見通しえない政治上のなりゆきを説明するにあたって、個々の人間の振る舞いを持ち出し、生々しい経験に固執することで、そのような経験への渇望を満たすという、人々のあいだで広く認められる傾向である。「最高の人物を大統領に選ぶことが重要だ」というアメリカの選挙で一般に信じられている考えは、かかる傾向の典型なしている。グラフ雑誌もまたそのような考えに従っており、人々の実際の運命にとっては何の意味もない適当な有名人たちにパブリシティを与え、スポットライトが当てられた人々や彼らのプライヴェートな事件の数々を何だかよく分からない重要性をもっているかのように見せかけるのだが、とはいえ消費者たちがそうしたことを完全に信じ込んでいるというわけではないだろう。それが頂点に達するのが、独裁国家におけるいわゆる個人崇拝である。だが、それは市民《ブルジョワ》階級の時代以前の、とりわけ何百年もまえの絶対主義的な思考様式の反復以外の何ものでもない。すなわち、君主たちの直接的な意志が、社会化された社会——そこでは社会の機能的性格があらゆる領域へと介入することで、命令する権限をもった人々すらもがマリオネットへと格下げされる——よりも民衆の運命と重なりあうところがはるかに大きかったであろう時代の思考様式である。シェイクスピアにおいてはあるイギリスの国王が、「朕はイギリスなり」と述べるかもしれない。個人化という現在の慣習がいかに前市民社会的なものの再臨であるかを教えてくれるのは、封建的な人々との付き合いである。彼らにとって、とっくの昔に息絶えた世界史の英雄たちとは親戚のような存在であって、そうした人物について少々の批判を交えつつもきわめて寛大な口調で親密に語るさまは、あたかも世界史が実際は家族史であるかのようだ。歴史のなかで悪名を負った人々に好意的な光が当たることもしばしばである。彼らが善意で無害で素朴な人だったということが証明されるのである。そして、おそらくそれは不当なことですらない。悪人として伝えられている人々の多くが実際のところプライヴェートでは立派な意志の持ち主だったかもしれない。歴史的傾向の代わりに彼らを弾劾したということが個人化の一端そのものであって、当該の人物やその生活状況についてより正確な知識を得ることが、そのような傾向に正当に抵抗することなのである。それにたいして、市民《ブルジョワ》的な意識の持ち主はとりわけ繊細である。まさしく封建時代以降、たとえ支配者であろうとも個々人に左右されることが少なくなっているがゆえに、彼らは〈今日にいたるまでなおも主体をもたない〉という歴史の罪をごまかすために、歴史の罪深い主体でなくてはならないのである。

四月九日の《ヴォツェック》。とても素晴らしい上演で、〔ヴァルター・〕ベリーがヴォツェックを、クリスタ・ルートヴィヒがマリアを歌った。すべてがとてもあたたかく生きいきとした演奏で、指揮者の〔ハインリヒ・〕ホルライザーは、大きな愛情と知識でもって〔カール・〕ベームの音を守っている。ベルクの音楽の今日の演奏は、音の極度の音の複雑さすらも意味深く組織されていると理解させることができるが、そのような水準に照らすならば、完全に透徹した演奏ではないかもしれない。しかしながら、そのかわりに、この上演はベルク特有の語法で語られており、そのようなオーストリア的な要素が、この音楽のもつ特殊な人間味の担い手になっていた。第二幕の大々的な酒場の場面の導入部でゆっくりと演奏されるオーストリアの民族舞曲《レントラー》が漂わせる、言いようのない哀しみのような表現性格を見つけ出したいと思うのであれば、《ヴォツェック》がもつ音楽的方言を耳に残しておかなくてはならない。——カスパール・ネーマーの舞台美術は並外れた出来栄えだった。申し分のない実際的な明晰さ、音楽進行と視覚的なものとのきわめて明確な関連づけが、リアリズムをはるかに超えて、独自の音楽的次元へと導くような雰囲気のなかで実現されている。レパートリー・オペラのあとのように延々とつづく拍手喝采。《ヴォツェック》は、いささかも妥協することなく、その純粋に芸術的な明証性によって、新音楽は聴衆には馴染まないという主張を反駁している。だが、そのような主張を無批判に繰り返しているのは、おそらく第一に、音楽そのものを理解していない関係者たちだろう。

きわめて親切なあるイタリアの外交官から、ごく少人数の集まりに招待される。われわれが迎えられたのは夢の間《ま》だった。だが、それは「夢のように美しい」という決まり文句の意味ではなく、まさに文字どおり、わたしが繰り返し夢のなかで「目が覚めなければいいのに」という思いとともに見ていた、子どものころの憧れのイメージそのものだった。その部屋は大きく、赤いシルクが一面に張られていて、少し薄暗く、すべてがひとつにまとまっており、即物主義《ザッハリッヒカイト》が人から追い払ったあとに無意識のうちに逃げ込んだもの、すなわち気品が備わっていたが、それは子どものころに人々がともに空想したものの、世界が――たとえ上流世界であっても――けっして実行することのないものである。そこに途切れることのない歓談が付け加わった。人が年を取らなくてはならないのは、幼年時代とそれが残したさまざまな夢を実現するためなのだが、しかしそれはすでに手遅れなのである。

演劇、とりわけ喜劇の伝統において、ホーフマンスタールのころまで、複数の場面や、さらには幕全体を、宿屋や、のちの時代にはホテルのなかで演じさせることが好まれていた。というのも、そこでは、ドラマツルギーによる暴力をあまりに露骨に行使しなくとも、ありとあらゆる登場人物が、社会階級がまったく異なる場合であっても、たがいに出会って会話を交わすことができるからである。そのような仕掛けはあまりに見え透いているので、今後も時代に適ったものにたいする嗅覚を備えた小説家がかくも安易に利用しつづけるだろう。だが、おのれ自身の美的な写し絵であるウィーンという都市においては、このような種類の現実が、かつて現実から導きだされた喜劇の技法よりも生きながらえているのであり、さまざまな芸術上の慣習のなかにかつての社会的諸形式が身を隠していることを教えてくれる。ホテル・ザッハーには――よく言われるように、ザッハーでは――待合室、バー、レストランがあり、そこでは常連客やその知り合いのあいだでただちに交流が生まれるのだが、他の場所でそれが当然のことのように見えるのは舞台においてのみである。このホテルは一種の巨大な軍司令部であって、人に会う約束を絶えずとりつける必要はない。偶然と意図的なものとが知らぬまにひとつになっているのだ。そこでは、知人に挨拶したり、たとえばオペラのあとで一緒になった人たちが誰かに挨拶したりといったことなしに夕食をとることは稀であろう。グラーツのホテル・ヴィースラーにおいても事情は似ている。その際、一般的な「人」が、貴族階級に属しているかどうかや、貴族と付き合いがあるかといった一般条項に服していることは言うまでもない。それはまた従業員の態度にも反映されている。名家の女性がウールのジャケットを着たり、ストッキングを履いていなかったりすることで、彼女のためにおこなわれる典礼儀式〔の作法〕を破ったとしても、従業員は目をつぶるのである。ウィーンで社交という人間的で直接的な行為がいともたやすく営まれることは、目に見えないかたちで引かれた境界線という、封建的で階層秩序的な関係と結びついていることが分かるのだが、それにたいして市民社会《ブルジョワ》は、そのような境界についてはもはや関知しようとせず、まさにそれによって匿名の人々のあいだの冷たさと無関心が支配的になる。ウィーンでは社交よりも誘惑的なものはほとんどなく、社交よりも危険なものも存在しない。それは、御者と男爵は、〔モーツァルトの《魔笛》に登場する〕タミーノとパパゲーノのように、小さな世界劇場のなかで保証された地位を共有しているがゆえにひとつの共同体を形成しているのだ、といったイデオロギーを助長する。そのような地位は、人々を疎外から守ってくれるかのようであるが、しかしながら実際は、疎外が疑いようもないことに立脚しているのである。

口うるさい知識人にたいする怨恨から生まれたさまざまな議論のうちで、もっとも馬鹿げているのが、知識人にたいして、主義主張と人との付き合いが貴族主義的であることとが矛盾しているという非難を浴びせることである。それはすでに、プルーストやホーフマンスタール、その宿敵だったクラウスに向けてぶちまけられた非難であり、表現主義が流行したころ、あらゆる野暮な批評家が、『スノッブ』〔＝一九一四年に執筆された喜劇〕を書いた〔カール・〕シュテルンハイムにたいして「彼自身がスノッブだ」という批判をおこなうことで、自分のことを才気溢れるかのように見なしたものだった。貴族主義者たちへと引きつけるもの、彼らの多くを知識人へと引きつけるものは、ほとんど同語反復的に単純である。すなわち彼らはブルジョワではないのだ。彼らが営む生活は完全に交換原理という呪縛に服しているわけではなく、彼らのもとに存在している差異の数々には、目的や実際的な利益の束縛からの自由が、他の人々にはほとんど存在しないようなかたちで保持されている。彼らが実際に何かをなそうとしても、それが成功することはめったにない。だが、この領域が人を引きつける魅力を発している理由とはおそらく、彼らには政治的な権力がなく、経済的な力をもつことはさらに稀だという点にある。というのも、そのような魅力はまた、実際に豊かであるか貧しいかとはまったく無関係だからである。かつて権力だったものは、名のイメージや態度のなかで罪が清められるのであり、この態度が権力から受け継いだのは鷹揚さであって、そこには命令がもつすげなさもなければ、人々からどんな利点や利益を期待しなくてはならないか問いかけるような、おぞましい小賢しさもない。この態度は利得を不名誉なものや恥ずべきものと見なすような規範の反映なのだ。そのような覚悟をひとたび固めた人々と付き合うなかで発見することができるのは、他のどこにも見出しえない、ほとんど母性的なものにも似た、やさしく包み込むような性質であって、付き合うにあたってこれほど楽で、悪意のある心理からこれほど無縁な人はいないのである。そうした性質は、かつて身近だったものの、遠い昔に失われてしまったものについての想い出のように、意気消沈している時期にある身を慰めてくれる。しかしながら、そのもっとも内的な理由とは、庇護も助けもなく、もはやまったく勝手が分からないという契機である。この契機が、言葉に出されることのない連帯感をつくりだすのだ。そうした人々の一人である女性に、「あなたがたのために自然保護公園を設けるか、少なくともガラスの蓋をかぶせておく必要がありますね」と言ったわたしにたいして、彼女は微笑みながら同意してくれた。

フォルダーブリュールまで小旅行。魅力的なリヒテンシュタインの小さな城。まったく見分けがつかないほど大きな弧を描き、かなり遠くまで行ったと思ったものの、意外なことに出発した地点へとふたたび舞い戻っているという経験。この街には大きな田舎宿があり、肌寒い春の日だったので暖房がよくきいていた。建物の内部は木がきしむ音がし、少し老朽化しており、この地方で使われる表現によれば、裏庭に面した外廊下《パヴラッチェン》のようだった。だが、食事は美味しかった。わたしをオーストリアへと何度も駆り立てる抵抗しがたい魅力のうち、田舎に滞在しているときや、首都近郊の街でもすでに、幼年時代を過ごした南ドイツにいるような感覚を味わわせてくれるということは、ごくささいなものではない。年齢を重ねた身にとって、食事や酒を味わうことはもはや目下の楽しみではなく、過去の想い出の痕跡をたどることの喜びのほうが大きい。そこには、過ぎ去った人生をふたたび元に戻せるのではないかという淡い希望がある。

とある平日にドナウアウエンにて。ウィーンからわずか数キロしか離れていないにもかかわらず、川沿いにいると不思議なほど大きな孤独感を覚える。風景と植物はここがすでに東であるということを感じさせ、無限へと開かれた空間を乱すべからず、といった〔ハンガリーの〕草原《プスタ》のごとき禁令が下されているかのように、人々をこの場所から遠ざけている。十九世紀のとあるオーストリアの政治家の言葉によれば、レンヴェークの東からアジアが始まる。産業もまたぐずぐずともたついているように見える。この地域が手つかずのままに残されているのは太古の昔からであり、ローマ人の痕跡も残っておらず、最果てのドイツの村々もまたスロヴァキアとハンガリーの国境までしか入植しなかったという。ニーダーヴァイデンとシュロッスホーフという美しい城はともに修復中であったが、それらはこの土地の歴史的に見捨てられた状況に抵抗している。片方の城の庭は、道路に面した側が立ち入り禁止となっており、そこには古代美術としての十八世紀の彫像や石造りの装飾の破片が散らばっていた。多くの地点からはプレスブルク砦が見えたが、そこに接している広い道路は激しく折れ曲がっていて、カフカの『城』のまえの道路のようである。この地域にある街のひとつにアスペルンがある。ブラウンスベルクから水辺の草地を見渡すと、軍事的な才能がまったくない者であっても軍司令官のような気分になるくらい、広々とした地形は実に戦闘にうってつけであるように見えるのであり、だからこそそこで何度も戦闘が繰り広げられたのである。ペトロネルという村の名前はペトロニウス（三）を連想させるが、まったく存在しない香辛料のようでもある。フィッシャ川がドナウ川に合流する場所にあるのがフィッシャムエント〔＝フィッシャの終わり〕という村であって、そこには魚料理で有名な宿があるのだが、そこでは世界の終わりにいるかのようにくつろいだ気分になる。

（一）　ウィーンの俳優・劇作家フェルディナント・ライムントが一八三四年に執筆した戯曲『浪費家』に登場する小唄《クープレ》「鉋の歌〔Hobellied〕」の第三節――「はばかりながら、あるとき死が／おいらを引っ張りこう言った。／坊や、こっちに来なさいな！／最初は聞こえないふりをして／絶対に振り向くまいとしたけれど／奴はつづけてこう言った。／ファレンティン、面倒かけないで、さあ！／なのでおいらは鉋を置いて／この世にさよならを告げた。」――を指している。

（二）　みずからが神に選ばれた人間であることについての自己審査〔Selbstkontrolle〕の必要性を主張したカルヴァン派の神学者が念頭に置かれているものと思われる。

（三）　ペトロニウス（Petronius: c.a.20–66）古代ローマの政治家、文筆家。『サテュリコン』の著者と見なされている。

# 芸術と諸芸術

ここ最近の芸術の展開のなかで、ジャンルの境界がたがいに流動的になっている。あるいは、より正確に言えば、ジャンルの分画線が解きほぐれつつあるのだ。現代のさまざまな音楽技法が、いわゆるアンフォルメルといったような絵画上の技法や、さらにはモンドリアンのようなタイプの構成に刺激を受けたものであることは明らかである。多くの音楽の記譜法がグラフィック・アートの方向に傾きつつある。そうした譜面は、たんにそれ自体で独立したグラフィック作品の形態に類似しているというだけでなく、譜面のもつグラフィック的な本質が、作曲された音楽にたいして若干の自立性を帯びるようになっているのである。おそらく、そのもっとも顕著な例となるのがイタリアのシルヴァーノ・ブソッティの作品であるが[一]、彼は音楽に転進するまではグラフィック・アーティストだった。セリーのような特殊な音楽技法が構成原理として、ハンス・G・ヘルメスの作品のような現代の散文テクスト影響を与えたことは[二]、語られる内容が後景化したことにたいする埋め合わせだろう。それにたいして、もはや絵画は平面上で乙に澄ましていることはないだろう。絵画は空間遠近法という錯覚を断念したが、その一方で絵画自体が空間へと押しやられていることは、ネッシュや[三]、ベルンハルト・シュルツェの増殖する作品群といった例を挙げるまでもない[四]。カルダーによる《モービル》において[五]、彫刻はもはや印象派の時代のように運動を模倣することはなく、すべての部分をじっと硬直させることをやめ、風琴の偶然性原理にしたがって、少なくとも部分的にみずからを時間化しようとする。他方でまた、音楽の小節は、交換可能なものとされたり、あるいは配列を変化させられることによって、時間的な継起という拘束性を多少なりとも喪失する。つまり、小節と小節との関係が因果関係と似たものであることを断念するのである。建築と彫刻との境界もまた、目的をもったものと目的にとらわれないものとの違いという点からして自明であるように思われるが、彫刻家たちがそうした区別を尊重することはもはやない。先日フリッツ・ヴォトルバがわたしに指摘したところによれば、(六)彼の彫像の多くは、人間の形態の基礎を出発点としつつも、非具象化のプロセスを徹底的に押し進めたために、ほとんど建築的な形態――彼ははっきりとシャロウンを引き合いに出した(七)――をとるにいたっているとのことである。このような現象の数々は、美学的経験を自分にとって馴染みの領域である音楽に関連づけることに慣れているわたしのような者が、たまたま目に留めたことを気の向くままに書き記したものであって、それらを類別することは自分の役目ではない。しかしながら、こうした事例があまりに頻繁かつ執拗に現れるために、みずから目を閉じないかぎり、それがある強力な傾向を示す徴候ではないかと推測しないでいることは難しいだろう。把握されるべきはそうした傾向であり、もし可能であれば、芸術ジャンルが解きほぐれていく過程〔Verfrasungsprozeß〕が解釈されなくてはならないのである。

このよう過程がもっとも力をもつのは、それが実際に内在的に、つまりジャンルそれ自体から生じている場合である。多くのジャンルが他のジャンルをあちこち盗み見ていることは否定するまでもない。もしも作曲された作品がクレーから表題を借用するならば、それはたんなる装飾であって、クレーを持ち出すことで作品に現代的な雰囲気を与えようとしたところで、そうした振る舞いは近代性の対極にあるのではないか、という疑念が沸いてくることだろう。だが、スノビズムと称されるものにたいして習慣化された憤激を示してみせて得意になることに比べれば、そのような傾向がそれほど胡散臭いものではないことは言うまでもない。追随者ということをもっとも口にしたがるのは、先に進みたがらない者たちである。実際のところ、彼らはそうしたものを先駆的だと思っているのだ。時代精神にたいして免疫があるということ自体は何の功績でもない。免疫が抵抗をあらわしていることは稀であり、大抵の場合、それは田舎者根性のあらわれにすぎない。たんなる模倣という弱々しい形姿においてすらも、近代的《モデルン》であろうとする衝動が生産力の一端をなしてもいる。しかしながら、芸術ジャンルの境界が解きほぐれていくという傾向において問題となっているのは、馴れ馴れしく他のジャンルに取り入ろうとすることや、総合芸術作品という名称のなかに人を怖れさせる痕跡を残している例の欺瞞的なジンテーゼ以上のことである。すなわち、おそらくハプニングが総合芸術作品であろうとするのは、ひとえに完全なアンチ芸術作品としてなのである。それと同様に、音楽において音価を並列的に置くことは、絵画上の技法を強く想起させはするものの、そのような作曲法は、音色を構成要素のひとつとして取り入れる音色旋律の原理から導き出されたものであり、絵画的な効果を模倣したものではない。すでにヴェーベルンはほぼ六〇年まえに点描的なスコアによる楽曲を書いていたが、それは必要以上に音を引き延ばすことで音楽的な広がりのなかで何かが起こるかのように偽装するという安直な方法を批判するためであった。さらに、グラフィック的な記譜法の発明にあたって、戯れという契機が大いに与っていることはけっして不当ではない。だが、こうした記譜法は、従来的な調性体系に則った音符に比べて、音楽上の出来事をより柔軟に——それによって、より精確に——記録しようとする欲求に対応しているのだ。とはいえ、それは逆に、グラフィック的な記譜法が即興演奏にも幾許かの余地を残しておこうとすることもしばしばである。つまり、純粋に音楽的な要求があらゆるところで聞き入れられているのである。芸術ジャンルの解きほぐれにまつわる現象のほとんどすべてに、これと似たような内在的な動機が潜んでいることを認めるのはさほど困難ではないだろう。わたしが思い違いをしているのでなければ、絵画を空間化しようとする試みは、絵画上の空間遠近法とともに失われていった形式組織的な原理に相応するものを模索している。伝統的な作曲技法のストックのなかであらかじめ音楽として選り分けられていたものを無視するような音楽上の革新の数々は、和声における深層的な次元の喪失と、それに付随する形式類型の喪失によって生じたものである。芸術ジャンルの境界を示す標柱を突き崩すものを動かしているのは、ジャンルの境界の内側で目覚め、やがて境界を越えて溢れ出していく歴史的な諸力なのだ。

進歩的な現代芸術といわゆる一般大衆との反目関係において、芸術ジャンルの境界が解きほぐれていく過程がかなりの役割を果たしていると思われる。境界が侵犯されるところでは、異種混淆することへの拒絶的な不安がたちまち生じてくるのである。このコンプレックスは、かつての純粋な人種にたいする国民社会主義的な崇拝と、混血にたいする侮蔑のなかで、病的なかたちで露呈した。いったん確立されたジャンル区分という規律を守らないものは、だらしのない退廃的なものであると見なされる。しかしながら、そうした区分自体は自然発生的なものではなく、歴史的な起源をもつものであって、その多くは、たとえばバロック時代に建築と再結合した彫刻が、あとになってようやく建築から最終的に解放されたのと同じく遅ればせのものである。ジャンルのなかで生起したはずなのに、そのジャンルとは相容れないと見なされる芸術上の展開にたいする抵抗の基本パターンとは、音楽家にとってはお馴染みの「それはなおも音楽なのか？」という問いである。こうした問いがかつてスローガンになったとき、なおも音楽が、多少の修正を加えたこともあったにせよ、内在的な合法則性に従っていたことは疑いない。今日では、前衛的な作曲家によって、「それはなおも何々なのか？」という俗物的な問いが字義どおりに受けとめられている。この問いにたいする答えとして、もはや音楽であろうとしない音楽が、実際にしばしば作曲されているのだ。たとえば、イタリアの作曲家のフランコ・ドナトーニの弦楽四重奏は、四種類の弦楽器によって発せられる騒音だけを組み合わせたものである。ジェルジ・リゲティの緻密に造形された傑作《アトモスフェール》のなかには、もはや通常の意味で分別可能な個々の音というものが存在しない。エドガー・ヴァレーズの《イオニザシオン》は数十年もまえに作曲された作品であるが、のちのさまざまな作曲上の試みの原形をなすものであった。この作品がなぜ原形をなすかといえば、特定のピッチをほぼ完全に放棄しているにもかかわらず、リズム上の変化によって伝統的な音楽にかなり近い印象を生み出したからである。諸々の芸術ジャンルは、文明のタブーに反するような一種の乱交状態を享楽しているかのように見える。

しかしながら、判明に区分けされた芸術の諸部門がぼやけていくことが文明の不安を呼んでいる一方、不安にさせるものにたいして無知を決め込み、かつて芸術が参与していた合理的で文明的な傾向に順応しようとする趨勢も見られる。一九三八年にオトマール・シュテルツィンガーという名前のグラーツ大学の員外教授が『芸術心理学の基礎』という書物を出版したとき、彼はそれを「諸芸術の友に」捧げた。ここで「芸術」を複数形にするという感動的な俗物ぶりは、沈思黙考する観察者にたいして提供される品々が、料理から美術サロンにいたる実に多彩なものであって、そうしたものが実際にこの書物のなかで吟味され、賞味されるという事情を詳らかにしている。「裕福であった故人は諸芸術の友であり、その振興に尽くされました」といった葬式の文句を考えるならば、そのような多種多様ぶりに芸術が苛立ちを覚えていることは理解できる。かかる多種多様さは、嫌悪すべきという点ではそれに劣らない芸術享受についてのイメージ、すなわちシュテルツィンガー流の世界において同じことを頑迷に繰り返しながら貧しげな馬鹿騒ぎをやらかしている芸術享受のイメージに加担しているのである。もはや芸術は、経済的な事情からやむをえない場合を除いては、神経の細やかな「芸術の友」のような連中と関わり合おうとはしない。ハリウッドにおいてシェーンベルクは、彼の音楽について知らない一人の映画王がお追従めいたことを述べようとしたところ、「わたしの音楽は愛らしくない〔my music is not lovely〕」と呟いた。芸術はみずからの美食家的な契機と絶縁する。そのような契機は、それが無垢なものではなくなったとき、つまり素材支配の進展のなかで音楽の機能になった美しい響きが作曲されたものと一致するという無垢な状態が失われたとき、精神的な契機と相容れないものになった。美食家的なものとしての感覚的な刺激が自己目的として分離され、それ自体が合理的な計算対象になってしまった。それ以降、芸術は自律的な形姿化に逆らうような所与の素材に従属することに反抗するのだが、芸術を諸芸術へと分類することのなかに反映されていたのは、この素材への従属という契機であった。つまり、芸術素材が拡散したことは、感覚的な刺激という契機が漠然としたものになったことに対応しているのである。

ヘーゲルとショーペンハウアーの偉大な哲学は、それぞれのやり方で、異種的な多様性という問題に頭を悩ませ、諸芸術の並存状態を理論によってジンテーゼへともたらそうとした。すなわち、ショーペンハウアーは音楽を王座に据えたヒエラルキー的体系において、ヘーゲルは文学において完結する歴史的・弁証法的な体系においてである。しかし、両者の試みはともに不十分だった。個々の芸術作品の等級が、芸術作品の異なるジャンルからなる体系の価値序列に従うものではないことは自明である。芸術作品の等級は、ヒエラルキーのなかである特定のジャンルが占めるポジションに左右されるものでも、あるいは――ちなみに古典主義者であったヘーゲルは、そのような主張をおこなわないよう十分に注意を払っていたのだが――あとから来るものがおのずとより優れているといったたぐいの発展過程において占める位置に依存するものでもない。全般に妥当する推定というものは、それとは逆の〔まったく妥当しない〕推定と同じように虚偽であろう。芸術という理念において哲学的なジンテーゼをもたらそうとする試みは、複数のジャンルが並存しあっているという未熟な状態から抜け出そうとしたが、しかしながらこの試みは、音楽にたいしてヘーゲルが下した判決や、歴史画にほんのわずかな余地しか認めていないショーペンハウアーの判断のように、みずからが発する判決によって裁かれる。そのかわりに、芸術の運動法則それ自体が、そのようなジンテーゼへと接近していく。『芸術における精神的なもの』[八]というカンディンスキーの書物のタイトルは、表現主義者たちの潜在的な綱領をそこそこ上手く定式化したものになっているが、この書物において初めて、ジンテーゼへと向かっていく芸術の運動法則が記録された。この書物のなかで、増幅効果と呼ばれるものを生じさせるための手段として、諸芸術を共生させたり、凝集したりすることのかわりに、技術的な相互関係について説かれていることは偶然ではない。

　ヘーゲルは、彼がそう呼ぶところのロマン主義的芸術作品の構成のうちに、芸術における精神化の勝利を予見したが、しかしながらそれは、勝利に酔ったものがすべてそうであるように、あまりに失うものが大きいピュロスの勝利であった。壮大であろうとしたカンディンスキーのマニフェストは、ルードルフ・シュタイナーから女詐欺師のブラヴァツキー[九]にいたるまでのさまざまな胡散臭いテクストを典拠とすることを怖れない。カンディンスキーにとって、「芸術における精神的なもの」というみずからの理念を正当化するためには、その当時、実証主義に対抗して精神〔Geist〕を――さらには幽霊〔Geister〕さえも――引き合いに出したものは、すべて歓迎なのである。こうしたことは、たんにこの芸術家の理論的な混乱のみに起因するわけではない。少なからぬ数の芸術家が、本業《メチエ》に精を出す一方で、理論的な護教論の必要性を感じていたし、いまだに感じている。対象や方法の自明性が失われたということが芸術家たちを省察へと向かわせるのだが、彼らは省察につねに長けているわけではない。半可通にすぎない彼らは、どこかから何かを聞いてくると、闇雲にそれを受け入れてしまうのだ。だが、主観的な思考力が不足していることが問題であるわけではない。カンディンスキーの著作が、おのれの瞬間の経験をきわめて忠実に記録しているとしても、こうした経験の内容そのものが、真理とともに疑わしいものを含んでいるのである。だからこそ、経験の内容を疑わしいものによって支えることを余儀なくされるのだ。芸術において感覚的に現れることにもはや満足しなくなった精神は、独立する。そのなかにある衝動は、五〇年まえと同様に、今日においてもなお、感覚的に心地よい芸術作品に——たとえそれが傑作であったにせよ——遭遇したときに口に出る、「これはもう通用しない」という言葉において誰もが追体験できるものである。精神のそのような独立化は正当であり、不可避的であるが、そのことによって否応なく精神は一個の分離したものとして、作品の素材や手順と——ヘーゲルなら「抽象的に」と言うだろうような仕方で——対立することになる。かつての寓意画のように、精神が作品のなかに書き入れられるのだ。だが、いかなる感覚的なものが精神的なものを意味するかについて——たとえば、色彩がもつ象徴的な価値について——、そしてまた、精神的なものが何を意味するのかについて決定するのは、きわめて逆説的なことに、慣習であったり、現代芸術の運動全体がもっとも激しく反発したカテゴリーであったりさえする。このことは初期のラディカルな芸術と工芸美術との横断的な結びつきによって確証される。それ自体で意味深いと称される色彩や響きといったものは何であれ、混濁した役割しか果たしていない。しかるべき理由があって感覚的な刺激を無効にした芸術作品であっても、みずからを——セザンヌの言葉を借りれば——「実現する」ためには、感覚的な担い手を必要とするのである。芸術作品が遠慮会釈なく徹底的におのれを精神化することに固執すればするほど、作品は精神化されるべきはずのものからますます遠ざかってしまう。いうなれば、作品の精神は、精神とその担い手のあいだにぱっくりと口を開いた空隙のうえを漂っているのだ。作品の構成原理が素材のなかで連関を優位に置くことに成功したとしても、精神によって素材を支配することは、精神の喪失へと、つまり内在的な意味の喪失へと反転してしまうのである。以来、すべての芸術がこうしたアポリアに苦しんでいるのだが、もっとも酷い苦痛に悩まされているのが、このアポリアにもっとも真剣に取り組んでいる芸術である。精神化すること、すなわち創作方法を合理的に統御することは、問題となっている事象の内容そのものである精神を追放してしまうかのように見える。素材を精神化しようとした試みは、たんに存在するだけのものとしての剝き出しの素材において終わりを迎えるのだが、まさにそれをはっきりと要求したのが、最近の芸術上の展開のなかで登場してきた数多くの流派——たとえば、音楽ではジョン・ケージの楽派——であった。カンディンスキーが、さらにそれと実によく似たかたちで表現主義時代のシェーンベルクが、毀損されておらず、比喩ではなく真なるものとして擁護した精神——シェーンベルクの場合も、精神をいわば現存在へと召喚する神智学と無縁ではなかった——は、拘束力のないものとなり、まさにそれによって、それ自身のために賛美されるのである。「汝は精神を信じなくてはならない！」

それにたいして、個々の芸術ジャンルは、みずからを具体的なかたちで普遍化しようとすることで、まさに芸術という理念を追求している。ふたたび音楽を例に説明しよう。シェーンベルクは、作曲上の次元のすべてを包含するような統合的な方法をつうじて、諸次元の統一をきわめて厳格に推し進めた。そして彼は、音楽的連関についてのひとつの教義を構想することによって、そのような統一化を理論的に表現したのである。それは音楽作品を構成する部分的な契機のすべてが、この連関に従属しなくてはならないというものである。シェーンベルクにとって、そうした教義となったのが作曲法だった。このように連関が優位に置かれることのうちに、ここ二〇年間の音楽の展開が明らかに包摂されるのだが、知ってか知らずかはともかく、現代音楽がシェーンベルクの綱領に従ったことで、これまで——シェーンベルクにおいてもなおも——音楽的であると見なされてきたものが侵害されてしまった。シェーンベルクは、それ自体のなかで徹底的に組織化された作品をつくりだすために、なおも省察されていない客観的な音楽史のなかで成立した、諸連関を形成するための手法のすべてを潜在的に統一した。だが、芸術的な合目的性という規範と対照させたとき、そのような従来の手法は、それ自体としては偶発的であり、制約されたものであって、音楽的連関一般の特殊な事例にすぎないことがたちまち露呈することになった。たとえば、シェーンベルクの全作品のなかで、調性とは旋律的で和声的な連関形式の特殊事例であり、ときおり立ち戻ることができるものにすぎないことが判明したのである。さらにシェーンベルク以降、彼が到達した音楽的連関という概念を伝承された諸前提から切り離し、それによって「音楽的なもの」という概念のうちに沈殿するすべてのものから解放するような一歩が踏み出されたが、このことは測り知れない射程をもつことになった。自由な無調性や十二音技法といった音楽的連関を形成する手法にすらもアレルギー的な拒絶反応を示すようになった音楽は、これらの手法のなかに否定された調性の痕跡を鋭敏に聴きつけたうえで、連関という概念をも、聴覚において具現化されるというこれまでの制約された形態に拘束されることなく、自由に処理しようとした。シュトックハウゼンのすべての作品は、音楽的連関のさまざまな可能性を、ひとつの多元的な連続体のなかでテストする試みとして捉えることができる。そのような主権性は、諸次元の予測不可能な多様さのなかで連関を打ちたてることを可能にするのだが、それは音楽と視覚的なもの——建築、彫刻、絵画——を内部から結び合わせる。それぞれの芸術ジャンルが連関を形成するための手段が、受け継がれてきたストックを超えて拡張し、いわば自身を形式化すればするほど、さまざまなジャンルがますます同一のものに従属するようになるのだ。

諸々の芸術ジャンルを芸術へと統一しようとする要求の原形になるのが、それぞれのジャンル内部における統合的方法であることは言うまでもないが、そうした要求そのものは近代《モデルネ》よりも古い。ローベルト・シューマンの格言によれば、ある芸術の美学は別の芸術の美学でもある。この格言にはロマン主義的な含意があった。すなわち、たとえばベートーヴェンが後の世代から「音の詩人」と呼ばれたように、音楽が不快な紋切型と化したおのれの建築的な諸契機に魂を吹き込むことでポエジー的にならなくてはならない、という当てこすりがそこには込められていたのである。近代《モデルネ》における芸術ジャンルの解きほぐれとは逆に、ここでの強調点は主観性に置かれていた。芸術作品はひとつの魂——それは個々の作曲者とけっして一致することがない——の刻印になった。すなわち、芸術作品がみずからを自由に表現する自我の言葉になったのだ。このことが諸芸術をたがいに接近させた。魂が吹き込まれているという点で相異なるジャンルが似通っていることが示されるかもしれない。しかしながら、それによってさまざまなジャンルのあいだの境界が侵害されたわけではなかった。ジャンルの境界は旧来あったとおりのままに残存したのであり、こうした不一致は、近年の芸術の発展にとって決定的なモティーフとしてもっとも取るに足りないものではない。作品に魂を吹き込む美学的なものがその諸媒体よりも優位に置かれるとき、その問題点をもっとも容易に見て取ることができるのが、気分という特徴的なカテゴリーである。ある特定の時点をもって、つまり新ロマン主義と印象主義にたいする反発があって以降、近代《モデルネ》は気分というカテゴリーに背を向けるようになった。だが、気分が軟弱で脆いものとして人を苛立たせたとしても、それは栄養満点の作品を好む反動的な芸術愛好家たちが、自分が飲み込むことのできない異質なものを非難するときに持ち出してくるナルシシズムのためではなかった。人を苛立たせたのはむしろ、〔気分という〕事象の客観性のなかにあるひとつの契機、すなわちみずからの内的構成における抵抗の欠如という契機のためだったのである。漠然と独断的に気分を追い求める芸術には、他者性という契機が欠落している。芸術が芸術となるためには、おのれとは異質なものを必要とするのである。あらゆる芸術作品は内実に照らせばそれ自体においてひとつの過程をなしているのだが、もしも作品が異質なものを必要としないのであれば、この過程は足がかりとなる点もないままに、自分のなかで空転するだけであろう。芸術作品と対象の領域との対立が生産的なものとなり、作品が真正なものとなるのは、ひとえに芸術作品がこうした対立を内在的に耐え抜き、自分のなかに取り込んだものに即してみずからを客体化することによってのみである。芸術作品は、たとえきわめて主観的なものだったとしても、作品とその内実を構成する主体のなかに埋没してしまうことはない。個々の作品は、主体にとって異質なものとして対立している諸々の素材や、主観性のみならず素材からも導出される諸々の方法を有している。作品の真理内実は、主観性に汲み尽されるものではなく、むしろ客体化に負っているのだ。この客体化は、確かにみずからの遂行者としての主体を必要としているものの、しかしながら、かの〈他なるもの〉と内在的に関係していることによって、主体を超越する。この〈他なるもの〉によって、還元しえないもの、質的に多彩なものという契機がもたらされる。かかる契機は、さまざまな芸術ジャンルが表現するものの力によって、統一のあらゆる原理にたいしても、芸術ジャンルの原理にたいしても反抗するのである。芸術作品がこのことを軽視するならば、「芸術的な才能はあるものの、どこか違っている」と言われるような人々の作品に見出される、美学的な一般物へと容易に堕してしまうだろう。その才能が素材と結びついたものであることは誤解の余地のない第一級の芸術家たち——たとえばリヒャルト・ヴァーグナーやアルバン・ベルク、おそらくパウル・クレーも含まれる——が、特種な素材のなかで普遍的な美を消滅させることに精力を注いだのには十分な根拠があった。しかしながら、普遍的な美は、あまりに現実主義的な素材の規律の厳格さに甘んじようとはしない反動形式として、エーテルのように残存してもいる。芸術が普遍的な美に満足するとディレッタンティズムの方向に傾いていくように、そうしたエーテルの最後の痕跡を——芸術家であることはきわめて容易であるために——拭い取られてしまった芸術は、職人細工的な俗物さへと干乾びていく。いわゆる民衆音楽運動や青少年音楽運動の信奉者たちが、あのシューマンの格言に憤慨したのも無理もない。統一美学が芸術作品における作品と異質なものの存在を無視して駆け足で通り過ぎてしまうとすれば——シューマンの音楽においては、このような災いに満ちた過程は、美学的な質として、つまり災いの表現として生じる——、それとは対照的に、腕まくりをして素材への公正さを求めることは独善的である。そのような要求は、芸術作品の異質な諸契機、とりわけ主観性のフィルターによって濾過されていない方法が、あたかもひとつの真理内実をもっているかのように偽装するのだが、そうした方法自体が真理内実を有しているというわけでははないのである。

芸術と諸芸術とのあいだの葛藤は、どちらが勝ったという鶴の一声によって決着するというものではない。後期ロマン主義の時代でさえ、諸芸術は、その当時「様式意志」という名前——まさにユーゲントシュティールそのものだった——で教えられていた簡潔な統一化からは逃れていた。よく知られているように、ゲオルゲやホーフマンスタールのような新ロマン主義の偉大な詩人たちと造形芸術との関係は恵まれたものではなかった。彼らは、バーン゠ジョーンズやプヴィス・ドゥ・シャヴァンヌ、ベックリンのような象徴派の画家が自分たちと親和していると見なす一方で、印象派の画家たちにたいしてゲオルゲは、小生意気なヘボ絵描きどもというヴィルヘルム時代風の文句を撤回しようとはしなかった。二人が見誤ったのは、神秘の泉での聖別といったのちに悪評を呼んだ主題よりも、印象派の技法のほうが彼らの詩的な表現をはるかに望ましいかたちで止揚していたということであった。だが、そうした誤りの原因は、彼らが奇妙な文学的妄想に取り憑かれてしまったためでも、パリで起こっていたことにたいする田舎者じみた無知によるのでもなかった。ゲオルゲには不吉な象徴派絵画とイメージ的に近接していることが否定できない詩が無数にある。しかしながら、ゲオルゲの最良の詩は、その特殊な具象性を、視覚的なイメージではなく、あくまで言語に負っているために、象徴派とはまったく異なっている。ゲオルゲの連作詩《ツィクルス》『収穫のあとに』で描かれた秋の風景の数々をかりに絵画に翻案したとすれば、それはキッチュなものになってしまうだろう。そうした風景を構成する言語の形姿において、さまざまな色彩をあらわす言葉は、絵画における実際の色彩とはまったく異なった色価《ヴァルール》をもっているのであり、そのうちのいくつかの言葉は時代遅れになることに逆らいつづける。文学作品のなかのそうした色価《ヴァルール》こそが、文学を音楽と結び合わせるものにほかならない。きわめて似通った題材を——さらに、連想されるイメージ層が似通ったものを——扱っている複数の芸術ジャンルにおいて、それらの本質的な違いを内実に即して見分けることができるのはどこかという問題については、音楽の例を見ると一目瞭然である。ブラームスの表現には、古ドイツのバラードめいたところや、騎士のように武装したところ、愛らしい可笑しさを湛えたところがあるが、そうした諸相を否認することができるのは、みずからの音楽的な力が音楽以外のものを付加することを断念するものだけである――とはいえ、そのような付加がなければ音楽的なものは存在しないのだが。ともかく、ブラームスの表現を構成する諸契機は、イメージにおいて把捉されたり、不器用に言葉で表現されうるものではなく、一瞬閃くとたちまち消滅してしまうものであって、そのためにシェッフェル風の世界とは無縁なのだ。いかなる批評であっても、そのような束の間の表現酵素に作品を縛りつけることなど不可能であろう。これらの酵素は、作曲された音楽作品から粗削りの素材として不器用に突き出しているというわけではけっしてない。むしろそれらは、作品の純粋な展開のなかで、すなわちそれ自体において徹底的に形成された音楽言語において、みずからを解消していくのである。この言語は、先に触れた異質な諸契機に触れることによって燃え立つのだが、異質な諸契機やその次元に一瞬たりとも還元されることはない。偉大な芸術作品になるためには幸運に恵まれなくてはならないとすれば、ブラームスの場合、彼のバラードが詩ではなく音楽になったことは幸いであった。諸芸術がみずからが何を表現するかという点で同一のものを考えていたとしても、どのようにそれを考えるかによってたがいに異なるものになる。作品の内実とは、「何を」と「どのように」との関係なのだ。諸芸術は、みずからの内実の力によって芸術となる。芸術の内実は「どのように」という要素を、つまりはおのれ独自の言語を必要とする。ジャンルの彼岸にあるより包括的なもの〔としての芸術という理念〕にたいして、芸術の内実は溶け失せてしまうだろう。

芸術と諸芸術のいずれが優先されるべきかという問題にたいして、どちらのほうが優位にあるというような明快な解答を下そうとする試みは、大抵の場合、文化保守主義者によるものである。というのも、彼らの関心とは芸術を不変のものへともたらすことであるが、彼らにとって不変のものとは、顕在的か潜在的かはともかくとして、過去のものをモデルにしているために、現在のものや未来のものに誹謗中傷を加えることに役立つからである。完全に反動的な保守的思考法は、あらゆるところで良い・悪いという二者択一をおこないがちであり、諸現象における客観的な矛盾性といった思考にたいしては後ずさりしてしまう。文化保守主義者たちは、弁証法をソフィスト的な詭弁だとして異端扱いするばかりで、弁証法の基盤〔fundamentum in re〕が存在する可能性の余地を進んで認めることはないのである。諸芸術のあいだの質的な差異をもっとも断固として主張したドイツ人であり、芸術という概念の存在など絶対に認めようとはしなかったルードルフ・ボルヒャルトは、極端なアルカイズムに傾きがちであったものの、ともあれベネデット・クローチェについての論考のなかで、ヘーゲルにたいして敬意を表明している。しかしながら、そこで彼は根本的な誤解を露呈してしまった。クローチェにおいて初めてヘーゲルの思想が学派の争いを超えて新時代を切り開いた、という誤った信念に惑わされたボルヒャルトは、クローチェが真に弁証法的な契機を死んだものと見なしてヘーゲル哲学から切り離し、一九〇〇年ごろに流行していた発展という概念や、異なるものの平和的共存といったものにヘーゲル哲学を還元することで平板化してしまったことに気づかなかったのである。ボルヒャルト自身が意図していたことは、「詩人と詩的なもの」というエッセイのなかに記されているが、それは弁証法とはまったく無縁である。ボルヒャルトは、ヘルダーを引き合いに出しつつ、諸芸術にたいして超越的な原言語としての、「予言的な能力」としての詩的なものを、あらゆる芸術から引き離そうとする。不可侵性、神々の庇護、例外存在、神聖化といったカテゴリーとは、詩作のみに固有のものであるというのだ。歴史的な双曲線をもちいてボルヒャルトは、詩的なものと世俗世界とのあいだの次第に激しさを増す葛藤についての見取図を描いてみせる。しかし、彼の言葉は非合理主義的である。「おのれの感覚能力を忘却せよ。おのれの知性を忘却せよ。そうしたものによって詩的なものに接近することはできない。芸術的なものであれば接近できるかもしれない。文学にたいしても可能であろう。だが、詩的なものが今日あなたがたのもとに現われるとき、それはソロンやアモスの時代のようにひとつの完全体をなすのであって、そこに見出されるのは、法、宗教、音楽であり、最終的に見出されるのは、生きいきとした生命と同じく、ほとんど呪文のようなものであり、森羅万象のすべてであり、一冊の世界百科全書なのであるが、それは学術的な世界百科全書とは根本的に異なっている」(1)。そのような百科全書的な全体性とボルヒャルト的な神秘とをいかにうまく折り合わせるというのか、という疑念は抑えようもない。ボルヒャルトはさらにつづけてこう述べる。そうした全体性とは「すべての詩的才能とともに新たに誕生するものであり、この詩的才能ゆえに、過去のさまざまな時代でそうであったように、ふたたび具体的なかたちをとっておのれをあなたに伝達したいと願うのである。だが、それはあくまで過去と未来という時間形式においておこなわれるものであって、現在は存在しない。それは、ありし日のごとき未来の予言であり、永遠の創世の日のようにそこには未来もまた存しているのであるが、ここでいう未来とは、文士どもが申し立てているような政治革命ではなく、かつて花冠と杖をもった詩人がいた日々のように、神の子どもたちのための神の帰還なのである」(2)。ボルヒャルトの狙いとは、まさに詩作を比喩的にではなく神格化することにほかならない。つまり、「恥と畏敬の念をもって、あなたのもとになおも棲まっている驚嘆すべきもの、すなわち独自の諸形式をとった神的なものをそっとしておく」ことである。「啓示を待ちつづけよ。その手助けをしようなどと考えてはならない」(3)。ボルヒャルトによれば、まさにこうした事態が、他の諸芸術、わけても造形芸術において生じているというのである。彼は不自然なまでの素朴さでもって「ふたたび原始人の境遇に身を置いて」みようとする。「すでに叙述しようと試みたように、一方のかたわらには詩人がいる。他方のかたわらには彫刻家や画家といった芸術家がいる。あなたは、その人物が何を生業としているのか知るために、その傍らに立って、創作をおこなう姿を、つまり、鋳造したり、鋳造したものを磨き上げたり、何かを描いている様子を眺める。そして、その人物があらわしているものが何であるかを突きとめる。すなわち、何かを捏ねているのであれば、何を手本にして捏ねているのか、あるいは何をモデルにしているのかを突きとめるのである。いったいそれは何なのかと推測することから、しだいに美学的に眺めることへと連想が移り、正しいもの、類似したもの、美しいものといったカテゴリーが生じてくる。しかしながら、わたしが問題にしたいのは、素朴な大昔の人間にとって、画家や彫刻家とは、手仕事ができる人のことであって……あなたがそばに立ってその仕事ぶりを眼にしたとき、それは確かに、素朴な見物者にとって、驚愕し、感心し、拍手喝采する対象ではあるものの、そこには謎めいたものは存在しないということである。なにしろあなたは、彼がそれをつくりあげていく様子を見ているのだ。だが、詩人の場合、あなたはそうした様子を眼にすることはない。それを見た者は誰もいない。ギリシア人や太古の人間にとって、感覚的な諸芸術には、わたしがここであなたに述べたもの、すなわち秘密や問題といったもののすべてが欠けているのである。そこで問題となっていたのは、きわめて高い次元の諸々の技能であり、その技能はますます高次のものとなっていく――しかし、あなたに欠けていたのは陶酔であり、超越的な何ものかにたいする意識である。造形芸術家たちの女神はミューズではなく、テクネーという名である。そこには悪魔の力が、計算しえないものが欠けている」(4)。こうした情念《パトス》は、脱魔術化され、物象化された世界に対抗しようとするものだが、いささか気が抜けている。さまざまな現象をまえにして貫かれる強情さにレトリックが負けてしまっているのだ。歴史的に手仕事から派生してきた諸々の芸術ジャンルが、至高の力を、つまり最高のものを表現する能力を欠いていると主張することができるのは、手仕事として派生したものを断固として手仕事に結びつけようとするあまり、可視的なものにおける不可視的なものの存在を見損なってしまう者だけである。創作の過程が眼に見えるということが美学的な真理内実と一致するというわけではないが、その一方で、詩人もまた、何かを書きつけたときに見下されかねないことになってしまう。ボルヒャルトが詩作のみに認めた謎としての性格は、すべての芸術に当てはまる。芸術とは、みずからが語る内容を語っていながらも、しかし同時に語っていないものなのだ。おそらく、造形芸術の起源をなすミメーシス的な能力のなかには、古代彫刻に現われているような、合理性で武装しようとすることの対極をなすような契機がすでに存在していた。造形芸術がこの契機をあとになって、まさに進歩した技術《テクネー》をもちいて獲得したということは確実である。だが、ボルヒャルトのように、テクネーとしての造形芸術と詩作とをアンチテーゼをなすものと考えることには納得できない。というのも、ボルヒャルトが距離を置こうとしている造形芸術の媒体もまた、言語であるからである――音楽がボルヒャルト流の二項対立図式にまったく当てはまらないことは問わないでおくとしても。ともかく、ボルヒャルトがもちいる狭い意味で技巧的で技術的な特徴とは、詩作の特徴でもあって、そうした特徴は詩作が作品として成功するかどうかに決定的に関与している。詩作のためにボルヒャルトがおこなう弁明が、みずからの利益のためになされたものであることは間違いない。だが、彼のような言語の巨匠《ヴィルトゥオーゾ》がこうしたことを見過ごし、厚かましくもモーツァルトに熱狂してみせるオペレッタ作曲家のように、すべてを霊感へと押しやってしまったとは考えられない。ボルヒャルトはピンダロスやダンテ、それに卓越した技量でもってスウィンバーンをドイツ語に翻訳した人物である。擬古的なしなをつくりながら技能を俗物的と呼ぶボルヒャルトであるが、彼はドーリス方言をもちいた合唱隊詩人のピンダロスが高い技能を持ち合わせていることを否認したいのであろうか。彼にとって、専門知識と寓意で一杯に膨らんだフィレンツェ人のダンテの作品は、陶酔の産物であるというのだろうか。素材から分離していることによって素材を統御しているような技術的な構成要素の数々を、彼はスウィンバーンの音楽的な韻文のうちに聴き取ることがないのだろうか。

ボルヒャルトは、暗示力によって詩作という巨像を魔術のように出現させるのだが、諺のような言い方をすれば、それを支えている脚は陶器でできているように脆弱である。そんな巨像は駄法螺にすぎない。ボルヒャルトは、詩作をもっとも真剣な対象と呼び、自分の意見がともかく真剣に受け取られるならば、すぐさまこの対象について何ごとかを伝えねばならないと考えている。だが、ボルヒャルトのテクストに満ちあふれている連想やアンチテーゼの数々は、この詩作という対象こそが、いわば諸々の芸術ジャンルを閉鎖的なかたちで存在論的に固定化しようという試みを嘲弄しているという事実を、ソフィスト的にごまかしているのである。

芸術と諸芸術をめぐる論争において、ボルヒャルトとは相反する立場をとるマルティン・ハイデガーは、それに劣らず存在論的であることは確かであるものの、まさに存在論的であるという点において、より深い省察をおこなっている。実際、ハイデガーによるヘルダーリンの詩の解明には、ヘルダーリン自身の詩行を踏襲するようにして、創設者としての詩人にたいして、ボルヒャルトと似たような特権を認めている個所が散見される。その点に関しては、両者はおそらくゲオルゲ派から刺激を受けたのであろう。しかしながらハイデガーは、彼の思想において支配的な存在概念に従って、芸術家とは比較にならないほどの厳格さで統一を求める。存在はつねにすでに世界のなかにあり、存在者のなかへと超越するというハイデガーの理論は、技術を軽視することを許さないが、それは古い形而上学的な偏見に囚われた彼が『存在と時間』のなかで手仕事を用具性〔Zuhandenheit〕の原像としたのと同様である。ボルヒャルトが芸術と宗教を混ぜ合わせ、芸術作品における世俗化という構成的な契機を隠蔽してしまうのにたいして、『杣径』に収められた芸術作品の起源についてのハイデガーのテクストは、対象の物的性格を冷徹に指摘したという功績がある。いみじくもハイデガーが皮肉を込めて述べているように、しばしば引き合いに出される美的体験は、芸術作品が物であることを無視することはない。物的性格と統一——いうまでもなく、ハイデガーの存在概念において消滅してしまっている理性《ラチオ》の統一――は、たがいに関係しあっている。だが、さらにハイデガーは一歩進んで、ボルヒャルトにとっては受け入れがたい命題を唱える。すなわち、あらゆる芸術は本質において詩作であり、建築芸術、絵画芸術、音楽芸術は、詩歌に還元されざるをえないという命題である。(5) ハイデガーは、彼の言葉でいう存在的なもの〔Ontisches〕に関わるものとして実際の諸芸術を引き合いに出しているかぎりにおいて、この命題が恣意的であることに気づいていないわけではない。ただし、困惑するあまりハイデガーは、芸術的なものを「真理に光を当てながら投企すること」として存在論化することに助けを求める。それは広義において詩作することであり、詩歌はそのひとつの仕方にすぎないというのである。言語芸術家であるボルヒャルトとは逆に、ハイデガーはあらゆる芸術が言語としての性格をもつことをはっきりと強調した。しかしながら、芸術的なものを存在論化したことによって、諸芸術のあいだの差異、すなわちそれぞれの素材にたいする関係性は、たんに従属的なものとして手品のように消されてしまう。このようなかたちで引き算されたあとに残るのは、ハイデガーの抗議にもかかわらず、きわめて不確かなものだけである。ハイデガーによる芸術の形而上学は、みずからの不確かさのために、同語反復的な様相を呈する。つまり、芸術作品の起源とは芸術である、ということが力説されるのだ。そこでいわれる起源とは、ハイデガーにおいてつねにそうであるように、時間的な生成ではなく、芸術作品の本質の来歴であるとされる。そのような起源についてのハイデガーの教理は、そこから派生したものに何も付け加えることがなく、そうすることもできない。というのも、起源から派生したものは、起源という崇高な概念がみずからの下位に置こうとする現存在によって汚されてしまっているのがつねであるからだ。芸術の統一という契機、すなわち芸術における芸術的なものをハイデガーは救出しようとするが、そのかわりに、芸術的であるとされているものを畏敬するあまり理論が沈黙するという犠牲を支払わなくてはならない。ボルヒャルトの術策によって芸術的なものが本来の詩作の領域である神学的な領域のなかで不可視のものにされてしまうとすれば、ハイデガーにおいてそれは、内容を欠いた純粋な本質性へと揮発してしまうのである。美学的な統一という契機は、あたかもそれに反抗する多様性の圧力に晒されたかのように、ハイデガーがかつて存在について述べたものへと収縮する。すなわち、結局のところそれは、たんにそれ自体であるという以上のものではないのである。芸術を蒸留したとしても、そこから析出されるのは、芸術の純粋な統一でもなければ、諸芸術の純粋な多様性でもないのだ。

ともあれ、芸術とはたんなる諸芸術の上位概念であって、さまざまな芸術を種目として包含しているひとつのジャンルである、といった素朴な論理を振りかざす見解は捨て去らなくてはならない。こうした図式は、そこに含まれるものの非均質性という問題に突き当たると崩壊してしまう。上位概念なるものは、偶発的なものばかりでなく、本質的なものもまた見逃してしまうのである。そのことについては、少なくとも過去を歴史的に振り返ってみた場合に、諸々の芸術の種目のあいだにひとつの本質的な差異が存在していることを想起すれば十分であろう。すなわち、イメージ〔Bild：図像〕という性格をもっている——あるいはもっていた——とともに、その遺産を潜在的な糧にしているような芸術、すなわち模倣芸術や描写芸術が一方にあるとすれば、他方で、たとえば音楽のように、もともと欠如しているイメージという性格を、あとになって初めて、徐々に途切れ途切れに、つねに不確かなかたちで移植された芸術がある。ひきつづき支配的なのは、諸々の概念を必要とし、もっともラディカルな形態をとった場合であっても概念的な要素をもつことを完全には免れない詩作と、非概念的な芸術の諸種目とのあいだの質的な差異である。ともあれ、まさに音楽は、調性という所与の媒体をもちいていたかぎりにおいて、概念と類似したものや、和声的で旋律的な演奏記号、わずかな数の調性的和音型やその派生形を含んでいた。しかしながら、そうした諸要素は、そこに包摂されたものの特徴を示す単位であるというわけではけっしてない。それらは、諸現象にたいする概念のように、何かを「意味する」というわけでもない。それらはただ、諸概念と等しく、同一の機能を備えた同一的なものとして組み込むことができるというだけのものにすぎなかったのである。このような諸々の差異は深遠な視点をもっているのだが、ともあれそれらが証言しているのは、いわゆる諸芸術がたがいに合わさって、ほころびなく統一化された概念を全体に与えることを許すような、ひとつの連続体を形成しているのではないということである。おそらく、それと知ることなしに諸芸術は、同じ名称で通用しているものがもつ異質さを廃棄するべく、おのれを解きほぐしているのであろう。音楽現象やその発展と比較してみることが、その説明となるかもしれない。オーケストラは、それ自体において完全な全体をなすものでも、あらゆる可能な音色の連続体でもなく、むしろそれぞれの音色のあいだに空隙が口を開けているように感じられる。電子楽器は、あらゆる伝統楽器とみずからの差異をすぐさま意識するようになり、総合的なオーケストラというイメージを模範とすることを放棄したとはいえ、もともとは確かに今日なおも欠けているオーケストラの均質性をつくりだそうとするものだった。芸術と諸芸術の関係を、歴史的に形成されたオーケストラとそれを構成する諸々の楽器との関係と比較することは乱暴ではない。オーケストラがさまざまな音色のスペクトルでないのと同じく、芸術とは諸芸術の概念ではないのだ。にもかかわらず、芸術という概念は真なるものを有している——オーケストラのなかにも、その発展目標として、音色の総体という理念が潜んでいる。諸芸術にたいして芸術とは、おのれを形成するものである。諸芸術はどれも、みずからのなかば自然的な諸契機のもつ偶然性からの解放を、ほかならぬこの契機を貫徹することで成し遂げるしかない。そのかぎりで、おのれを形成するものとしての芸術〔という契機〕は、潜在的には個々のどの芸術のうちにも含まれているのである。しかしながら、そのような諸芸術のうちなる芸術という理念は、諸芸術のなかにたんに実証的に存在するものではなく、ひとえに否定として把捉されるべきものである。ただ否定的なかたちでのみ、空疎な分類上の概念を超えて、芸術のさまざまな種目を内容的にひとつにまとめるものが存在するのだ。すべての芸術は経験的な現実に反発しているのであり、すべての芸術は現実と質的に対置されるひとつの領域を形成することに向かっている。歴史的にいえば、すべての芸術は、魔術的で宗教的な領域を世俗化する。すべての芸術は、経験的な現実に由来する諸要素を必要とする一方、そうした現実から距離をとっている。だが、芸術が現実化するとき、それはまたもや経験の手中に陥ってしまう。こうしたことが、諸芸術ジャンルにたいする芸術の二重の地位を規定する。芸術と経験との関わりが抹消できないという点からいえば、芸術が存在するのは諸芸術のなかにおいてのみであり、諸芸術相互の非連続的な関係は、芸術にとって外的な経験によってあらかじめ徴づけられる。それにたいして、経験にたいするアンチテーゼをなすものとして、芸術はひとつである。芸術が弁証法的な本質をもつのは、芸術の統一へと向かう運動がただ多様性を通り抜けることによってのみ遂行されるからである。さもなければ、統一へと向かう運動など、抽象的で無力なものであろう。そうした運動が経験的な層と関係するということは、芸術それ自体にとって本質的である。芸術が経験的な層を飛び越えてしまうならば、芸術がおのれの精神と見なすものがそのあとに残されることになるが、それはある任意の材料と同じく、芸術にとって外在的なままでありつづける。ただ経験的な層のなかにおいてのみ、芸術の精神は内実となる。芸術と諸芸術という布置状況は、芸術そのもののなかに内在している。芸術の精神は、統一をもたらす合理的な契機と、ミメーシス的で散漫な契機という両極のあいだに張り渡されている。どちらか一方の極を選り出すことはできない。つまり、芸術とは、この両極のいずれか一方に帰されるべきものではなく、両極の二元論に帰すこともできないのだ。

ともあれ、諸芸術は芸術へと移行していくものであって、芸術はそれ自体としては美学的ではない内実という契機をおのれのうちに含まないというのは、あまりに当たり障りのない見解であろう。現代芸術の歴史とは、大まかにいえば、不可逆的な論理に従って進行する、形而上学的な意味喪失の歴史である。それゆえ、それ自体の運動法則に従うならば、諸々の芸術ジャンルがおのれの管轄区域にとどまりつづけようとはしないことは確かである――だが、芸術ジャンルをそうした傾向へと無抵抗にほとんど同調させようとする芸術家たちの衝動は、意味の喪失と密接に結びついていた。彼らは意味の喪失をみずからの問題にするのであり、おのれ自身の神経刺激によって意味喪失の方へと向かっていこうとするのだ。美学理論がそれにたいする適切な言葉を見出すのか、あるいは、大抵そうであるように、びっくり仰天して展開する事態の背後をよたよたと追いかけることになるかは、とりわけ芸術的精神において芸術の意味を妨害するものの存在を洞察することができるか否かにかかっている。数多くの芸術家がひとつの動向に身をゆだねていることは確かだが、それは彼らの労苦を軽減してくれるだけでなく、類型や図式といったものから芸術が解放されたことで近代《モデルネ》をつうじて徹底的に破壊された安心感を埋め合わせるものを彼らに約束しているのだ。そこに英米圏において哲学を押しのけている論理実証主義との類比を見ないでいることはできないであろう。すなわち、どちらも、あらゆる意味や、さらには真理という理念自体をも完全に断念することで、たとえもはやいかなる内容もないものであっても、絶対的で疑う余地のない確実性という感情を得ようとしていることは明白なのである。しかしながら、こうした解釈は、飽くことなき酔い覚ましに陶酔するという現象のすべてを説明するものになってはいない。すなわち、それによって、おのれ自身が抱える矛盾や、無意味なものの器官としての精神にたいする自己意識という、それをあらわす魔法の言葉として「不条理」という語がいまや人口に膾炙するようになったものが完全に説明されているわけではないのである。そのような無意味さの経験は、同時代の大衆文化を構成する数多くの現象にまで及んでいるが、その意味を問うことは不毛である。なぜなら、これらの現象は、意味という概念や、「存在するものには意味がある」といった主張にたいして反抗しているからである。美学的領域において、極端に高いものと極端に低いものが触れあうことも稀ではない。芸術は、生の意味であると称されているものを何千年ものあいだ演じつづけ、人々に叩き込んできた。現在生じていることにとっての閾をなしている近代《モデルネ》の黎明期においても、生の意味はまだ疑われてはいなかった。それ自体において意味のある芸術作品とは、すべての契機において精神によって規定されている作品であるといえるが、それは――ヘルベルト・マルクーゼの表現を借りるならば――文化の肯定的本質の共犯者である。芸術がともかく何かの模像でもあったかぎりにおいて、そうした芸術上の連関は、その必然性という仮象によって、模倣される対象には意味があると確証していた――たとえ、それが模像される対象にとってどれほど悲劇的なことであり、いかにこの仮象が醜悪だと非難されかねないものであったとしても。それゆえ、今日において美学的な意味を捨て去ることは、芸術作品の外面と内面における模像性を捨て去ることと重なり合っている。諸芸術の解きほぐれは、いうなればジャンル内部において秩序化されている諸関係を意味を保証するものとして前提とするような、調和という理想に敵対する。それはむしろ、芸術が芸術として、すなわち精神の自給自足的な領域として構成されることにまで及んでいる芸術についてのイデオロギー的な固定観念から脱しようとしているのである。それはあたかも、さまざまな芸術ジャンルが、はっきりした輪郭を備えたおのれの形姿を否定することで、芸術という概念自体を齧り削っているかのようだ。芸術の解きほぐれの原現象をなしていたのがモンタージュ原理だったが、第一次大戦以前のキュビズムの爆発的な広がりのなかで浮上してきたその原理は、おそらくはキュビズムとは無関係にシュヴィッタースのような実験者たちのあいだで拡がり、そのあとダダイズムとシュルレアリスムに見られるようになったものである。とはいえ、モンタージュとは、意味的な法則性から逃れるように経験的な現実の諸断片を侵食させることをつうじて、芸術作品の意味を撹乱し、それが虚偽であることを暴露するようなものである。さまざまな芸術ジャンルの解きほぐれは、ほとんどつねに、作品が美的なものの外部にある現実へと手を伸ばしていくことをともなっている。それはまさに、現実の模像をつくりだす原理とは完全に対極をなしている。あるジャンルが、その内在的な連続体に含まれないものをみずからのうちに多く取り込んでいけばいくほど、そのジャンルは、おのれとは異質なもの、すなわち事物的なものを模倣するかわりに、ますますそこに関与していくのである。それは潜在的に諸事物のなかの事物になる。つまりそれは、いったい何であるかわれわれが知らないようなものになるのである。

そのように不可知であることが、芸術にとって不可避なものに表現を付与する。芸術は、あたかも自分を破壊したいかのように、あるいは毒をもって毒を制することで延命したいかのように、おのれの意味喪失を取り入れていくが、しかしそれは、みずからの意図に反して、芸術の最後の言葉でありつづけることはできない。ベケット作品のようにきわめて不条理な芸術作品が不可知であることは、意味と意味の否定が無差別になる地点を示している。ともあれ、作品から明確《ポジティーフ》な意味を読み取ることで安堵するような人は、そのような無差別を侵犯しているのかもしれない。にもかかわらず、芸術作品は異質なものを自身に統合することでみずからの意味連関に反駁しながらも、やはりひとつの意味連関を形成するのであり、そうでないような芸術作品など考えられない。形而上学的な意味と美学的な意味は無媒介的にひとつであるわけではなく、今日においてもそうではない。芸術ジャンルが解きほぐれていく過程にあって、意味とは異質な実在物が芸術作品の領野へと運び込まれていくとき、そうした実在物は、面と向かって芸術作品の伝統的な意味を侮辱するものであるのと同様に、意味のあるものとして作品によって潜在的に救い出されているのである。美学的な意味を一貫して徹底的に否定することが可能なのは、ただ芸術を廃棄することによってのみであろう。最近のすぐれた芸術作品の数々は、そのように芸術が廃棄されてしまうという悪夢であるものの、しかしながら、それらの作品は同時に、実在していることをつうじて、廃棄されることに逆らってもいるのである。それはあたかも、芸術の終焉が人類の終焉を予告することで脅しているかのようであるが、おのれの苦しみのために人類は、苦しみを鎮めたり和らげたりすることのない芸術を求める。芸術は人類にたいして、人類の没落という夢を見せるのだが、それは人類を覚醒させ、みずからを律する力をもって生き延びさせるためなのである。

芸術という概念がもつ否定性は、芸術の内容に当てはまる。芸術をめぐる思考の無力さではなく、芸術自身の性状が、芸術を定義することを禁ずる。つまり、芸術のもっとも内的な原理であるユートピア的な原理が、定義という自然支配的な原理に反抗するのである。芸術はかつておのれがそうであったものにとどまろうとはしない。それとともにまた、諸々の芸術ジャンルにたいする芸術の関係がいかにダイナミックなものになっているかは、芸術ジャンルのなかでも最新のものである映画からうかがえる。映画とは芸術か否かという問いは無力である。一方において映画は、ベンヤミンが「複製技術時代の芸術作品」についての仕事のなかでまっさきに認識したように、映画以前のあらゆる芸術に付随していたアウラという属性、すなわち連関によって保証された超越という仮象を容赦なく消去するところにもっとも近接している。言葉を換えれば、写実的な絵画や文学がほとんど予感しなかったかたちで象徴的で意味付与的な諸要素を断念するところに、映画はもっとも近接しているのである。ここからジークフリート・クラカウアーは、次のような結論を引き出した。すなわち、映画が、美学的なものの外にある事物世界の一種の救済として美学的に可能になるのは、もっぱら様式化原理を放棄し、あらゆる主観性の上位をなすような存在するものの生《なま》の状態のなかへとカメラが何も志向することなく沈潜していくことによってである、という結論である。しかしながら、そのように様式化原理を拒絶することは、それ自体が映画の形姿化のアプリオリをなすものとして、ふたたび美学的な様式化原理になっている。アウラや主観的志向を極端に禁欲した場合でも、映画的な方法は、脚本、撮影されたものの形姿、カメラ位置、編集といった映画技術に純粋に応じて、意味付与を不可避的におこなう諸契機を事柄に注入してしまう。ちなみにそれは、音楽や絵画における方法が、素材を裸のままで現出させようと望みながらも、まさにそうした努力のなかで素材のかたちをあらかじめ定めてしまうのに似ている。映画が内在的な法則性に基づいて芸術的なものを——あたかも、それがおのれの芸術原理と矛盾するとでもいうかのように——投げ捨てようとしたところで、そうした反逆をおこなうことによって映画はなおも芸術なのであり、芸術を拡張しているのである。利潤の従属下にある映画がそのような矛盾を純粋に耐えぬくことはできないということはともかくとして、この矛盾こそが、本来の意味で近代的《モデルン》なすべての芸術の生命を構成する要素なのである。さまざまな芸術ジャンルの解きほぐれという現象は、密かにそこから霊感を得ているのかもしれない。いずれにせよ、その点においてハプニングが——言うまでもなく、これみよがしの無意味さが、ただちに実存の無意味さを表現したり、それを具現化するわけではないが——典型的である。ハプニングは、おのれを抑制することなく、みずからの様化原理にも、みずからとイメージという性格との親和性にも逆らって、芸術をひとつの独自《スイ・ゲネリス》の現実にしたいという憧憬に身をゆだねる。しかしながら、そうすることでハプニングは、みずからが同じものになりたいと願っている経験的な現実にたいして、もっとも激しくショックを与えるような論駁をおこなっているのだ。現実の生活のただなかでおこなわれるハプニングは、そのさまざまな目的とは相容れない道化のような態度を取ることで、はじめから実際生活のパロディをなしているのであり、たとえば大衆メディアを揶揄するといったかたちで、誤解の余地なくパロディを繰り広げているのである。

諸芸術の解きほぐれは、芸術の虚偽の没落である。芸術が免れることのできない仮象としての性格は、経済的で政治的な現実の優位をまえにしてスキャンダルと化す。現実は、美学的な内実が現実化するという展望をもはや許容することがないがゆえに、なおも理念としてあった美学的な仮象を嘲笑の対象へと変えてしまうのである。そのような仮象は、それが芸術の歴史全体をつうじて結びついていた合理的な素材支配の原理とはますます調和しないものになっている。状況はもはや芸術を許容することはないが——それを言わんとしたのが、アウシュヴィッツのあとに詩を書くことの不可能性についての一節である――、にもかかわらず状況は芸術を必要としている。というのも、イメージなき現実は、あらゆる芸術作品のなかに暗号化されているユートピアが実現したために芸術が消滅するといった意味でのイメージなき状態とはまったく正反対のものと化してしまったからである。そうした没落は芸術が自発的に成し遂げうることではない。だからこそ、諸芸術がたがいに貪りあっているのである。

（1）Rudolf Borchart, Prosa I, hrsg. Maria Luise Borchardt, Stuttgart 1957, S. 69.
（2）a.a.O., S. 69f.
（3）a.a.O., S. 69.
（4）a.a.O., S. 46f.
（5）Vgl. Martin Heidegger, Holzwege, 2. Aufl., Frankfurt a.M. 1950, S. 60.〔マルティーン・ハイデッガー『杣径』茅野良男／ハンス・ブロッカルト訳、創文社、一九八八年、七八～七九頁〕
（一）シルヴァーノ・ブソッティ（Sylvano Bussotti: 1931-）イタリアの作曲家、画家。もっぱら図形楽譜で知られる。
（二）ハンス・G・ヘルメス（Hans G. Helms: 1932-2012）ドイツの詩人、言語学者、評論家。著作に『匿名社会のイデオロギー』（一九六六年）など。
（三）ロルフ・ネッシュ（Rolf Nesch: 1893-1975）ノルウェーのグラフィック・アーティスト。「メタル・グラフィック」という独自の技法をもちいた作品で知られる
（四）ベルンハルト・シュルツェ（Bernhard Schultze: 1915-2005）ドイツの画家、オブジェ芸術家。ここでアドルノが示唆しているのは、一九六一年からシュルツェが取り組んだ《ミゴフ・コンストラクティオーン》と呼ばれるコラージュ彫刻による巨大インスタレーション。

名。

（五）アレクサンダー・カルダー（Alexander Calder: 1898-1976）アメリカの抽象彫刻家。風で動く作品《モービル》が有名。

（六）フリッツ・ヴォトルバ（Fritz Wotruba: 1907-1975）オーストリアの彫刻家。

（七）ハンス・シャロウン（Hans Scharoun: 1893-1972）ドイツの建築家。代表作として、ベルリン・フィルハーモニー・コンサートホール（一九五六〜六三年）など。

（八）カンディンスキー『抽象芸術論／芸術における精神的なもの』西田秀穂訳、美術出版社、一九八三年。

（九）ヘレナ・ペトロヴナ・ブラヴァツキー（Eelena Petrovna Blavatskij: 1831-1891）ロシア出身のオカルティスト。一八七五年にニューヨークで「神智学協会」を設立。ユダヤ・キリスト教と東洋思想を折衷させたその神秘主義的な教説は、一八九一年の彼女の死後も、シュタイナー、スクリャービン、カンディンスキーなど、二〇世紀の数多くの思想家や芸術家に影響を与えた。

（一〇）ヨーゼフ・ヴィクトル・フォン・シェッフェル（Joseph Victor von Scheffel: 1826-1886）ドイツの詩人、小説家。長編詩『ゼッキンゲンのラッパ吹き』（一八五四年）、小説『エッケハルト』（一八五六年）などで知られる。

# 解題

**模範像なしに**――まえがきにかえて（Ohne Leitbild. Anstelle einer Vorrede）

一九六〇年八月二十四日にリアス放送局からラジオ放送された講演。そのあと『ノイエ・ドイチェ・ヘフト（Neue deutsche Heft）』誌七十五号（一九六〇年十月）に掲載。本書の表題にもなっている「模範像（Leitbild）」という言葉は、「導く、主導する、指導する」ことを意味する動詞「leiten」と、「像、画像、図像、イメージ」を意味する「Bild」を組み合わせた単語であり、「模範とすべき手本、典型、理想像」をあらわしている。アドルノ哲学において、神やユートピアを図像として具体的に表象することを禁じるユダヤ教＝旧約聖書の戒律である「図像化禁止（Bilderverbot）」がその中心に置かれていることはよく知られているが、この「模範像なしに（Ohne Leitbild）」という言葉は、そのようなアドルノの思想的モティーフを簡潔に表現したものになっている。この巻頭論考では、とりわけ近代以降の芸術制作において、導きとなる規範や模範像を願望したり、要求したりするような主張がいかに欺瞞的であるかという点が容赦なく剔抉される。

**アモールバッハ**（Amorbach）

初出は『南ドイツ新聞（Süddeutsche Zeitung）』紙一九六六年十一月五／六日号。単行本収録にあたって加筆された。アモールバッハは、フランクフルトから南西に八〇キロほど離れた、バイエルン州とヘッセン州とバーデン＝ヴュルテンベルク州の境の丘陵地帯に位置する小さな街で、その起源は十三世紀に遡る。また、旧ベネディクト派修道院をはじめとするバロック建築を擁する観光地・保養地としても知られる。幼いころよりアドルノは、両親と叔母とともにここで夏季休暇を過ごすことをつねとしており、アモールバッハという土地とその記憶は、彼の生涯にわたって幸福の象徴でありつづけた。アドルノの思想にとって「幼年期」や「子ども」といった形象がきわめて重要な意義をもっていることはすでにたびたび指摘されてきたが、『一九〇〇年ごろのベルリンの幼年時代』を執筆したベンヤミンとは異なり、アドルノがみずからの幼年期について語ることはそれほど多くなく、その意味でもこのエッセイは貴重である。「図像化禁止」の戒律のもとに、ユートピアを具体的なかたちで描き出そうとする試みのすべてを禁欲的に拒絶しつづけたアドルノだが、その哲学的・美学的な思考の核心部には、アモールバッハで過ごした幸福な日々への憧憬がつねに潜んでいたのではないだろうか。なお、Adorno, ***Kindheit in Amorbach. Bilder und Erinnerung***, hg. von Reinhard Pabst, Frankfurt a.M./Leipzig 2003という写真資料集には、少年時代のアドルノやその家族の写真と並んで、このエッセイのなかで描写される建築物や風景の写真が数多く掲載されている。

**伝統について**（Über Tradition）

初出は『一九六六年度インゼル年報（Inselalmanach auf das Jahr 1966）』。アドルノにとって伝統という理念はきわめてアンビヴァレントなものだった。まえもって与えられた素材や手法から批判的に訣別し、絶えず新たな表現の可能性を模索していかなくてはならないというモダニズム的な立場からすれば、伝統とはもっぱら清算されるべき対象であって、過去の様式にそのまま立脚したり、失われた伝統を取り戻そうとしたりすることは反動にすぎない。だが、伝統が歴史という契機と不可分である以上、過去の伝統にまつわるすべてを否定し、まったく何もない真空状態から創作や思考を展開できると信じることは、非歴史的な驕慢という誹りを免れないことになる。この短い論考では、伝統にまつわるこうしたアポリアが、ときにベケットの作品を引き合いに出しつつ徹底的に検討される。そこから導き出されるのは、伝統を拒絶することによって伝統を保存するという、きわめて逆説的な命題である。

**ジュ・ド・ポーム美術館での走り書き**（Im Jeu de Paume gekritzelt）

初出は『フランクフルター・アルゲマイネ・ツァイトゥング（Frankfurter Allgemeine Zeitung）』紙一九五八年十二月二十日号。アドルノがつねに音楽を特権的な芸術ジャンルとして重視しつづけたことは確かだが、この哲学者にとって美術もまた思弁的関心の対象であり、『美学理論』では絵画についても頻繁に言及されている。とはいえ、アドルノが視覚芸術を正面から論じたテクストはほとんど存在せず、このフランス近代絵画をめぐるエッセイは、『プリズメン』（一九五三年）（邦訳：渡辺祐邦／三原弟平訳、ちくま学芸文庫、一九九六年）所収の「ヴァレリー　プルースト　美術館」（一九五三年）や、本書に収められた「好ましからざるもののすすめ」とともに、その数少ない例外だといえる。印象派のコレクションで知られるパリのジュ・ド・ポーム美術館に収蔵された、シスレー、ピサロ、マネ、セザンヌ、モネ、ロートレック、ルノワール、さらにはゴッホやピカソなど、さまざまな画家の特徴が鮮やかにスケッチされる。

**ジルス・マリーアより**（Aus Sils Maria）

初出は『南ドイツ新聞』紙一九六六年十月一／二日号。アルプスの山々と美しい湖に囲まれたスイス有数の保養地ジルス・マリーアは、『ツァラトゥストラはかく語りき』執筆中のニーチェが滞在したことで知られるが、アドルノ夫妻にとってもお気に入りの場所であり、一九五五年から一九六六年にかけて二人は毎年欠かさずこの地の高級ホテル「ヴァルトハウス」で夏季休暇を過ごした。また、この時期のジルス・マリーアには、ヘルベルト・マルクーゼやロッテ・トービッシュ（「ウィーン、一九六七年のイースターのあとで」の解題を参照）もしばしば滞在しており、アドルノが親しい友人たちとの旧交を温めることができる場所でもあった。なお、牛の群れやアルプスマーモットに関する記述は、「アモールバッハ」におけるイノシシの描写とともに、無類の動物好きだったアドルノの面目躍如であるといえる。

**好ましからざるもののすすめ**（Vorschlag zur Ungüte）

初出は、一九五九年にバーデン・バーデンで開催された座談会の記録集『近代芸術は「マネジメント」されるか？（Wird die moderne Kunst ›gemanagt‹?）』。ナチス時代のドイツにおいて抽象絵画や無調音楽が「退廃芸術」の名のもとに排斥の対象になった歴史への反省から、戦後の西ドイツでは近現代芸術の復興が進み、公的機関による支援がその後押しをした。なかでも一九五五年よりカッセルで五年おきに開催されてきた現代美術展「ドクメンタ」はその象徴と言えようが、近現代芸術が文化政策的・商業的な「マネジメント」の対象となることの是非をめぐって議論がなされる一方、訳の分からない前衛芸術に少なからぬ税金を費やすことへの反発も根強く存在した。そうした状況を踏まえたうえでアドルノは、ホテルに飾られるようなキッチュで感傷的な絵画を徹底的にあげつらいながら、現代芸術を敵視するような見解の裏に潜むイデオロギーと、現代芸術がもつ批判的な潜勢力を明らかにしていく。

**文化産業についてのレジュメ**（Résumé über Kulturindustrie）

もとは一九六三年三月二十八日と四月四日におこなわれたラジオ講演。南カリフォルニア亡命中のアドルノとホルクハイマーが一九四〇年代前半に『啓蒙の弁証法』のなかで繰り広げた「文化産業」批判は、フランクフルト学派による社会分析の典型としてよく知られている。だが、産業資本の強制力と文化商品の画一性、消費者大衆の受動性をひたすら強調するその議論たいしては、フランクフルト学派の社会分析の限界を示すものとして疑問視する論者も少なくない。『啓蒙の弁証法』の執筆から二十年後に「文化産業」についてふたたび論じたこの小論でも、アドルノの姿勢は基本的にほぼ同一であり、かつての自身の主張が戦後の西ドイツにも過不足なく当てはまるという確信に満ちている。ただし、最終節で述べられる、「大衆を不当にも上から目線で〔……〕侮蔑する」ことへの戒めと、「解放に向けて十分に成熟しているはず」の人々への微かな期待の言葉は、アドルノの社会批判が否定一辺倒ではなく、救済なきものへの救済の可能性をつねに模索しようとする弁証法的な視座を含んでいることを告げている。

**ある世話人への追悼文**（Nachruf auf einen Organisator）

初出は『ダルムシュテッター・エヒョー（Darmstädter Echo）』紙一九六二年七月三十一日号。初出時の表題は「ヴォルフガング・シュタイネッケへの追悼演説」。一九四六年に現在ダルムシュタット夏季音楽講習会として知られる現代音楽の連続セミナーを創始して以降、一九六二年に不慮の死を迎えるまでの十六年間その運営に尽力したシュタイネッケの功績を讃えたもの。アドルノは西ドイツに帰国した翌年の一九五〇年に「音楽批評」の講師としてこの講習会に初参加したあと、五一年、五二年、五五〜五七年、六一年、六六年に連続講演をおこなった。聴衆のなかには、ブーレーズ、シュトックハウゼン、マデルナ、ヘンツェなどがおり、アドルノにとってこの催しは、そうした若手作曲家たちと交流し、現代音楽の最新の動向を知ることができる貴重な機会を提供してくれるものだった。なお、一九五五年以降の講演原稿と音声記録は、現在 Adorno, *Kranichsteiner Vorlesungen*, hg.von Klaus Reichert/ Michael Schwarz, Frankfurt a.M.: Suhrkamp 2014 に収録されている。この追悼文からは、現代音楽を側面から支える同志としてのシュタイネッケにたいするアドルノの共感と感謝の念が伝わってくる。

**映画の透かし絵**（Filmtransparente）

初出は『ディー・ツァイト（Die Zeit）』紙一九六六年十一月十八日号（抜粋）。『啓蒙の弁証法』における苛烈な「文化産業」批判の印象があまりにも強烈なために、アドルノは映画というメディアをひたすら否定しつづけたというイメージが流布している。だが、実際のところアドルノは、南カリフォルニア亡命時代にフリッツ・ラングをはじめとするハリウッドの映画人たちと親交を結び、作曲家のハンス・アイスラーと映画音楽の本――『映画のための作曲』――を共同執筆するなど、映画とも深い関わりをもっていた。さらに一九六〇年代にアドルノは、一九五〇年代半ばに知り合って以降、親子のような愛情で結ばれていた若手映画監督アレクサンダー・クルーゲ（Alexander Kluge: 1932-）との会話や、旧友のクラカウアーが『映画の理論』（一九六〇年）を刊行したことが契機となって、映画の美学的潜勢力という問題にふたたび思弁的関心を抱くようになる。クルーゲが長編デビュー作『昨日からの別れ』によってヴェネチア映画祭新人監督賞を受賞した数か月後に執筆されたこの断章形式のエッセイでは、台詞、モンタージュ、予告編などの主題をめぐって、チャップリンやアントニオーニに言及しながら、映画芸術の可能性をめぐるさまざまな考察を展開されており、とりわけ、夢見る人の身体を透過する映像というイメージとともに映画美学の萌芽とも呼べるような認識が示されている。このテクストを含めたアドルノの映画観の変遷について詳しくは、拙著『アドルノ、複製技術へのまなざし――〈知覚〉のアクチュアリティ』（青弓社、二〇〇七年）を参照されたい。

**チャップリン二編**（Zweimal Chaplin）

「キルケゴールに予言されて」の初出は『フランクフルト新聞（Frankfurter Zeitung）』紙一九三〇年五月二十二日号。同時期に執筆されたアドルノの教授資格請求論文『キルケゴール――美的なものの構成』の副産物である。キルケゴール論の最終節でアドルノは、「笑劇の登場人物たち」を例に、具体性を捨象しない普遍性というユートピア的な境位を示すような「像＝イメージ（Bild）」に希望を託しているが、ここではまさにこの「像＝イメージ」に表象としてのチャップリンが重ね合わされている。

「マリブにて」の初出は『ノイエ・ルントシャウ（Neue Rundschau）』誌七十五号（一九六四年）。テクストの最後で示されるように、チャップリンの生誕七十五周年を記念して執筆された。南カリフォルニアでこの喜劇王のプライヴェートでの姿に接したときの印象をもとに、「道化」をめぐる短くも濃密な省察が繰り広げられる。なお、『美学理論』でも、芸術における「道化的なもの」をめぐって、「動物」や「子ども」といった形象と関連させるかたちで考察されている。

**芸術社会学に関するテーゼ**（Thesen zur Kunstsiziologie）

もとは一九六五年十一月五日にフランクフルトで開催されたドイツ社会学会の教育社会学委員会での講演。初出は『ケルン社会学・社会心理学誌（Kölner Zeitschrift für Soziologie und Sozialpsychologie）』十九号第一巻（一九六六年）。音楽社会学者のアルフォンス・ジルバーマンへの反駁というかたちで、芸術社会学の対象を作品の受容や社会的な影響に狭隘化しようとする傾向が徹底的に糾弾される。一九五五年にフランス語で『音楽社会学入門』（邦訳：吉崎道夫訳、音楽之友社、一九五八年）という書物を刊行していたジルバーマンにたいして、一九六二年に同名の書物をドイツ語で刊行したアドルノ（邦訳：『音楽社会学序説』高辻知義／渡辺健訳、平凡社ライブラリー、一九九九年）が抱いていた対抗意識が透けて見える。また、このテクストは、一九六一年にドイツ社会学会でアドルノとポパーのあいだで勃発したいわゆる実証主義論争の延長戦としても位置づけることができるだろう。

**今日の機能主義**（Funktionalismus heute）

もとは一九六五年十月二十三日にベルリンで開催されたドイツ工作連盟大会での講演。初出は『ノイエ・ルントシャウ』誌七十七号（一九六六年）。アドルノの唯一の建築デザイン論。講演のスタイルを随所に残していることから「です・ます」調で訳出した。建築家たちからなる聴衆をまえにアドルノは、アドルフ・ロースの装飾論を批判的に検討しつつ、芸術創作におけるありのままの素材や合目的な機能性、有用性を重視する即物主義《ザッハリッヒカイト》が抱えもつ問題や矛盾を丹念に炙り出していく。このテクストには、『哲学者の語る建築――ハイデガー、オルテガ、ペゲラー、アドルノ』（中央公論美術出版、二〇〇八年）に水田一征氏による既訳が存在しており、訳出にあたって参照させていただいた。

**ルッカ日誌**（Luccheser Memorial）

初出は『南ドイツ新聞』紙一九六六年十一月九／十日号。母方の祖父がコルシカの貴族階級の出身であることを誇りにしていたアドルノは、一九二五年の夏にクラカウアーと長期間におよぶイタリア旅行をおこなったのを皮切りとして、のちに妻となるグレーテル・カルプルスとともにイタリアの各地を頻繁に旅行した。さらに、長年にわたる亡命生活を終えて西ドイツに帰還したアドルノ夫妻は、一九五〇年代半ばからふたたびイタリア旅行を再開。なかでもトスカーナ州北西部の城塞都市ルッカは、フィレンツェやローマとともに、アドルノのお気に入りの街のひとつだった。やはりイタリアという土地に魅せられていたベンヤミンが一九二〇年代に執筆した「ナポリ」や「サン・ジミニャーノ」などの都市論風のエッセイと比較して読むといっそう興味深い。

**悪用されたバロック**（Der mißbrauchte Barock）

もとは一九六六年九月二十二日のベルリン芸術週間の関連イヴェントでの講演。抜粋が『ディー・ヴェルト（Die Welt）』紙一九六六年十月一日号に掲載された。中世やバロック時代の音楽や古楽器をもちいた演奏への関心は一九五〇年代に高まり、一九六〇年代にはグスタフ・レオンハルトやクイケン兄弟、アーノンクールといった演奏家を中心に、いわゆる古楽が盛んに演奏されるようになった。このアドルノの講演は、そのような同時代の古楽ブームにたいする異議申し立ての試みであると言えるものの、バッハ以前の音楽を「通奏低音音楽」と一括りにしたうえで、ほぼ全否定するその内容は、今日のわれわれからするとあまりに偏狭であるように感じざるをえない。ある意味でアドルノの音楽史観の特徴と限界を露呈させたテクストであると見なすこともできよう。ただし、ここでアドルノがもっとも問題視していたのは、バロック音楽そのものというよりも、「バロック」という大雑把な呼称のもとに、まったく異なる特徴をもった当時の建築、絵画、音楽を一緒くたにしてしまうような粗雑な見解であり、復元された過去の様式に心の支えを見出そうとするような反動的なイデオロギーであることを見逃してはならないだろう。なお、同じような議論を展開しているテクストとして、「バッハをその愛好者たちから守る」（前掲『プリズメン』所収）がある。

**ウィーン、一九六七年のイースターのあとで**（Wien, nach Ostern 1967）

初出は『南ドイツ新聞』紙一九六七年七月十／十一日号。一九二五年の三月から八月にかけてウィーンに音楽留学し、アルバン・ベルクのもとで作曲法を習って以降、アドルノにとってこの街は、一種の音楽上の故郷でありつづけた。一九五〇年代以降、アドルノは毎年のようにウィーンを訪れ、オペラを鑑賞したり、旧友と会ったり、ホテル・ザッハーのレストランでウィーン料理を満喫したりした。このエッセイが捧げられているロッテ・トービッシュ゠ラボティン（Lotte Tobisch-Labotýn: 1926–）はウィーンの名家出身で、舞台女優としてブルク劇場などで活躍。アドルノとは一九六二年に知り合って以降、親しい交友をつづけた。現在、アドルノとトービッシュの往復書簡集が刊行されており（Adorno / Lotte Tobisch, *Der private Briefwechsel*, Graz: Verlag Droschl, 2003）、そこには彼女の愛犬ダゴベルトの写真も掲載されている。

**芸術と諸芸術**（Die Kunst und die Künste）

もとは一九六六年七月二十三日にベルリン芸術アカデミーでおこなわれた講演。初出は『時代への註（Anmerkungen zur Zeit）』誌第十二号（一九六七年）。偶然性音楽、図形音楽、ハプニング、不条理演劇、さらにはニュー・ジャーマン・シネマをはじめとする映画芸術運動など、一九六〇年代には、「芸術」という旧来のカテゴリーそのものを問い直すような前衛的で実験的な試みが盛んにおこなわれた。この「芸術と諸芸術」のなかでアドルノは、そうした現代芸術の状況のうちに、ジャンルの境界が解きほぐれていくという共通の傾向を認めたうえで、「芸術という理念」とさまざまな芸術ジャンルの関係についてあらためて問い直す。そこで最終的に打ち出されるのは、「芸術が芸術となるためには、おのれとは異質なものを必要とする」という命題であり、芸術の意味喪失や、創作主体の自己放棄という契機をも作品のうちに取り込んでいかざるをえない現代芸術のうちに、否定されたはずの「芸術という理念」をさらに存続させていくという逆説を看取する。そのような認識は、〈芸術の終焉〉というヘーゲル以来のトポスにたいする晩年のアドルノの態度表明にほかならない。

# 訳者あとがき

本書は、Theodor W. Adorno, *Ohne Leitbild. Parva Aesthetica* (Suhrkamp 1967, ²1968) の全訳である。ただし、訳出にあたっては、ズーアカンプ版『アドルノ全集』第一〇巻に収録された、一九六八年刊行の増補版に基づくヴァージョンを底本にした。

二十世紀ドイツを代表する思想家の一人であるテオドール（テーオドア）・W・アドルノ（一九〇三〜一九六九年）は、フランクフルト学派を重鎮として、哲学、社会学、音楽論、文学論など、幅広い領域にわたって精力的に執筆活動を繰り広げた。なかでも、晩年のアドルノがもっとも精力を傾注したのが芸術美学にまつわる著作の執筆であり、最終的に一九六九年夏に著者が急逝してしまったことでこの企画は未完に終わるものの、遺された草稿や断章は妻のグレーテルや弟子たちの手によって『美学理論』という表題のもとにまとめられ、一九七〇年に刊行された（邦訳は、『美の理論（新装完全版）』大久保健治訳、河出書房新社、二〇〇七年）。だが、『美学理論』の執筆と平行するかたちで、一九六〇年代のアドルノは、他にも数多くの芸術や美学にまつわるテクストを発表している。本書は、「美学小論集」という副題が示すように、『美学理論』と内容的に何らかのかたちで関連するテクストを選別して編んだ補論集であり、この大著の余白に記されたエッセイ集であると言えるだろう。

『美学理論』においてアドルノが試みようとしたこととは、大雑把にまとめるならば、現代における「芸術」や「美」の可能性という問題を、主体と客体のあいだの弁証法的な関係をめぐる思弁をつうじて理論的にアプローチすることであった。もっとも、そこでの議論がいささか抽象的な方向に流れがちなのにたいして、本書を構成する個々のテクストでは、「規範」「伝統」「文化産業」「芸術社会学」「マネジメント」といった特定の主題が、多くの具体例とともに論じられているという違いがある。ただし、ここでもアドルノ特有の批判的な視座が貫徹されており、たとえば「伝統」という主題をとってみても、過去の伝統をいたずらに神聖視する保守主義者を激しく非難する一方、すべての歴史性を清算しようとするモダニストの驕慢も容赦なき告発の対象とされる。本書をつうじて読者は、扱われる主題が明確だからこそ、何らかの「模範像」を掲げることを頑なに禁欲しつつ、相容れない複数の論理によって織りなされるアンチノミーを徹底して突き詰めていくアドルノの思考の流れを、その独特の緊張感とともにいっそう深く感じ取ることができるだろう。

また、よく知られているように、かつて作曲家になることを志したアドルノの芸術美学では、音楽が特権的な位置を占めるのだが、本書では、純粋な音楽論は省かれており、そのかわりに、絵画、建築、映画など、これまで深く立ち入ったかたちでは論じられなかった他の芸術ジャンルを扱ったテクストが数多く収録されていることは興味深い。マネやルノワールなどのフランス印象派の画家たちや、ホテルのロビーに飾られている陳腐な絵画、アドルフ・ロースやコルビュジエの建築論、さらには図形音楽やハプニングについての考察から浮かび上がってくるのは、さまざまな芸術現象やその変遷に旺盛な好奇心を抱き、柔軟な思弁を展開するという、狭隘な美学者という従来のイメージには収まらないアドルノの姿である。

なかでも、本書において特筆すべきは、映画芸術の可能性について、さまざまな角度から検討が加えられているという点である。一般に、映画にたいしてアドルノは拒絶的な姿勢を貫き、文化産業によるイデオロギー的な大衆操作の手段としての映画という、いささか単純な図式を掲げつづけたと見なされてきた。だが、たとえば、本書に収録されている「映画の透かし絵」のなかでアドルノは、ときにベンヤミンの複製技術論文にも言及しながら、ニュー・ジャーマン・シネマやアントニオーニの『夜』を例に挙げて「芸術としての映画」を容認するような姿勢を示しているだけでなく、映画における知覚上の特徴を、夢を見るときや「自然美」を経験するときの知覚と結びつけることによって、一種の映画美学の萌芽とも呼べる視座を示しているのである。そのような映画にたいする開かれた姿勢は、「道化」としてのチャップリンをめぐって、アドルノがあるパーティーの席でこの喜劇王とたまたま一緒になったときのエピソードとともに考察される「チャップリン二編」や、掉尾を飾る「芸術と諸芸術」での、「映画はなおも芸術なのであり、芸術を拡張している」という命題においても踏襲されていると言えよう。

くわえて、本書の特徴であり魅力でもあるのが、アドルノが幼少期に毎年夏季休暇を過ごした保養地での思い出をつづった「アモールバッハ」をはじめ、ジルス・マリーア、イタリアのルッカ、ウィーンについての短文が収録されていることである。ベンヤミンが『一方通行路』や『一九〇〇年ごろのベルリンの幼年時代』のような自伝的なテクストや、ナポリやマルセイユなどについての都市論を数多く執筆したのにたいして、アドルノの著作集には――『ミニマ・モラリア』のいくつかの断章などを除いては――子どものころを回想するようなエッセイや、旅行記のたぐいはほとんど見当たらない。とはいえ、哲学や音楽、文学にまつわるさまざまなテクストにおいてアドルノは、一種の特権的な形象として〈幼年時代〉や〈記憶〉、〈経験〉というトポスに繰り返し立ち戻っているのであり、「アモールバッハ」をはじめとする四編のエッセイは、この哲学者の思考の核心部分をなすモティーフに直接的に触れていると言えよう。そして、これらのテクストが「美学」にまつわる書物のなかに収録されたという事実は、まさにそこで問われているのが広義における美学《アイステーシス》＝感性論の問題であることを密かに告げているのである。

本訳書の刊行にあたっては、多くの方々のお世話になった。まず、収録されたテクストのうちのいくつかは、東京大学および早稲田大学で担当した演習で講読したものであり、学生たちとの議論をつうじて自分の解釈の浅さや読み間違いに気づかされることもしばしばだった。アドルノの厄介なテクストとわたしの拙い解説に付き合ってくれた学生たちにまずは深く感謝したい。また、そのときの受講生の一人であり、現在は若いベンヤミン研究者として研鑽を積んでいる田邉恵子さんは、完成した訳稿を原文と照らし合わせて丁寧にチェックしてくださったうえで、誤訳や誤記、分かりにくい個所についての的確なご指摘を頂戴した。田邉さんのアドヴァイスのおかげで何度救われたか分からないほどである。心よりお礼申し上げるとともに、本訳書に何らかの誤りがあるとすれば、それはすべて訳者であるわたしの責任であることを申し添えておく。さらに、みすず書房の浜田優さんは、本書の出版をご快諾いただいたうえに、いつもながら丁寧に編集作業を進めてくださった。どうもありがとうございました。

学生時代にアドルノを研究対象のひとつに定めてから、『模範像なしに』をいつか日本語にすることができればと思いつづけてきた。翻訳作業を進めるなかで、かつて哲学者のサミュエル・ウェーバーがアドルノを英訳した際に記した「翻訳不可能なものを翻訳する」という言葉を何度も想起させられたが、ともあれ、ようやくこうして刊行まで漕ぎつけることができ、ひとまず安堵するとともに、テクストがテクストだけに、問題が多々含まれているのではないかという不安も同時に感じている。読者諸氏のご叱正をお願いできれば幸いである。

二〇一七年一〇月

竹峰義和

## 著者略歴

(Theodor W. Adorno, 1903-1969)

1903年ドイツのフランクフルト・アム・マインに生まれる．同市の大学およびウィーン大学に学び，フランクフルト大学で講義していたが，ナチス政権時代，イギリスを経てアメリカに亡命，1949年帰国．翌年から同大学教授．ホルクハイマーとともに研究所を再建した．哲学・社会学・美学の領域を統合しながら，フランクフルト学派の代表的思想家として知られるいっぽう，アルバン・ベルクについて作曲を学び，作曲を重ねたほか，現代音楽に関する理論および批判を展開した．著書『キルケゴール』(1933，みすず書房 1998)『啓蒙の弁証法』(ホルクハイマーと共著，1947，岩波文庫 2007)『新音楽の哲学』(1949，平凡社 2007)『ミニマ・モラリア』(1950，法政大学出版局 1979)『ヴァーグナー試論』(1952，作品社 2012)『プリズメン』(1955，ちくま学芸文庫 1996)『認識論のメタクリティーク』(1956，法政大学出版局 1995)『不協和音』(1956，平凡社ライブラリー 1998)『文学ノート』(1958，1961，1968，みすず書房 2009［全2巻］)『マーラー』(1960，法政大学出版局 1999)『音楽社会学序説』(1961，平凡社ライブラリー 1999)『三つのヘーゲル研究』(1963，ちくま学芸文庫 2006)『批判的モデル集』(1963，1969，法政大学出版局 1971［全2巻］)『楽興の時』(1964，白水社 1979)『本来性という隠語』(1964，未來社 1992)『否定弁証法』(1966，作品社 1996)『アルバン・ベルク』(1968，法政大学出版局 1983) ほか．

## 訳者紹介

竹峰義和〈たけみね・よしかず〉 1974年生まれ．東京大学大学院総合文化研究科博士課程修了．専門はドイツ思想史，映像文化論．現在，東京大学大学院総合文化研究科准教授．著書に，『アドルノ，複製技術へのまなざし――〈知覚〉のアクチュアリティ』(青弓社 2007)『〈救済〉のメーディウム――ベンヤミン，アドルノ，クルーゲ』(東京大学出版会2016)．共訳書に，アドルノ『文学ノート2』(みすず書房 2009) メニングハウス『吐き気――ある強烈な感覚の理論と歴史』(法政大学出版局 2010) シュティーグラー『写真の映像』(月曜社 2015) ハンセン『映画と経験――クラカウアー，ベンヤミン，アドルノ』(法政大学出版局 2017) ほか．

テオドール・W・アドルノ
模範像なしに
美学小論集
竹峰義和訳

2017年12月15日　第1刷発行

発行所 株式会社 みすず書房
〒113-0033 東京都文京区本郷2丁目20-7
電話 03-3814-0131(営業) 03-3815-9181(編集)
www.msz.co.jp

本文組版 キャップス
本文印刷所 理想社
扉・表紙・カバー印刷所 リヒトプランニング
製本所 誠製本


Printed in Japan
ISBN 978-4-622-08667-3
[もはんぞうなしに]
落丁・乱丁本はお取替えいたします